BCM+ 프로그램 디렉토리 1

신앙이 자라는 주말과 주일

BCM
The Body of Christ Model

프로그램
클래스

Program Class

사랑마루
SARANGMARU

BCM+ 프로그램 디렉토리 1

신앙이 자라는 주말과 주일
BCM The Body of Christ Model
프로그램
클래스
Program Class

발행일 _ 2015년 11월 6일
발행인 _ 김진호
편집인 _ 유윤종
책임편집 _ 강신덕
기획/ 편집 _ 강영아 전영욱
디자인/일러스트 _ 권미경 오인표
마케팅/ 홍보 _ 강형규 박지훈
행정지원 _ 조미정 박주영 신문섭
프로그램 집필 _ BCM 프로그램 집필팀

펴낸곳 _ 도서출판 사랑마루
          서울시 강남구 테헤란로 64길 17(대치동)

대표전화 TEL (02) 3459-1051~2/ FAX (02) 3459-1070
홈페이지 http://www.eholynet.org, http://www.ibcm.kr
등록 2011년 1월 17일 등록번호/ 제2011-000013호
ISBN 979-11-86124-22-2

가격 15,000원

신앙이 자라는 주말과 주일

BCM
The Body of Christ Model

프로그램
클래스
Program Class

사랑마루
SARANGMARU

Contents

Chapter 3. 신앙 Growing-Up   221

BCM 프로그램 클래스를 효과적으로 운영하는 열 가지 가이드

1. 프로그램 클래스의 개념과 내용

○ 프로그램 클래스는 기본적으로 교회교육 강화를 위한 별도 운영 교육 클래스를 말합니다.

○ 클래스는 교회의 다음세대가 신앙을 심화하고 강화하는데 필요한 프로그램을 엄선했습니다.

○ 신앙상태를 점검하는 신앙 Checking-Up단계와 신앙의 기초를 굳건하게 하는 신앙 Warming-Up, 그리고 신앙 안에서 성장을 촉진하는 신앙 Growing-Up 등의 3단계의 프로그램들로 구성되었습니다.

○ 유아, 유치 어린이용과 유년, 초등 어린이용 그리고 중등, 고등 청소년용 교회교육 프로그램을 담고 있습니다.

2. 프로그램 클래스의 시간과 장소

○ 클래스는 교회 내외에서 교육부서가 활용할 수 있는 프로그램들로 구성되어 있습니다.

○ 주일 교육부서 예배 후 혹은 주말이나 휴일에 그리고 계절학교나 캠프 등에서 활용 가능합니다.

- 소그룹이나 중대그룹 단위, 몇 개 코너들이 묶여 있는 단계 활동 등의 다양한 프로그램들이 구비되어 시간이나 장소에 따라 선택적으로 활용이 가능합니다.
- 클래스 조직에서 주말/주일 교육 프로그램을 운영하거나, 교회 내 각 교육부서에서 프로그램을 요청할 경우 해당 프로그램을 지원 시행합니다.

3. 프로그램 클래스의 지원과 준비
- 클래스는 교회 교육부서의 교사들과 부모들을 비롯한 봉사자들의 지원을 받아 운영합니다.
- 교육부에 부서통합 '프로그램 클래스(Program Class)'를 상설로 조직하여 책임 있게 운영합니다.
- 클래스 소속 교사들은 진행 담당과 지원 담당으로 구분 배치합니다.
- 클래스 소속 교사들을 위한 별도의 유니폼을 준비합니다.
- 각 프로그램들을 위한 물품박스를 준비하여 각 프로그램의 준비 물품과 진행상 특이사항들을 충실히 목록화하여 구비해 둡니다.

4. 프로그램 클래스의 홍보와 참여
- 교회내 각종 홍보수단(게시판, 홈페이지, SNS 등)과 연계하여 일정과 내용을 항상 게시합니다.
- 교육부서내 다음세대 뿐 아니라 교회내 모든 다음세대를 향한 지속적인 홍보를 시행합니다.
- 유아, 어린이의 경우 클래스 참여는 기본적으로 부모 동행을 원칙으로 합니다.

5. 프로그램 클래스의 진행과 운영
- 프로그램 시작 전 '환영(welcoming)' 순서를 설정, 참여하는 다음세대들을 성심껏 환영합니다.
- 프로그램 시작 전 교제(koinonia)와 프로그램 설명 시간을 진행합니다.
- 프로그램 진행은 주어진 진행순서와 안을 사전에 충실하게 숙지하여 시행하되, 사전 연습과 더불어 관련 자료 준비에 만전을 기합니다.
- 프로그램 시행은 유아, 어린이, 청소년의 발달단계에 어울리는 눈높이 진행에 최선을 다해야 합니다.
- 지원을 담당하는 교사들은 진행 교사들의 안전하고 효과적인 진행을 위하여 지원해야 할 사안들을 사전에 점검하여 시행 장소와 코너들에 잘 준비해 둡니다.
- 지원 담당 교사들은 프로그램 진행 중 진행 교사들을 살펴 그 필요를 채워주도록 노력합니다.
- 참여하는 다음세대들의 안전과 건강, 출석 관리, 식사와 간식 등 지원을 자세하게 준비합니다.

6. 프로그램 클래스의 마무리와 평가

○ 클래스의 모든 프로그램은 반드시 마지막 마무리 정리 시간을 가져야 합니다.

○ 정리 시간에 교육적 평가 기회를 갖는 것과 영적으로 삶을 안내하는 일을 잊지 말아야 합니다.

○ 프로그램별로 결과물들을 게시하거나 평가하여 되돌려주는 일 등을 꼭 준수하여 신뢰를 높입니다.

○ 프로그램별로 평가를 시행하여 문제점을 보완하고 보다 나은 프로그램이 되도록 노력합니다.

7. 프로그램 클래스의 분위기와 환경

○ 클래스는 기본적으로 신앙을 가르치고 심화하여 강화하는 시간입니다.

○ 프로그램마다 다르겠으나 보다 영적일 수 있도록 늘 관심과 주의를 기울일 필요가 있습니다.

○ 각종 배너들을 이용하여, 클래스가 진행되는 장소를 독특하게 구별하고 독립적일 수 있도록 합니다.

○ 가능하면 클래스만의 독특한 분위기를 연출하는 벽면 전체용 현수막이나 조명을 준비합니다.

○ 클래스만의 기기들(이동식 음향장비, 영상장비, 노트북이나 태블릿 등)을 구비해 둡니다.

○ 교사들이나 봉사요원 등의 인적자원이 연출하는 친절하고 따뜻하며 세밀한 분위기도 중요합니다.

○ 클래스 곳곳에서 보다 더 역동적일 수 있도록 음악이나 영상, 율동팀들을 운영하는 것도 좋습니다.

8. 프로그램 클래스의 행정과 자료

○ 클래스 진행 프로그램별로 PDF, 진행안, 준비물품 등이 든 준비 박스들을 구비합니다.

○ 클래스를 홍보하는 각종 자료들과 상설 진행 프로그램 일정이 포함된 브로슈어들을 구비합니다.

○ 클래스 시행을 요청한 교회내외 부서와 기관들과의 교류 방식을 정리한 자료들을 구비합니다.

○ 매회 클래스가 운영된 결과물들을 모아둡니다.

○ 프로그램 각 단계들을 마친 다음세대 어린이, 학생들에게 수료증을 만들어 주고 간단한 수료식도 준비합니다.

9. 프로그램 클래스의 진행과 봉사요원

○ 클래스의 교사들과 봉사자는 기본적으로 교육부서 교사들로 운영합니다.

○ 필요할 경우 교회의 다음세대 부모들과 청년층을 대상으로 진행과 봉사요원을 모집 운영합니다.

○ 진행과 봉사요원들을 위한 기초교육 및 훈련 과정을 준비해 둡니다.

○ 진행요원은 2년 주기로 봉사요원들은 1년을 주기로 교체하는 것을 원칙으로 합니다.

10. 프로그램 클래스의 확장과 연결

○ 주말에 주로 운영되는 클래스와 기존의 교육부서 교회교육과의 연계에 늘 신경쓰고 그 인과관계를 공고하게 하기 위한 교류작업을 지속적으로 수행합니다.

○ www.ibcm.kr을 방문하여 클래스 관련 자료들을 받아 활용합니다.

○ www.ibcm.kr에서 BCM교육목회 관련 사항들을 확인하고 BCM교육으로 확장을 모색합니다.

○ 클래스에 참여한 다음세대 가정 부모들을 중심으로 교육적 협력의 관계망을 형성하여, 보다 안정적인 교회교육 체제를 추구합니다.

Chapter 1.

BCM
프로그램
클래스
Program Class

신앙
Checking-Up

오감복음

복음은 하나님께서 우리 죄를 용서하시고, 우리를 구원하셔서 자녀로 삼으신다는 복된 소식입니다. 유아들이 복음을 친근하게 경험하고 배울 수 있는 기회를 만들어 보세요. '오감복음'은 가장 복된 소식, 복음을 보고, 듣고, 맛보고, 냄새 맡고, 만지면서 촉감으로 배우는 활동입니다. 유아는 이 '오감복음'을 통해 우리를 구원하신 하나님의 구원의 복음을 보다 쉽고 재미있게, 그리고 친근하게 알아가게 될 것입니다.

진행시간	장소	성격	규모	방법
50분	부서실	단속	중,대그룹	코너학습

연관 주제어

소망마루 · 개혁 · 복음 · 복음 체험 · 오감 활동

⚙ 목표

1. 유아가 오감복음을 통해 복음을 체험적으로 배운다.
2. 유아가 다양한 활동을 통해 구원의 은혜를 깨닫는다.
3. 유아가 복음을 믿고 스스로 고백한다.

⚙ 준비물

ibcm.kr 제공 자료 – 오감복음 상자, 복음 상자 전개도, 오감복음 스티커, 자연의 소리 MP3, 알 없
　　　　　　　는 돋보기, 유아그림

별도 준비 자료 – 박스 5개, 꽃향기 방향제, 암모니아가 든 병, 장난감 수갑, 지압봉, 굵은 소금, 셀로
　　　　　　　판지(검은색, 빨간색, 투명), 카나페 재료(유아 숫자만큼의 크래커, 치즈, 방울토마
　　　　　　　토, 삶은 달걀 흰자, 오이), MP3 플레이어, A4라벨지(전지)

*암모니아는 인터넷 쇼핑몰에서 구매할 수 있다.

⚙ 자료보기

1. 오감복음 상자□

  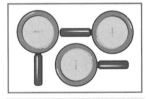 

2. 복음 상자 전개도 □　3. 오감복음 스티커 □　4.알 없는 돋보기 □　5. 유아그림□

프로그램 자료 찾으러 가기!

www.ibcm.kr 홈페이지 접속 ➡ 홈 상단의 BCM Program Class 클릭 ➡ 왼쪽 메뉴 바 '유아교회 PC' 클릭
➡ Chapter1. 신앙 Checking-Up의 '오감복음' 자료 다운

준비과정 및 점검

자료준비

프로그램 1주 전

1. ☐ 적당한 크기의 상자를 준비하여(아래의 다섯 가지 자료들이 다 들어갈 만큼) 진행 교사용 복음 상자로 사용한다. 상자 표면을 하얀 종이로 감싸서 깨끗하게 하고 오감복음 상자 그림을 출력하여 박스 전면에 붙인다.

2. ☐ 복음 상자 전개도를 프로그램에 참가하는 유아의 수만큼 출력하여 만들어 둔다.

3. ☐ 오감복음 스티커를 유아의 인원 수 만큼 A4 라벨지(전체면)에 출력하여 오린 후, 교사들에게 나누어 둔다.

4. ☐ 자연의 소리 MP3 파일을 다운로드하여 유아들에게 들려 줄 수 있도록 준비한다.

5. ☐ 알 없는 돋보기 그림을 출력하여 렌즈 부분을 오린 후, 렌즈크기에 맞춰 검은색, 빨간색, 투명한 셀로판지를 붙인다.

6. ☐ 유아그림 두세 장을 A3용지 크기로 3부 출력한다.

7. ☐ 아래 다섯 가지 자료들을 진행 교사용 오감복음 상자에 넣어 둔다.

창조	MP3 플레이어
죄	꽃향기 방향제, 암모니아
벌	장난감 수갑, 지압봉, 굵은 소금
예수님	검은색 돋보기, 빨간색 돋보기, 투명 돋보기, 유아그림 각 세 장
믿음	카나페 재료(크래커, 치즈, 방울토마토, 삶은 달걀흰자, 오이)

8. ☐ 교사들에게 자기 반 유아 숫자만큼 카나페를 만들어 오도록 요청한다.

진행 준비

프로그램 1주 전

1. ☐ 담당 사역자는 진행 교사와 보조 교사를 선정한다.

2. ☐ 진행 교사와 보조교사는 진행순서와 내용을 숙지하고 숙달한다.

 ## 한눈에 보는 프로그램 진행

프로그램 설명 ➜ 첫 번째 오감복음: 창조–청각 ➜ 두 번째 오감복음: 죄–후각 ➜ 세 번째 오감복음: 벌–촉각 ➜ 네 번째 오감복음: 예수님–시각 ➜ 다섯 번째 오감복음: 믿음–미각 ➜ 프로그램 정리

 **진행순서**

프로그램 설명

1. 진행 교사가 앞으로 나가 기도한다.
2. 기도를 마친 후 유아를 한자리에 앉게 한 후 프로그램의 목적과 진행 방법에 대해 설명한다.
3. 교사들은 유아에게 준비된 '복음상자'를 나누어 준다.

첫 번째 오감복음: 창조-청각

1. 진행 교사는 오감복음 상자를 열고 MP3 플레이어를 꺼내 유아에게 하나님의 '창조' 복음을 들어 보자고 한다. 이때 보조 교사는 자연의 소리 MP3를 준비했다가 예배실, 혹은 부서실의 음향을 통해 순서대로 하나씩 진행교사의 진행에 맞추어 들려준다(물소리, 새소리, 소의 울음소리, 풀벌레 소리, 파도소리 등).
2. 진행 교사는 자연의 소리를 하나씩 들려주면서 유아에게 하나님이 주신 자연의 소리를 들은 느낌을 이야기하도록 한다.
3. 함께하는 교사들은 오감복음 스티커 '창조'를 유아에게 나누어 준 후, 주어진 복음상자 한 면에 붙이도록 한다.
4. 유아는 스티커를 받을 때 교사를 따라서 "하나님께서 아름다운 세상을 선물로 주셨어요! 나는 이것을 믿어요!" 라고 믿음의 고백을 드린다.

두 번째 오감복음: 죄-후각

1. 진행 교사는 다시 오감복음 상자를 열어 꽃향기 나는 방향제와 불쾌한 냄새가 나는 암모니아가 든 병을 꺼내 든 후, 인간의 '죄'에 대해 이야기한다.
2. 진행 교사는 몇몇 유아에게 앞으로 나오도록 하여 꽃향기와 암모니아 냄새를 맡게 한 후, 꽃향기를 맡은 후에는 하나님이 창조하신 세상의 아름다움을, 암모니아 냄새를 맡은 후에는 죄로 인해 망가진 자연의 악한 모습을 느낌으로 이야기하게 한다.
3. 함께하는 교사들은 유아에게 오감복음 스티커 '죄'를 나누어 준 후, 복음상자의 두 번째 면에 붙이도록 한다.
4. 유아는 이번에도 교사를 따라서 "나는 죄인이에요."라고 고백한다.

세 번째 오감복음: 벌-촉각

1. 진행 교사는 유아가 오감복음 상자 바닥에 뿌려 놓은 소금과 지압봉, 수갑을 손을 넣어 만져보게 한 후, 죄로 인한 '벌'에 대해 이야기한다.

2. 진행 교사는 상자를 열고 몇몇 유아들을 앞으로 나오게 하여 수갑을 차보거나 지압봉의 울퉁불퉁한 부분을 만지게 하고, 또 상자 바닥에 뿌려진 소금을 손으로 짚게 하여 그 아프거나 좋지 않은 느낌을 말로 표현하게 한다.
3. 이번에도 함께하는 교사들은 유아들에게 오감복음 스티커 '벌'을 나누어 준 후, 복음상자의 다른 면에 붙이도록 한다.
4. 유아는 역시 교사를 따라서 "죄인인 나는 벌을 받아야 해요."라고 고백을 드린다.

네 번째 오감복음: 예수님-시각

1. 진행 교사는 오감복음 상자를 다시 열어 색깔별 돋보기를 꺼내 보인 후, 눈에 갖다 대고 '예수님' 복음에 대해 이야기한다.
2. 진행 교사는 먼저 세 명의 유아를 앞으로 나오게 하여 각각 서게 한 후 보조교사들과 함께 검은 색, 붉은 색 그리고 투명한 돋보기로 '유아그림'을 보게 한다. 이때 진행 교사는 각 돋보기 색깔의 변화에 따라 '유아그림'이 어떻게 보이는지 유아에게 각각 이야기하게 한다.
3. 몇 조의 유아들을 더 나오게 하여 같은 방식으로 느낌과 생각을 이야기하게 한다.
4. 함께하는 교사는 유아에게 오감복음 스티커 '예수님'을 나누어 준 후, 복음상자의 다른 면에 붙이도록 한다.
5. 유아는 이때 교사를 따라서 "예수님이 나의 죄를 깨끗하게 해주시고 나를 대신해서 벌을 받으셨어요. 그래서 나는 구원받았어요. 나는 이것을 믿어요."라고 믿음의 고백을 드린다.

다섯 번째 오감복음: 믿음-미각

1. 진행 교사는 오감복음 상자를 다시 열어서 크래커를 꺼낸 후, 그 위에 카나페 재료들을 올려놓으며 '믿음'으로 구원받은 복음 이야기를 들려준다.
2. 진행 교사는 유아 한 명을 앞으로 나오게 하여 만든 카나페를 먹어보도록 한 후에 "예수님의 복음을 먹으니 어때요?"라고 묻는다. 이때 참가하는 나머지 교사들이 각자 준비한 카나페를 반 아이들에게 나누어 준다. 그리고 "예수님의 구원의 복음을 먹으니 어때요?" 하고 묻는다.
3. 참가하는 교사들은 유아들에게 오감복음 스티커 '믿음'을 나누어 준 후, 복음상자의 마지막 두 면 중 하나에 붙이도록 한다.
4. 유아는 이때 교사를 따라서 "나는 이 기쁜 소식, 복음을 믿어요!"라고 믿음의 고백을 드린다.

프로그램 정리

1. 진행교사는 모든 활동을 마치면 유아를 모여 앉게 한 후, 유아들이 각자의 복음상자를 보면서 선생님을 따라 믿음의 고백을 하도록 한다.

2. 진행교사가 기도로 마무리를 한다.

 ## 진행안

프로그램 설명

1. 유아교회 친구들! 죄 때문에 더러워진 우리의 마음이 깨끗해지고 우리가 하나님의 자녀가 될 수 있었던 것은 우리를 위해 이 땅에 오신 예수님의 사랑 덕분이에요. 예수님이 나를 위해 이 세상에 오시고 나를 위해서 십자가에서 죽으시고 부활하신 이야기를 "복음"이라고 해요. 복음은 기쁜 소식이라는 뜻이에요. 다시 말해서 복음은 우리를 구원해주신 기쁜 소식이에요! 오늘은 이 기쁜 소식, 복음을 눈으로 보고, 코를 통해 냄새를 맡아보고, 귀로 듣고, 손으로 만져도 보고, 입으로 먹어보며 배우는 시간을 가져요! 그리고 배운 내용들을 기억하며 나만의 '복음상자'를 만들어 봐요! 이제부터 선생님이 나오셔서 이야기해 주실 때마다 귀를 쫑긋 세우고 잘 듣기로 약속해요!

첫 번째 오감복음: 창조—청각

1. 하나님께서 처음 이 세상을 창조하셨을 때, 세상은 정말 아름다웠어요. 졸졸졸 흐르는 물소리가 들리나요? 아름다운 새 소리도 들리네요. 동물과 식물, 하늘, 바다, 땅 모두 하나님이 우리에게 주신 선물이에요. 그리고 또 하나님은 사람도 만드셨어요! 하나님과 사람은 참 행복했어요. 서로 사랑하며 기쁨이 가득했어요! 하나님께서는 사람을 정말 사랑하셔서 아름다운 자연을 우리에게 선물로 주셨답니다. 하나님께서 주신 자연의 소리를 잘 들어보아요! 그리고 그 느낌을 우리 반 친구들이랑 선생님과 함께 이야기 나누어요!

2. 하나님께서 우리에게 선물로 주신 자연의 소리를 들어보세요! (예를 들면 물소리를 들려주며) 무슨 소리일까요? 하나님께서 주신 물이에요. 하나님께서 우리가 마시고, 씻을 수 있도록 물을 선물로 주셨어요. (그 외 새소리, 바다 소리도 이와 같이 질문한다)

3. 하나님께서 우리에게 아름다운 세상을 선물해주신 은혜에 감사하면서 '창조' 스티커를 복음상자에 붙여보세요.

두 번째 오감복음: 죄—후각

1. 하나님께서 아름다운 자연을 주셨어요. 그런데 사람이 하나님의 말씀을 듣지 않고 죄를 지었어요. 그 결과 아름다운 자연이 망가졌고, 하나님과 사람이 멀어졌어요. 친구들 앞에 있는 '죄' 상자를 열어보세요. 아름다운 꽃향기가 나지요? 하나님께서 주신 꽃향기처럼 아름다운 선물이 (반별 교사가 암모니아 병의 뚜껑을 열며) 하나님의 말씀을 듣지 않은 사람의 죄 때문에 망가졌어요. 다

같이 냄새를 맡아보아요. 냄새가 어때요? 좋지 않아요. 사람의 죄가 아름다운 자연을 이렇게 더럽게 만들어 버렸어요.

2. 냄새를 맡아보세요. 어떤 냄새가 나요? 그래요. 아름다운 꽃향기가 나요! 그런데 이 냄새는 어떤가요? 나쁘죠? 이 나쁜 냄새는 우리의 죄를 말하는 거예요. 다시 한 번 숨을 들이마시면서 냄새를 맡아보세요. 어떤 냄새가 나요? 그래요. 더러운 냄새, 좋지 않은 냄새가 나요! 이 냄새처럼 우리의 죄 때문에 아름다운 세상이 더러워졌어요.

3. 우리의 죄 때문에 아름다운 세상이, 하나님을 향한 우리의 사랑이 더러워졌어요. 이제 우리의 죄를 생각하며 '죄' 스티커를 복음상자에 붙여요.

세 번째 오감복음: 벌-촉각

1. 죄를 지은 사람은 벌을 받지요. 우리가 잘못하면 부모님께 혼나는 것처럼 하나님의 마음을 아프게 하면 반드시 벌을 받게 되어 있어요. 죄로 인한 벌은 상자 안에 있는 물건들과 같아요. (상자를 열지 않은 채로) 우리 친구들, 한 번 물건을 만져보아요. 죄에 대한 벌은 이렇게 거칠고 아파요.

2. 상자 안에 있는 물건을 만져보세요. 먼저 수갑을 만져보세요. 느낌이 어때요? 딱딱해요. 이것을 손에 차면 기분이 어떨까? 답답하고 무서울 것 같아요. 지압봉을 만져보세요. 지압봉의 느낌이 울퉁불퉁해요. 아프기도 해요. 자, 이제는 (소금이 뿌려져 있는) 상자 바닥에 손을 짚어 볼까요? 기분이 어때요? 아파요. 아프고, 답답하고, 울퉁불퉁하지요? 우리가 죄를 지었을 때 받게 되는 벌도 이와 같이 느낌이 아주 좋지 않아요.

3. 죄를 지은 사람은 반드시 벌을 받아야 해요. 이것을 기억하면서 '벌' 스티커를 복음상자에 붙여보세요.

네 번째 오감복음: 예수님-시각

1. 자, 어린이 여러분, 이건 뭐죠? 돋보기예요. (먼저 검은색 돋보기를 쓰면서) 하나님은 우리의 눈이 죄로 어둡고 캄캄하게 되었다는 것을 아셨어요. 그래서 우리에게 벌을 내리셔야 했어요. 그런데 하나님은 우리를 벌하시지 않고 대신 예수님을 이 세상에 보내셔서 우리의 어두워진 문제를 해결해 주셨어요. (빨간색 돋보기를 쓰고서) 예수님께서 우리의 죄를 대신해서 십자가에 못 박혀 돌아가셨어요. 그리고 우리를 위해 많은 피를 흘리셨어요. 우리의 새까만 죄가 예수님의 빨간 보혈로 덮였어요. (투명 돋보기를 쓰고서) 예수님께서 우리를 위해 돌아가시자 우리에게 놀라운 일이 일어났어요. 우리가 깨끗해진 거에요. 이제 예수님을 믿는 사람은 이렇게 죄가 없이 깨끗해진대요. 예수님께서 이렇게 우리를 구원해 주셨어요!

2. 검은 돋보기로 그림을 보세요. 무슨 색으로 보여요? 검은색으로 보여요. 저기 있는 사람을 보면 검은 색으로 보여요. 우리에게 죄가 있을 때에 우리 모습은 저렇게 검은색과 같아요. 그런데 빨간

색 돋보기를 쓰고 보면 어떤 색으로 보이죠? 빨갛게 보여요. 빨간색은 예수님께서 우리를 위해 십자가에서 흘리신 피를 뜻하는 색이랍니다. 이번에는 투명한 돋보기를 쓰고 볼까요? 깨끗하게 그대로 보여요. 예수님을 믿는 사람은 이렇게 모든 죄가 깨끗해져요.

4. 예수님께서 우리의 더러운 죄를 십자가의 피로 깨끗하게 해주셨어요. 예수님은 십자가에서 죽으시고 삼일 만에 부활하셨어요. 우리를 구원하신 예수님을 기억하면서 '예수님' 스티커를 복음상자에 붙여보세요.

다섯 번째 오감복음: 믿음-미각

1. 지금까지 들은 이야기들은 예수님의 복음이 이 세상에 오게 된 이유에 대해 말하고 있어요. 이제 우리는 예수님의 복음을 믿어야 하나님의 자녀가 되고 천국에 갈 수 있어요. (크래커를 놓으며) 먼저 하나님께서 우리에게 아름다운 세상을 허락하셨어요. (치즈를 올려 놓으며) 하나님께서 지으신 세상은 치즈의 황금색처럼 반짝반짝 빛이 났어요! (올리브를 올리며) 그런데 사람이 죄를 지었어요. 까만 죄를 지은 사람이 하나님 마음을 아프게 했어요. (방울토마토를 놓으며) 까만 죄를 씻어주기 위해서 예수님이 오셨어요. 이 빨간 토마토처럼 빨간 예수님의 보혈로 우리가 구원을 받았어요. (삶은 달걀의 흰자를 올리며) 이제 구원받은 우리의 죄가 계란의 흰자처럼 하얗고 깨끗해졌어요. (자른 오이를 올리며) 구원받은 우리는 예수님께 감사하며 오이의 초록색처럼 건강하게 믿음 생활을 할 수 있어요. 우리는 그렇게 하나님이 주신 천국을 다시 누릴 수 있게 되었어요.

2. 우리가 만든 복음 카나페를 먹어볼까요? 맛이 어때요? 그래요! 맛있어요. 복음 카나페를 먹은 기분을 한마디로 표현해 볼까요?

3. 지금까지 우리는 하나님의 복음에 대한 이야기를 들었어요. 복음은 기쁜 소식이에요. 기쁜 소식인 복음을 믿으며 '믿음' 스티커를 복음상자 마지막 면에 붙여보세요.

프로그램 정리

1. 지금까지 우리는 오감상자를 열어서 상자 안에 있는 것들을 보고, 듣고, 맛보고, 냄새 맡고, 만져보면서 복음을 배웠어요. 그리고 멋진 '복음상자'를 만들었어요! 지금부터 이 복음상자를 보면서 선생님을 따라 고백해 볼까요? (교사가 먼저 말하면 유아가 따라하는 형식으로 진행한다.)

   (창조 부분을 보며) "하나님께서 아름다운 세상을 선물로 주셨어요!" (죄 부분을 보며) "나는 죄인이에요." (벌 부분을 보며) "죄인인 나는 벌을 받아야 해요!" (예수님 부분을 보며) "예수님이 나의 죄를 깨끗하게 해주시고 나 대신 벌을 받으셨어요. 그래서 나는 구원받았어요." (믿음 부분을 보며) "나는 이 기쁜 소식을 믿어요!" 복음을 믿는 우리는 하나님의 자녀가 되었어요! 기쁘고 감사해요. 하나님께 감사의 기도를 드리고 마칠게요!

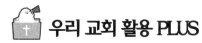

우리 교회 활용 PLUS

1. 우리 교회는 복음 카나페 대신에 신앙 Checking up 3. '맛있는 복음' 프로그램의 복음 토스트로 진행했어요.

2. 우리 교회는 중, 대집단이 아닌 반 교사가 중심이 되어 반별 프로그램으로 진행했어요.

MEMO

신앙 Checking-up

2

유아교회

사랑의 길

유아들과 함께 사랑의 길을 걸으면서 우리를 대신하여 십자가에 못 박혀 돌아가신 예수님을 생각해 보세요. 그리고 자신의 죄를 회개하고 예수님의 큰 사랑에 감사하는 고백의 시간을 가져보세요. 유아가 십자가 사건을 진지하게 생각하고 십자가의 사랑을 깨닫게 되는 기회가 될 것입니다.

진행시간	장소	성격	규모	방법
40분	부서실	단속	대그룹	복음제시

연관 주제어

믿음마루 응답 죄 영접 체험

⚙ 목표

1. 유아가 나를 대신해 십자가에 달려 돌아가신 예수님에 대해 안다.
2. 유아가 예수님의 십자가 사랑을 느낀다.
3. 유아가 매일매일 예수님의 십자가 사랑을 생각하며 감사한다.

⚙ 준비물

ibcm.kr 제공 자료 – 이미지 / 회개기도문, 영접기도문, 현수막 제작용 자리 3종(죄인의 자리, 십자가 길, 의인의 자리)

별도 준비 자료 – 빨간색 티라이트 양초(약 30개), 방석 2개, 시트지(검은색, 하얀색, 빨간색), 색깔예배 찬양 음원파일 및 악보(맑은소리 찬양집 33번)

⚙ 자료보기

1. 회개 기도문 ☐

2. 영접 기도문 ☐

3. 현수막 제작용 자리 3종 ☐

프로그램 자료 찾으러 가기!

www.ibcm.kr 홈페이지 접속 ➡ 홈 상단의 BCM Program Class 클릭 ➡ 왼쪽 메뉴 바 '유아교회 PC' 클릭
➡ Chapter1. 신앙 Checking-Up의 '사랑의 길' 자료 다운

준비과정 및 점검

자료준비

프로그램 2주 전

1. ☐ 현수막(죄인의 자리, 십자가 길, 의인의 자리)을 주문, 제작한다.

프로그램 1주 전

1. ☐ 유아의 인원 수만큼 검은색, 하얀색 시트지를 하트모양으로 오린다. (가로 약 15cm, 세로 약 11cm)
2. ☐ 유아의 인원 수만큼 빨간색 시트지를 십자가 모양으로 오린다. (가로 약 6cm, 세로 약 10cm)
3. ☐ 하트모양 하얀색 시트지 위에 십자가 모양 빨간색 시트지를 붙여 준비한다.

프로그램 당일

1. ☐ 교사는 아래와 같이 사랑의 길 장소를 세팅한다.
   1) 죄인의 자리, 십자가 길, 의인의 자리 현수막을 바닥에 고정한다.
   2) 기도자리에 방석을 놓고, 그 앞에 회개기도문과 영접기도문을 출력하여 각각 붙인다.
   3) 전체적으로 조명을 어둡게 하고, 십자가 주변에 빨간색 티라이트 양초를 켜 놓는다.
   4) '색깔예배' 찬양을 잔잔하게 반복하여 틀어 놓는다.

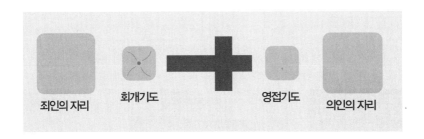

진행준비

프로그램 2주 전

1. ☐ 교역자가 프로그램 진행교사, 각 자리의 보조교사(죄인의 자리, 회개기도, 영접기도, 의인의 자리)를 미리 선정하고, 각 담당교사는 진행사항을 숙지한다.
2. ☐ 교역자는 사랑의 길을 진행할 장소를 섭외한다.
3. ☐ 진행교사는 유아에게 '색깔예배' 찬양과 율동을 가르친다.

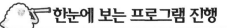 **한눈에 보는 프로그램 진행**

프로그램 설명 ➜ 죄에 대한 설명 ➜ 사랑의 길 건너기 ➜ '색깔예배' 찬양 ➜ 프로그램 정리

 진행순서

프로그램 설명

1. 진행교사는 유아에게 십자가에 달리신 예수님의 사랑에 대해 이야기를 듣고, 찬양과 같은 여러 활동을 하면서, 예수님께 감사하는 시간을 가질 것을 설명한다.

프로그램 진행

1. 진행교사는 유아들을 죄인의 자리 위에 서게 한 후, 죄에 대해서 설명한다. 죄인에 대해 설명하는 중에 진행보조 교사가 유아 가슴에 검은색 하트를 붙여준다.

2. 다함께 '색깔예배' 찬양 후, 교사가 유아를 한명씩 인도하여 사랑의 길을 걸으면서 아래의 활동을 할 수 있도록 돕는다.

   1) 회개기도자리에서 기도문을 읽으면서 회개기도를 드린다.(글씨를 읽을 줄 아는 유아는 직접 읽게 하고, 읽을 줄 모르는 유아는 교사를 따라서 기도하게 한다)

   2) 우리를 대신해 십자가에 못 박히신 예수님을 생각하면서 사랑의 길을 걷는다.

   3) 영접기도자리에서 기도문을 읽으면서 영접기도를 드린다. (글씨를 읽을 줄 아는 유아는 직접 읽게 하고, 읽을 줄 모르는 유아는 교사를 따라서 기도하게 한다)

   4) 교사는 유아에게 "예수님께서 ○○(이)의 마음속에 늘 함께하신단다."라고 말하면서 유아 가슴에 붙어 있는 검은색 하트 위에 십자가가 있는 하얀색 하트를 붙여준다.

   5) 활동을 마친 유아는 의인의 자리 위에 앉아서 다른 친구들이 끝날 때까지 조용히 기다린다.

3. 모든 유아의 활동이 끝나면 의인의 자리에서 '색깔예배' 찬양을 부른다.

프로그램 정리

1. 찬양을 여러 번 부른 후에, 진행교사는 십자가의 사랑을 보여주신 예수님께 감사의 기도를 드린 후 마친다.

진행안

프로그램 진행

1. (교사는 가슴에 하얀색 하트를 붙인다) 이게 무슨 색 하트인가요? 맞아요. 깨끗한 하얀색 하트예요. 하나님께서 태초에 말씀으로 이 세상을 창조하시고 마지막으로 하나님의 모습을 닮은 사람 아담과 하와를 만드셨어요. 아담과 하와는 하나님을 닮았기 때문에 깨끗한 하얀색 마음을 가지고 있었어요. 그런데 하나님의 말씀을 거역하고, 하나님께서 먹지 말라고 하신 선악과를 먹게 되면서 사람의 마음속에 죄가 생기기 시작했어요. (검은색 하트를 교사의 가슴에 붙이며) 그래서 이렇게 검은색 마음으로 변해버린 거예요. 우리 친구들의 마음속에도 죄가 있는지 한 번 들여다볼까요? 가슴에 두 손을 얹고 눈을 감고 생각해 보세요. 하나님의 말씀대로 살지 않고 내가 하고 싶은 대로 살지 않았나요? 성경에는 모든 사람이 죄를 지었다고 적혀 있어요. 우리는 모두 죄인이에요. (유아들의 가슴에 검은색 하트를 붙인다) 그런데 어떻게 하죠? 검은색 마음을 가진 사람은 하나님 나라에 갈 수 없어요. 사람의 힘으로는 그 어느 누구도 하나님나라에 갈 수 없어요. 그런데 하나님께서 우리가 하나님나라에 갈 수 있는 한 가지 방법을 알려주셨어요. 그 방법이 무엇인지 아는 친구 있나요? (유아들의 대답을 듣는다) 맞아요. 바로 예수님이에요. 예수님께서 나의 죄를 대신해서 십자가에 못 박혀 돌아가셨다는 것을 믿고 예수님을 마음속에 모신 사람은 모두 천국에 갈 수 있어요.

2. 다같이 '색깔예배' 찬양을 불러볼까요? (찬양을 부른 후) 찬양의 내용처럼 우리는 죄로 가득한 검은색 마음을 가지고 하나님 앞에 나왔어요. 하지만 예수님의 빨간 피를 통해서 우리는 하얀 마음으로 변화될 수 있는 거예요. 지금부터 한 명씩 예수님의 십자가 길을 걸어갈 거예요. 다른 친구들은 마음속으로 '색깔예배' 찬양을 부르면서 예수님을 생각하도록 해요.

3. 예수님을 마음에 모신 우리는 이제 마음속에 있는 모든 검은 죄를 예수님께 용서받고, 하나님나라에 갈 수 있는 어린이가 되었어요. 하나님께 감사의 마음을 담아서 함께 찬양드려요!

 우리 교회 활용 PLUS

우리 교회 클래스는 현수막을 제작하기 어려워서 검은색, 빨간색, 흰색 시트지를 바닥에 붙여서 사랑의 길을 만들었어요.

MEMO

신앙 Checking-Up

3

유아교회

맛있는 복음

비록 어린아이일지라도 복음의 내용을 분명하게 알고 확신해야 구원받을 수 있고 복음을 전할 수 있습니다. '맛있는 복음'에서는 '색깔예배' 찬양의 가사와 맛있는 '복음토스트' 만들기를 하며 복음에 대해 배웁니다. 이 활동을 통해 복음을 분명히 알고, 세상에 그 기쁜 소식을 전하는 유아로 자라나게 될 것입니다.

진행시간	장소	성격	규모	방법
30분	부서실	단속	대그룹 → 소그룹	요리, 찬양

연관 주제어: 소망마루, 개혁, 복음제시, 색깔예배 찬양, 복음토스트

⚙ 목표

1. 유아가 '색깔예배' 찬양과 복음토스트 만들기를 통해 복음에 대해 안다.
2. 유아가 자신이 먼저 복음으로 매일 새롭게 되어야 함을 깨닫는다.
3. 유아가 세상에 나아가 복음을 전하기로 약속한다.

⚙ 준비물

별도 준비 자료 – 색깔예배(맑은소리 찬양집 33번) 찬양 악보, 시트지(검은색, 하얀색), 빨간색 대형
천, 복음토스트 재료(식빵, 초코시럽, 딸기잼, 생크림 각 반별로), 일회용 접시(유아
인원 수만큼), 티스푼(유아 인원 수만큼)

프로그램 자료 찾으러 가기!

www.ibcm.kr 홈페이지 접속 ➡ 홈 상단의 BCM Program Class 클릭 ➡ 왼쪽 메뉴 바 '유아교회 PC' 클릭
➡ Chapter1. 신앙 Checking-Up의 '맛있는 복음' 자료 다운

 **준비과정 및 점검**

자료준비

프로그램 1주 전

1. ☐ 아래의 방법으로 유아 가슴에 붙일 하트 시트지를 준비한다.

   1) 유아의 인원 수만큼 검은색, 하얀색 시트지를 하트모양으로 오린다.(가로 약 15cm, 세로 약 11cm)

   2) 하얀색 하트모양 시트지 위에 검은색 하트모양 시트지를 붙인다. 이때, 검은색 하트모양 시트지의 한쪽 모서리를 살짝 접어두어 프로그램 중 검은색 하트모양 시트지를 하얀색 하트모양 시트지에서 떼어내기 쉽게 한다.

2. ☐ 유아 전체를 덮을 수 있는 **빨간색 천**을 구입한다.(인터넷을 검색하여 다우다 천, 깃발용 천을 구입할 수 있다)

프로그램 1일 전 토요일

1. ☐ 복음토스트에 필요한 재료(식빵, 초코시럽, 딸기잼, 생크림, 접시, 티스푼 등)를 유아의 인원수에 맞게 구입하여 반의 수대로 나누어 놓는다.

진행준비

프로그램 2주 전

1. ☐ 진행교사는 프로그램 진행내용을 숙지하고, 진행안 〈색깔예배 찬양으로 배우는 복음〉 1번에 제시된 대본에 따라 1인극을 연습한다.

2. ☐ 보조교사를 정하여 전체 진행과 역할을 숙지한다.

프로그램 1주 전

1. ☐ 유아에게 '색깔예배(맑은소리 찬양집 33번)' 찬양과 율동을 가르친다.

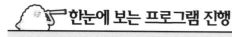 **한눈에 보는 프로그램 진행**

프로그램 설명 ➜ '색깔예배' 찬양으로 배우는 복음 ➜ 복음토스트로 배우는 복음 ➜ 프로그램 정리

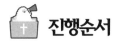 **진행순서**

프로그램 설명

1. 진행교사는 유아들에게 찬양을 배우고 요리활동을 하면서 복음에 대해 알아 갈 것임을 설명한다.

색깔예배 찬양으로 배우는 복음

1. 진행교사는 전체 유아들을 한곳에 모여 앉게 한 후, 가슴에 하트모양 시트지를 붙인 채로 진행안의 대본에 따라 1인극을 한다.
2. 진행교사는 유아들과 함께 '색깔예배' 찬양을 부르고, 그동안 보조교사들은 유아들의 가슴에 하트모양 시트지를 붙여준다.
3. 진행교사는 사람은 모두 죄인이라는 것과 죄인에게는 반드시 예수님의 보혈이 필요하다는 것을 설명한다.
4. 보조교사 두 명이 대형 빨간색 천의 앞쪽 양 끝 모서리를 각각 잡은 후, 부서실 뒤에서부터 앞으로 지나가면서 유아들의 머리 위로 빨간색 천을 덮는다.
5. 빨간색 천을 덮은 채로, 진행교사의 인도로 따라기도를 한다.
6. 기도를 마치면 보조교사들은 빨간색 천을 걷고, 유아에게 붙여준 검은색 시트지를 떼어내어 하얀색 하트만 남도록 한다.

복음토스트로 배우는 복음

1. 반교사는 유아들을 반별로 앉힌 후, 복음토스트에 대해 설명한다.
2. 반교사는 유아와 함께 아래와 같은 방법으로 복음토스트를 만든다.
   1) 반교사는 유아들에게 식빵 한 조각을 나누어주며, 식빵이 사람의 마음을 나타내는 것이라고 말한다.
   2) 반교사는 죄로 인해 사람의 마음이 검은색으로 변했다고 설명하고, 유아가 식빵에 초코시럽을 바르게 한다.
   3) 반교사는 죄인에게는 반드시 예수님의 보혈이 필요하다는 것을 설명하고, 유아가 식빵에 딸기잼을 바를 수 있도록 돕는다.
   4) 반교사는 죄 때문에 검었던 우리 마음이 예수님의 보혈로 인하여 깨끗한 하얀색으로 변하였다고 설명하고, 유아가 식빵에 생크림을 바르게 한다.
   5) 반교사는 복음을 마음에 잘 간직하자고 이야기하고, 유아가 생크림 위에 식빵 한조각을 덮게 한다.

프로그램 정리

1. 반교사는 복음의 내용을 잘 기억하고 복음을 알지 못하는 친구들에게 복음을 전하기로 유아와 약속하고 결단의 기도를 드린다.
2. 반교사의 기도 후 토스트를 함께 나누어 먹으며 마무리한다.

 진행안

프로그램 설명

1. 여러분은 복음이 무엇인지 아나요? 복음이란 기쁜 소식, 즐거운 소식을 뜻해요. 하나님을 믿고 있는 우리에게 가장 기쁜 소식은 무엇일까요? 바로 죄인인 우리가 구원받은 하나님의 백성이 되었다는 것이에요. 오늘은 '색깔예배' 찬양과 복음토스트 만들기를 통해서 복음이 무엇인지 배워보는 시간을 가져볼게요.

색깔예배 찬양으로 배우는 복음

1. (진행교사는 하트모양 시트지를 가슴에 붙이고 부서실 입구에서 등장하여 유아들 앞에 선다.) 오늘은 즐거운 주일! 하나님께 예배를 드리러 왔어요. (한숨을 쉬며) 휴... 그런데 제 마음이 이렇게 검은색이 되었어요. 일주일 동안 살면서 하나님 말씀대로 살지 않고 죄를 지었어요. 죄로 가득한 검은색 마음으로는 하나님께 나아갈 수가 없는데 어떻게 하죠? (고민을 한다.) 아! 맞아! 회개기도를 해야겠어요! (기도자세를 취한다.) '하나님, 저는 죄인이에요. 하지만 예수님께서 우리의 죄를 대신해 십자가에 못 박혀 죽으시고 부활하셨다는 것을 믿어요. 저의 모든 죄를 용서해 주세요. 사랑의 예수님을 제 마음에 모시기 원합니다. 항상 함께해 주세요. 예수님의 이름으로 기도드렸습니다. 아멘' (기도를 마친 후, 검은색 하트모양 시트지를 떼어내면서 외친다) '예수 그리스도를 믿습니다!' 우와~~ 여러분! 하나님께 기도를 드렸더니 죄로 가득했던 검은색 마음이 하얀색 마음으로 변화되었어요. 앞으로 죄 짓지 않고 예수님을 마음에 모신 하얀색 마음으로 살아갈 거예요! 그리고 이건 굉장한 비밀인데, 이 하얀색 마음으로 살아가는 사람은 하나 나라인 천국에 갈 수 있답니다! 우리 유아교회 친구들도 하얀색 마음으로 살아가길 바라요.

5. 선생님을 따라서 함께 기도하도록 할게요. '하나님, / 저는 죄인이에요. / 하지만 / 예수님께서 / 우리의 죄를 대신해 / 십자가에 못 박혀 죽으시고 / 부활하셨다는 것을 / 믿어요. / 저의 모든 죄를 / 용서해 주세요. / 사랑의 예수님을 / 제 마음에 / 모시기 원합니다. / 항상 / 함께해 주세요. / 예수님의 이름으로 / 기도드렸습니다. / 아멘'

복음토스트로 배우는 복음

1. '색깔예배' 찬양을 통해서 복음에 대해서 잘 배웠지요? 이번에는 복음토스트를 만들면서 다시 한
번 우리에게 기쁜 소식이 어떠한 것인지 배워 볼 거예요.

프로그램 정리

1. 복음이 무엇인지 잘 배웠나요? 이 복음은 절대 잊지 말아야 해요. 사람은 언제든 죄를 지을 수 있
기 때문에 하나님나라에 가는 날까지 항상 예수님을 마음에 모시고 깨끗한 하얀색 마음으로 살아
갈 수 있는 여러분이 되길 바라요. 그리고 이 복음을 알지 못하고 계속해서 검은색 마음으로 살아
가는 사람들에게 이 복음을 알려주어야 해요. 하나님은 이 세상 모든 사람이 하얀색 마음이 되어
천국에 오기를 바라고 계시거든요. 복음의 내용을 잘 기억하고 친구들에게 복음을 전하는 유아교
회 어린이가 되기로 약속해요.

 우리 교회 활용PLUS

우리 교회 클래스는 복음토스트를 1개 더 만들어서 친구에게 선물하도록 했어요.

신앙 Checking-up

4

어린이교회

성결 클리닉

그리스도인에게 있어서 육체의 건강함 못지않게 중요한 것이 바로 영적 건강입니다. 우리는 영적으로 건강하기 위하여 어떻게 해야 할까요? 본 프로그램에서 교사는 어린이들과 일대일 상담으로 만나서 균형 잡힌 신앙생활을 위한 지침을 제공합니다. 교사들의 따뜻한 관심과 상담, 격려를 통해 어린이들이 균형 있고 건강한 믿음을 키워 나갈 것입니다.

진행시간	장소	성격	규모	방법
30분	부서실	단속	대그룹 → 소그룹	코너

연관 주제어

사랑마루 / 돌봄 / 영적건강 / 신앙 / 성장

⚙ 목표

1. 어린이가 진단지를 이용해 자신의 영적 건강의 상태를 확인한다.
2. 어린이가 교사의 구체적 돌봄을 통해 영적 가족의 따뜻함을 느낀다.
3. 어린이가 상담을 통해 교사에게 지도받은 것을 실천한다.

⚙ 준비물

ibcm.kr 제공 자료 – 이미지 / 진료과목 팻말, 교사용 명찰 샘플, 학년별 진단지, 진료기록지, 약국
봉투 디자인, 약포지 디자인, 물약이름 스티커 도안, 말씀밴드 도안,
의사도구 디자인(청진기, 헤드 미러, 체온계, 주사기 등)

별도 준비 자료 – 의사 가운(조리사 가운, 흰색 남방으로 대체 가능), 볼펜, 요구르트 또는 비타민음
료, 라벨지 또는 양면 테이프, 위치 안내 PPT, 이동용 화살표, 연필(인원 수만큼),
약포지에 들어갈 작은 초콜릿 또는 사탕, 가루 비타민, 물약병(60cc), 테이블, 의자,
의사도구(청진기, 헤드 미러, 체온계, 주사기 등의 장난감 혹은 실물) 등

⚙ 자료보기

1. 진료과목 팻말 ☐

2. 교사용 명찰 샘플 ☐

3. 학년별 진단지 ☐

4. 진료기록지 ☐

5. 약국봉투 ☐

6. 약포지 ☐

7. 물약이름 스티커 ☐

8. 말씀밴드 도안 ☐

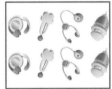

9. 의사도구 ☐

프로그램 자료 찾으러 가기!

www.ibcm.kr 홈페이지 접속 ➡ 홈 상단의 BCM Program Class 클릭 ➡ 왼쪽 메뉴 바 '어린이교회 PC' 클
릭 ➡ Chapter1. 신앙 Checking-Up의 '성결 클리닉' 자료 다운

준비과정 및 점검

자료준비

프로그램 1주 전

1. ☐ 진료과목 팻말을 출력한다.
2. ☐ 교사용 명찰을 출력하여 만든다.
3. ☐ 학년별 진단지를 학년 인원에 맞게 출력한다.
4. ☐ 진료기록지를 어린이 인원 수만큼 출력한다.
5. ☐ 약국봉투를 어린이 인원 수만큼 A4용지에 출력해서 점선을 따라 접어 봉투를 만든다.
6. ☐ 내복약을 만들되, 어린이 인원수와 제공할 개수를 논의하여 수량을 결정한다.

   1) 약포지는 1회씩 먹을 수 있도록 약을 포장하는 용지다. 약포지 디자인을 출력하여 만들거나 실제 약포지를 구입하여 만든다. (인터넷 검색어 : 약포지)

   2) 약포지에 스푼을 이용하여 가루 비타민, 초콜릿, 사탕 등을 넣어 봉한다. 실제 약포지를 구입한 경우 다리미, 스트레이트용 헤어 고데기, 가정용 진공포장기 등을 이용하여 입구를 눌러서 봉할 수 있다.

7. ☐ 물약을 어린이 인원 수만큼 만든다.

   1) 물약병을 어린이 인원 수만큼 구입한다. (인터넷 검색어 : 약병, 물약병, 60cc용이 적당)

   2) 물약이름 스티커를 라벨지에 출력한 뒤 오려서 물약병에 붙인다.

   3) 물약병에 음료수를 넣는다. 이때 차가운 음료수를 넣으면 병 외벽에 물이 생겨서 스티커가 손상되므로 차지 않은 음료를 준비한다.

8. ☐ 말씀밴드를 어린이 인원 수만큼 출력하여 뒷면에 양면 테이프를 붙인다. 라벨지에 출력할 수도 있으나, 어린이들이 쉽게 떼어 붙이기 어려우므로 양면 테이프를 이용한다.
9. ☐ 의사도구 디자인을 출력하여 각 진료실을 장식하거나 두꺼운 용지에 출력하여 의사를 맡은 교사들이 소지한다. 장난감 의사도구나 의사도구 실물을 구입하여 소지하면 더 좋다.

10. ☐ 이동경로를 표시할 때 필요한 화살표, 발바닥 그림 등을 그리거나 출력하여 준비한다.

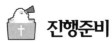 **진행준비**

프로그램 2주 전

1. ☐ 아래의 내용에 따라 교사들을 분담하고 장소와 이동경로를 정한다.

진료과목	내용	체크포인트	담당의사/간호사
신경과	새김	성경말씀, 지식과 교리, 암송	
내과	믿음	구원, 예배생활, 구원상담 가능한 교사 필요	
이비인후과	사랑	성령님을 믿음, 기도생활, 교회	
외과	섬김	신유, 섬김, 봉사, 생활지도(언어, 행동)	
안과	소망	재림을 믿음, 전도, 선교	
약국		돌봄과 격려	

2. ☐ 담당자 및 도우미를 정한 후, 각자 자신의 역할에 맞게 준비를 한다. 각 코너의 도우미를 섭외하여 진행을 원활하게 한다.

  1) 진행교사
    – 교역자 또는 임원교사가 맡아서 전체 진행 및 프로그램 의도를 설명한다.
  2) 의사
    – 진료과목 별로 복음제시 및 신앙상담이 가능한 교사를 배치한다. 교사 인원이 부족할 경우 타 부서 교역자나 장로님, 권사님 또는 교사 경험이 있는 성도를 섭외한다.
    – 자신이 맡은 과에 대한 설명과 그에 따른 성경구절을 숙지한다.
    – 준비물 : 의사도구, 진료기록 용지, 볼펜, 흰색 가운
  3) 간호사
    – 준비물 : 간호사 복장을 하거나 흰색 남방 또는 티셔츠에 카디건을 착용한다.
    – 의사를 보조하며 진료 시 설명과 안내를 한다.
  4) 약사
    – 준비물 : 간호사와 비슷한 복장, 또는 흰색 가운, 약국재료
    – 준비된 약국재료를 테이블에 세팅한다. 어린이들이 처방전을 가져오면 약을 조제하여 봉투에 담아주거나 미리 조제한 약을 나누어 준다.

– 봉투에 어린이 이름을 써주고, 약 복용법을 설명한다(ex: 하루 3번 식후 30분).

– 어린이에게 받은 처방전을 취합하여 각 반 교사나 교역자에게 전달한다.

5) 안내원(타임키퍼)

– 각 과별 인원과 시간 조절을 담당한다. 어린이의 인원이 많아 혼잡한 경우 어린이들에게 대기표를 나눠주고 번호 순서대로 이동시킨다.

6) 돌봄 도우미

– 의사와 상담을 마친 어린이들을 집으로 귀가시킨다. 집으로 바로 귀가하지 않고 집결해야 하는 경우 퀴즈나 간단한 게임, 영화상영 등을 준비하여 어린이들을 돌본다.

3. ☐ 반 교사는 어린이들에게 진단지를 나눠준 후 작성하도록 하여 어린이들의 상태를 미리 체크한다. 또 진료과목당 해당 어린이의 인원을 파악한다.

1) 교사는 어린이들에게 진단지와 필기도구를 나누어 준다.

2) 교사는 어린이들이 각 항목의 질문 중 자신이 해당되는 것에 동그라미 표시를 한 후, 최종 개수를 적도록 한다.

3) 교사는 어린이가 질문지의 내용을 이해할 수 있도록 충분히 설명해준다.

프로그램 1주 전

1. ☐ 진료과목별 어린이 인원에 따라 교사, 준비물(의사의 인원, 약국재료의 분량) 등을 조절하여 구입한다. (예– 신경과가 15명, 내과가 2명일 경우 내과 의사가 상담을 마친 후 신경과 의사로 돕는다. 이러한 경우 신경과의 약국 재료를 더 많이 준비한다)

2. ☐ 담당 사역자와 교사는 진행사항에 필요한 모든 준비물을 체크하고, 교사 워크숍을 한다.

3. ☐ 프로그램을 위한 환경을 구성한다.

1) 진료실 용 공간이 6–7개 정도 필요하다. 공간이 부족할 경우 넓은 공간을 나누어 사용한다. 각 진료과목 팻말을 출력하여 테이블이나 벽면, 또는 출입문 앞에 붙인다.

2) 바닥 또는 벽에 화살표를 붙여 어린이들의 이동경로를 표시한다.

3) 약국용 테이블을 설치한다.

프로그램 당일

1. ☐ 의사들은 진료기록지와 펜, 상담을 위한 도구를 가지고 자신의 자리에 대기한다.

2. ☐ 약국에는 약을 종류별로 테이블 위에 분류하고 약봉지에 처방내역을 기록할 수 있도록 펜을 준비한다.

3. ☐ 어린이들이 진료테이블의 위치를 알 수 있도록 부서실에 위치 안내 PPT를 띄워 놓는다.

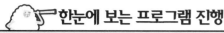
한눈에 보는 프로그램 진행

오리엔테이션(프로그램 설명) ➡ 어린이 진료, 상담 ➡ 약국 운영 ➡ 프로그램 정리 ➡ 사후 관리

진료과목	내용	체크포인트	진행장소	소요시간
신경과	새김	성경말씀, 지식과 교리, 암송 지도	실내	각 코스별 1인당 5분/ 총 20분 내외
내과	믿음	구원, 예배생활, 구원상담 지도	실내	
이비인후과	사랑	성령, 기도생활, 교회생활 지도	실내	
외과	섬김	신유, 섬김, 봉사, 생활 (언어, 행동) 지도	실내	
안과	소망	재림 신앙, 전도, 선교, 지도	실내	
약국		돌봄과 격려	실내	

진행순서

오리엔테이션
1. 진행교사는 전체 어린이를 대상으로 성결클리닉의 내용과 의미, 그리고 방법에 대해 설명한다.
2. 진행교사는 어린이들에게 진단지 검사 결과를 알려준 후, 어린이들에게 자신의 진단지를 나누어 준다.
3. 진행교사는 PPT로 각 진료테이블의 위치를 알려주고 어린이는 자신의 진단지를 들고 해당 과로 이동한다.
4. 이때, 안내원(타임키퍼)이 각 과의 진행시간을 체크하여 일찍 끝나는 과의 의사를 다른 과로 이동시켜 돕도록 한다.

어린이 진료, 상담
1. 어린이들이 각 과로 이동하면 간호사는 진료실 앞에서 어린이들을 순서대로 정렬한다.
2. 간호사는 어린이들을 한 명씩 의사에게 인도한다.
3. 의사는 어린이가 가져온 진단지를 토대로 상담한다. 상담시간은 1명당 5분 이내로 하되, 먼저 해당 진료과에 오게 된 이유를 설명해주고, 나머지는 진료차트에 있는 내용을 순서대로 점검해준다.
4. 의사는 어린이가 부족한 부분을 개선할 수 있도록 구체적으로 약속한다.
5. 진료기록지에 상담 내용을 기록하고 문제를 개선하기 위해 어린이와 약속한 것을 적는다.

6. 상담 후 의사는 진료기록지에 있는 처방목록에 처방할 약을 체크하고, 어린이는 진단지에 적힌 처방전을 들고 약국으로 이동한다.

약국 운영

1. 어린이가 처방전을 가지고 오면 약사는 처방전을 받아서 약 처방목록에 체크된 부분을 확인하여 약을 조제한다.
2. 약사는 조제된 내복약과 물약, 말씀밴드를 봉투에 담아 어린이에게 주면서 봉투에 쓰인 내용을 확인시켜 준다. 약을 먹고 건강한 그리스도인이 되도록 격려하고 축복한다.

프로그램 정리

1. 어린이들의 활동이 모두 끝난 후 모임을 마칠 경우에는 진행교사의 인도로 찬양을 하면서 다른 친구들을 기다린다.
2. 담당 사역자 또는 진행교사가 약국에 다녀온 어린이들과 함께 소감을 나누고 영적 건강을 회복하기 위해 기도함으로서 프로그램을 마친다.

사후 관리

1. 각 어린이의 반교사에게 어린이들의 진료기록 용지를 나누어준다. 반교사는 진료기록에 따라 어린이들을 심방하면서 지속적으로 관심을 갖는다.
2. 반교사는 '말씀밴드'의 본문말씀을 암송하며 실천사항을 점검한다.
3. 어린이가 처방전과 같이 실천하였을 경우 지속적으로 실천할 수 있도록 격려한다. 작은 시상품을 주어 격려할 수도 있다.

 진행안

오리엔테이션

1. 성결클리닉의 내용, 의미, 방법

관련성구

누가복음 5:31-32

예수께서 대답하여 이르시되 건강한 자에게는 의사가 쓸 데 없고 병든 자에게라야 쓸 데 있나니 내가 의인을 부르러 온 것이 아니요 죄인을 불러 회개시키러 왔노라

제 동생이 배가 아프대요. 엄마는 배가 아프니까 배탈인가 보다 하고 배탈 약을 먹으라고 하셨어요. 아빠는 "아니야! 배가 아플 때는 체한 거야." 하시고는 체할 때 먹는 약을 주시려고 하셨어요. 저는 감기에 걸려서 배가 아픈 거라고 생각하고는 동생에게 감기약을 주려고 했어요. 여러분! 여러분은 어떤 약을 먹으면 건강해질 수 있나요? 어떻게 하면 제 동생이 어디가 아픈 것인지 알 수 있을까요? 어떻게 해야 할까요? (어린이들의 반응을 듣는다)

우리는 아플 때, 마음대로 약을 먹는 것이 아니라 먼저 병원에 가서 전문가인 의사 선생님께 진료를 받아야 해요. 그래야 정확하게 병에 대해서 알고 올바른 약을 처방받을 수 있어요. 왜냐하면 의사 선생님은 우리가 아픈 곳을 정확하게 아시고 치료해 주시는 우리 몸의 전문가이기 때문이에요.

우리의 몸은 아프거나 이상이 생기면 통증으로 알려주어요. 그래서 우리는 통증이 생기면 병원에 가서 치료를 받아요. 하지만 우리의 영혼이 아프거나 건강하지 못할 때는 겉으로 잘 드러나지 않지요. 이러한 우리 영혼의 문제를 잘 알고 치료해 주시는 분이 계세요. 그분은 바로 예수님이에요. 성경을 보면 예수님께서 많은 사람들을 치료해 주시고 낫게 해 주신 것을 볼 수 있어요. 병든 사람, 죄인들을 치료해 주신 예수님은 지금도 우리 몸의 건강뿐만 아니라 우리의 죄와 영적인 부족함까지 치료하기 원하세요. 예수님은 지금도 우리의 건강을 위해 기도하고 계세요.

그래서 우리의 영적인 사람이 건강하려면 예수님께 정확한 진단을 받고 영적으로 잘못된 부분을 고쳐야 해요. 하나님께서 우리를 돌보라고 세워주신 선생님들께서 영적인 의사가 되어서 우리 친구들을 도와주실 거예요.

선생님들이 우리 친구들의 신앙의 모습 중에 어떤 부분이 바르지 않고 부족한지 체크해보고, 어떻게 하면 우리 친구들이 균형 있고 건강하게 성장할 수 있는지 상담해 주실 거예요. 그러니 의사 선생님께 아픈 부분을 이야기하듯이 선생님의 질문에 솔직하게 대답해 주세요. 그러면 정확한 진단을 받고 건강한 신앙의 어린이로 자라날 수 있을 거예요.

오늘 선생님들의 상담을 통해서 예수님의 말씀대로 변화되는 친구들이 되기 바라요. 또한 예수님의 말씀대로 살아가는 건강한 어린이가 되기 바랍니다.

어린이 진료, 상담

3. 관련 말씀 및 상담하기

- **신경과 (새김마루)**

  디모데후서 3:16

  모든 성경은 하나님의 감동으로 된 것으로 교훈과 책망과 바르게 함과 의로 교육하기에 유익하니

  친구야, 어서 와. 어디가 아파서 왔니? 아, 새김마루에서 동그라미가 적게 나와서 신경과로 왔구나, 새김마루는 우리의 몸 중에서 머리에 해당하는 곳이야. 우리가 머리나 뇌를 다치면 어떻게 될까? 맞아. 식물인간이 되거나 손과 발이 마비가 되지. 그처럼 우리의 머리에 하나님의 말씀이 없으면 우리의 몸이 내가 하고 싶은 대로 마구 움직이고 하나님을 기쁘시게 할 수가 없거든. 사탄은 우리가 말씀을 모르게 해서 죄를 짓게 하기 때문에 하나님의 말씀을 쏙쏙 새겨야 해. (진단지 내용 중에서 동그라미가 없는 부분을 확인해주고 상담해준다.)

- 내과 (믿음마루)

  요한복음 1:12

  영접하는 자 곧 그 이름을 믿는 자들에게는 하나님의 자녀가 되는 권세를 주셨으니

  친구야, 어서 와. 어디가 아파서 왔니? 아, 믿음마루에서 동그라미가 적게 나와서 내과로 왔구나. 믿음마루는 우리 몸 중에서 심장에 해당하는 곳이야. 사람이 심장이 멈추면 어떻게 될까? 생명이 없어지는 거야. 그것처럼 예수님을 믿는 믿음이 없으면 우리는 죽은 사람과 같아. 생명이 없는 사람은 아무것도 할 수 없어. 자라지도 못해. 그처럼, 우리도 예수님을 확실히 믿고 예수님을 닮아서 건강하게 자라야 해. (진단지 내용 중에서 동그라미가 없는 부분을 확인해주고 상담해준다.)

- 이비인후과 (사랑마루)

  요한1서 3:16

  그가 우리를 위하여 목숨을 버리셨으니 우리가 이로써 사랑을 알고 우리도 형제들을 위하여 목숨을 버리는 것이 마땅하니라

  친구야, 어서 와. 어디가 아파서 왔니? 아, 사랑마루에서 동그라미가 적게 나와서 이비인후과에 왔구나! 하나님께서는 우리에게 귀와 입을 만들어 주셨어. 하나님께서는 우리의 귀로 이웃의 아픔과 필요를 듣고, 우리의 입으로 이웃에게 사랑의 말, 격려의 말을 하기를 원하신단다. 그리고 하나님께서는 우리의 입으로 친구와 교회를 위해 두 손 모아 기도하는 것을 기뻐하셔. 그러니까 우리가 입으로 사랑의 말과 기도를 하면 우리의 손으로 자신만을 챙기는 것이 아니라, 이웃을 돌보는 사랑의 손이 될 수 있단다. 그래서 사랑마루는 우리 몸에서 손에 해당하는 곳이야. 하나님은 우리에게 손을 주시면서 손으로 나눠주고 쓰다듬어 주고 사랑해 주라고 하셨어. 너도 이제는 하나님과 사람들을 사랑하는 사람이 되어야 해. (진단지 내용 중에서 동그라미가 없는 부분을 확인해준다.)

- 외과 (섬김마루)

  마태복음 7:12

  그러므로 무엇이든지 남에게 대접을 받고자 하는 대로 너희도 남을 대접하라 이것이 율법이요 선지자니라

  친구야, 어서 와. 어디가 아파서 왔니? 아, 섬김마루에서 동그라미가 적게 나와서 외과로 왔구나, 섬김마루는 우리 몸에서 다리와 발에 해당하는 곳이야. 사람은 자기가 가고 싶은 곳으로만 가려고 해. 그래서 자꾸 재미있는 곳, 죄를 짓는 곳, 엄마가 가지 말라고 하는 곳에 가려고 해. 하지만 하나님은 우리 발이 이웃들을 돕는 곳, 착한 일을 하는 곳에 가기 원하셔. 우리는 친구들에게 착한 일을 하고 세상을 향해 나아가는 어린이가 되어야 해. (진단지 내용 중에서 동그라미가 없는 부분을 확인해주고 상담해준다.)

- 안과 (소망마루)

  마태복음 24:42

  그러므로 깨어 있으라 어느 날에 너희 주가 임할는지 너희가 알지 못함이니라

  친구야, 어서 와. 어디가 아파서 왔니? 아, 소망마루에서 동그라미가 적게 나와서 안과로 왔구나, 소망마루는 우리 몸에서 눈에 해당하는 곳이야. 사람은 무엇을 보고 사느냐가 중요한데. 예수님을 믿는 어린이는 하나님만 바라보며 살아야 해. 그런데 사람들은 하나님을 보지 않고 인기, 외모, 돈과 명예를 먼저 보곤 하지. 하지만 예수님은 언제든지 우리를 데리러 오시겠다고 하셨어. 만약 오늘 예수님이 오셔서 우리를 데려가시면 외모와 인기, 돈이 필요하지 않을거야. 우리에게 가장 중요한 건 하나님을 바라보는 거야. 우리는 하나님만 바라보는 어린이가 되어야 해. (진단지 내용 중에서 동그라미가 없는 부분을 확인해주고 상담해준다.)

 ## 우리 교회 활용PLUS

1. 우리 교회는 약을 조제할 때, 물약과 약포지 등 실제 약국용품을 구입해 사용하였더니 아이들이 열심히 약을 복용하고 처방에 잘 따랐어요.
2. 우리 교회는 담임교사의 진료를 마친 후에 진료기록 전체를 교역자가 관리해서, 어린이 개인상담과 심방 계획에 적용했어요. 필요한 경우, 부모님께 결과를 알려서 어린이를 위해 함께 기도했어요.

신앙 Checking-Up

5

어린이교회

사중복음 큐브

'중생', '성결', '신유', '재림', 이 네 가지 주제의 복음은 그리스도인의 삶의 모든 과정을 담고 있습니다. '사중복음 큐브'에서는 어린이들이 이 네 가지 주제의 복음, 즉 사중복음을 배움으로 그리스도인으로서 어떻게 살아가야 하는지 알게 됩니다. '사중복음 큐브'를 통해 어린이들이 전인격적인 그리스도인이 되기를 소망합니다.

진행시간	장소	성격	규모	방법
각30분 (총4회)	부서실	지속	대그룹	학습

연관 주제어
소망마루
개혁
복음
구원
확신

⚙ 목표

1. 어린이가 사중복음(중생, 성결, 신유, 재림)에 대해서 배운다.
2. 어린이가 사중복음으로 살아가는 그리스도인이 되어야 함을 깨닫는다.
3. 어린이가 사중복음으로 전도한다.

⚙ 준비물

ibcm.kr 제공 자료 - 이미지/ 사중복음 큐브
PPT/ 사중복음 선언문, 사중복음 알기

별도 준비 자료 - A4용지, 가위, 풀, 성경책(매주), 필기도구(매주), 복음전달도구(2주-글 없는 책, 4
영리 등)

⚙ 자료보기

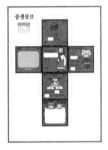 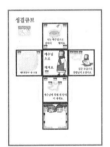  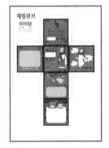

1. 사중복음 큐브 ☐

2. 사중복음 선언문 PPT ☐ 　　3. 사중복음 알기 PPT ☐

프로그램 자료 찾으러 가기!

www.ibcm.kr 홈페이지 접속 ➡ 홈 상단의 BCM Program Class 클릭 ➡ 왼쪽 메뉴 바 '어린이교회 PC' 클
릭 ➡ Chapter1. 신앙 Checking-Up의 '사중복음 큐브' 자료 다운

준비과정 및 점검

자료준비

프로그램 1주 전

1. ☐ 진행교사는 홈페이지에서 '사중복음 큐브' 그림을 다운받아 A4용지에 어린이 수만큼 복사한다.
2. ☐ 진행교사는 홈페이지에서 PPT자료들을 다운받는다.
3. ☐ 진행교사는 복음전달 도구로 기독교백화점에서 '글 없는 책' 또는 '사영리' 등을 구입한다.

진행 준비

프로그램 2주 전

1. ☐ 진행교사는 진행순서와 진행안을 숙지 및 숙달한다.

 ## 한눈에 보는 프로그램 진행

(첫째 주)프로그램 설명, 사중복음 알기, 중생큐브 ➡ (둘째 주)성결 큐브 ➡ (셋째 주)신유 큐브 ➡ (넷째 주)재림 큐브, 프로그램 정리

 ## 진행순서

첫째 주 : 프로그램 설명, 사중복음 알기, 중생큐브

1. 진행교사가 프로그램에 대해 설명한다.
2. 진행교사는 사중복음 알기 PPT를 이용하여 사중복음에 대해서 설명한다. 설명을 마친 후, 진행교사와 어린이는 사중복음 선언문 PPT를 보면서 큰소리로 함께 읽는다.
3. 진행교사는 어린이들에게 사중복음 큐브(중생)를 나눠주고, 큐브 1면부터 6면까지의 내용을 설명한다.
4. 어린이들은 진행교사의 이야기를 들으면서 사중복음 큐브의 빈칸을 채운다. 진행교사는 어린이들이 특히 6면의 '나의 고백문'을 진지하게 작성하도록 지도한다.
5. 진행교사는 어린이들이 빈칸을 다 채우면, 큐브에 자신의 이름을 적은 후에 큐브를 접어 붙여서 완성하게 한다.

| 큐브 도면을 따라 가위로 오린다. | 큐브 도면의 점선을 따라 접는다. | 풀로 붙인다. | 큐브 완성! |

6. 진행교사는 어린이가 쓴 '나의 고백문'을 돌아가며 발표하게 한다.

7. 진행교사는 어린이와 함께 사중복음 선언문을 다시 읽고 구호를 외친 후에 기도하고 마친다.

8. 진행교사는 어린이가 만든 큐브를 수거하여 진열한다.

둘째 주 : 성결 큐브

1. 진행교사와 어린이는 사중복음 선언문 PPT를 보며 큰소리로 함께 읽는다.

2. 진행교사는 어린이들에게 사중복음 큐브(성결)를 나눠주고, 큐브 1면부터 6면까지의 내용을 설명한다.

3. 어린이들은 진행교사의 이야기를 들으면서 사중복음 큐브의 빈칸을 채운다. 진행교사는 어린이들이 특히 6면의 '나의 고백문'을 진지하게 작성하도록 지도한다.

4. 진행교사는 어린이가 빈칸을 다 채우면, 큐브에 자신의 이름을 적은 후에 큐브를 접어 붙여서 완성하게 한다.

5. 진행교사는 어린이가 쓴 '나의 고백문'을 돌아가며 발표하게 한다.

6. 진행교사는 어린이와 함께 사중복음 선언문을 다시 읽고 구호를 외친 후에 기도하고 마친다.

7. 진행교사가 모든 진행을 마치면 어린이들은 진열된 중생 큐브 옆에 성결 큐브를 나란히 놓는다.

셋째 주 : 신유 큐브

1. 진행교사는 둘째 주와 동일하게 진행하면서 어린이들과 신유 큐브를 만든다.(성결 큐브 진행순서 1~6번과 동일)

2. 진행교사가 모든 진행을 마치면 어린이들은 진열된 중생, 성결 큐브 위에 신유 큐브를 올려 놓는다.

넷째 주 : 재림 큐브, 프로그램 정리

1. 진행교사는 둘째 주와 동일하게 진행하면서 어린이들과 재림 큐브를 만든다.(성결 큐브 진행순서 1~6번과 동일)

2. 진행교사가 모든 진행을 마치면 어린이들은 재림 큐브를 진열된 신유 큐브 옆에 맞춰 나란히 올려놓는다.

3. 진행교사는 어린이들과 함께 사중복음 큐브를 가지고 중생, 성결, 신유, 재림의 이야기를 복습한다.

4. 진행교사는 어린이들과 함께 사중복음 선언문 PPT를 보면서 외치고, 사중복음을 잘 익히고 전하는 삶을 살기로 결단하는 기도를 한 후 마친다.

 진행안

첫째 주 : 프로그램 설명, 사중복음 알기, 중생큐브

1. 자~ 오늘은 네 가지 주제의 복음, 중생, 성결, 신유, 재림에 대해 알아보고, 이 네 가지 주제를 배우면서 우리들이 부족한 것이 무엇인지 살펴보는 시간을 가질 거예요. 이 네 주제의 복음을 성결교회에서는 사중복음이라는 전도표제로 삼았답니다. 이제 사중복음 큐브를 만들어서 앞으로 4주 동안 사중복음에 대해 배울 거예요. 준비됐나요? 그럼, 사중복음 큐브를 시작하도록 하겠습니다.

2. 사중복음 알기

중생	빨간색하면 무엇이 떠오르나요? 맞아요. 예수님께서 십자가에 달려 돌아가실 때 흘리신 피가 떠오르지요. 예수님이 십자가에서 나를 위해 죽으시고 부활하셨어요. 우리가 이 예수님을 믿으면 거듭나서 구원받지요. 새 생명 얻은 새사람이 되어요. 예수님으로 말미암아 하나님의 자녀가 되지요. 이것을 어려운 말로 '중생'이라고 해요.
성결	흰색하면 무엇이 떠오르나요? 맞아요. 죄로 물든 우리가 예수님의 보혈로 깨끗해졌어요. 예수님으로 인해 우리가 거룩해졌어요. 거룩은 구별된 것을 의미해요. 우리는 죄와 구별된 예수님처럼 깨끗한 모습으로 살아야 돼요. 그래요. 예수님으로 인해 우리는 구별된 사람이 되었고, 날마다 거룩해져야 돼요. 이것을 어려운 말로 '성결'이라고 해요.
신유	예수님을 믿고 날마다 거룩해진 우리는 몸과 마음이 건강해져요. 예수님으로 인해 건강해 지지요. 병이 생기면 의사에게 가서 진료를 받듯이 우리의 몸과 마음과 영혼에 아픈 곳이 있으면 예수님께 진료를 받아 건강해져야 돼요. 병을 고침 받고, 건강해지는 이것을 어려운 말로 '신유'라고 해요.
재림	예수님으로 인해 우리는 새 생명을 얻은 새사람이 되었고 날마다 예수님처럼 건강하게 성장할 거예요. 그리고 다시 오실 예수님을 기다리며 예수님을 모르는 사람들에게 복음을 전하고, 이웃을 사랑하고 봉사해야 해요. 예수님이 다시 오시는 것을 어려운 말로 '재림'이라고 해요.

<〈사중복음 선언문〉>

사회자 : "나는 자랑스러운 그리스도인으로서 다음과 같이 선언한다!"
어린이 : "하나, 나는 나의 죄를 용서해 주신 예수님을 믿음으로 구원 받는 중생을 경험한다!"
　　　　"하나, 나는 나의 마음속에 성령님을 초청하여 그분의 능력으로 성결한 삶을 살겠다!"
　　　　"하나, 나는 나의 예수님의 신유를 통해 날마다 건강하게 살겠다!"
　　　　"하나, 나는 다시 오실 예수님을 기다리는 재림의 신앙을 가지며 살겠다!"

3. 사중복음 중생 큐브 각 면 설명
　1면) "예수님은 어떤 분일까요? (아이들의 대답을 듣는다) 맞아요. 예수님은 하나님의 아들이시
　　　고, 우리를 구원해 주시는 분이시지요. 구원해 주시는 분을 다른 말로 하면 무엇이라고 할까
　　　요? 맞아요. '그리스도'예요. (   ) 안에 써볼까요?"
　2면) "성경에는 어떻게 나오는지 말씀을 찾아봐요. 고린도후서 5장 17절에 뭐라고 나오고 있나
　　　요?" (어린이의 대답을 듣는다. 성경책에 밑줄을 긋는다)
　3면) "예수님을 그리스도로 고백한 사람이 누굴까요? 이 그림의 주인공이에요. 어떻게 고백했을
　　　까요? (   ) 안에 써보아요."
　4면) (복음전달도구―글 없는 책이나 사영리 등―를 사용한다) "우리는 예수님으로 인해 하나님과
　　　의 관계가 회복되어 구원 받을 수 있어요. 우리는 예수님으로 인해 거듭났어요. (   ) 안에 써
　　　볼까요?"
　5면) "그래서 우리는 천국에 갈 수 있어요. 어떻게 갈 수 있다고요? 맞아요. 예수님을 믿음으로 천
　　　국에 갈 수 있어요. (   ) 안에 써보아요."
　6면) "오늘 중생에 대해 배웠지요? 우리를 구원해주신 예수님께 여러분의 마음을 담아 고백
　　　해보아요."

7. 구호
　진행교사(선창): "우리 함께"
　어린이: "BCM 사중복음"
　다같이: "파이팅!"

둘째 주 : 성결 큐브

2. 사중복음 성결 큐브 각 면 설명
　1면) "예수님으로 인해 중생한 우리는 이제 예수님으로 인해 거룩해져요. 거룩이 뭘까요? 거룩은

구별된다는 걸 의미해요. 우리는 예수님으로 인해 세상 사람과 구별된 하나님의 자녀로서 살아야 돼요. ( ) 안에 써보아요."

2면) "성경에는 어떻게 나오는지 말씀을 찾아봐요. 베드로전서 1장 15절에 뭐라고 나와 있나요?" (어린이의 대답을 듣는다. 성경책에 밑줄을 긋는다)

3면) "예수님이 세례를 받을 때 비둘기 같은 성령이 오셨어요. ( ) 안에 써보아요."

4면) "이 아이는 무엇을 하고 있나요? (어린이의 대답을 듣는다) 우리는 예수님으로 인해 몸이 깨끗해 졌지만 또 날마다 죄를 지어서 더러워지고 있어요. 그래서 날마다 예수님의 이름으로 깨끗해져야 해요. ( ) 안에 써볼까요?"

5면) "또한 성령님의 도우심으로 날마다 거룩하게 살아야 돼요. ( ) 안에 써볼까요?"

6면) "오늘 성결에 대해 배웠지요? 우리를 구원해주신 예수님께 감사하는 마음을 담아 고백해보아요. 그리고 앞으로 어떻게 거룩하게 살 지 고백해 보아요."

셋째 주 : 신유 큐브

1. 사중복음 신유 큐브 각 면 설명

1면) "지금까지 우리는 예수님을 통해 중생하였고, 그래서 성결한 삶, 거룩한 삶을 살기로 다짐했어요. 예수님은 우리를 구원해 주셨을 뿐만 아니라 이 세상에 살면서 건강하게 살 수 있도록 도와주세요. 아픈 곳을 낫게 치료해 주시는 예수님이세요. ( ) 안에 무엇이 들어가야 할까요?"

2면) "그렇다면 성경에 어떤 말씀이 쓰여 있는지 마태복음 14장 14절을 찾아볼까요? 이처럼 예수님께서는 많은 사람을 고쳐주셨어요."

3면) "예수님은 죽은 사람도 살리시는 위대하신 분이세요. 마가복음 5장 35~43절을 볼까요? 예수님께서 어떤 말을 하셨더니 소녀가 일어났나요? ( ) 안에 찾아 써보세요."

4면) "우리가 아프면 병원에 가고 약을 지어 먹듯이 우리의 몸과 마음과 영혼이 병들면 예수님께 가서 치료받아야 돼요. 신유란 아픈 곳이 낫는 것뿐만 아니라 아무런 병이 없어 건강하게 지내는 것도 포함해요. 우리는 모두 신유를 주신 예수님의 은혜로 살아가고 있어요."

5면) "혹시 친구들 중에 아픈 어린이가 있나요? 아니면 가족 중에 아픈 사람이 있나요? 오늘 죽은 사람을 살리시고 병든 사람도 고쳐주시며 우리를 건강하게 해주시는 예수님께 기도해 보세요. 예수님이 고쳐주실 거예요."

6면) "이제 신유 큐브를 마무리하면서 우리의 몸과 마음과 영혼을 건강하게 해주시는 예수님께 감사하고, 주위에 있는 아픈 친구를 위해 중보하는 기도문을 적어보세요."

넷째 주 : 재림 큐브

1. 사중복음 재림 큐브 각 면 설명

　1면) "우리에게 중생을 주시고 살아가는 동안 거룩하고 건강하게 살도록 도와주시는 성결과 신유
　　　의 예수님에 대해 배웠어요. 오늘 마지막 큐브인 재림에 대해서 배울 거예요. 재림이 무엇인
　　　지 아시나요? 맞아요. 누가 다시 오신다고 하셨나요? 예수님이에요. (　) 안에 써볼까요?"

　2면) "예수님은 십자가에서 부활하셔서 40일 동안 제자들과 함께 지내시다가 하늘로 올라가셨어
　　　요. 그리고 다시 오시겠다고 말씀해 주셨어요. 사도행전 1장 11절을 찾아볼까요?"

　3면) "이렇게 승천하신 예수님께서 그대로 다시 오시겠다고 약속해 주셨어요. 그런데 언제 오실
　　　까요?"

　4면) "성경은 예수님께서 다시 오시는 것을 도둑 이야기를 통해 말해주고 있어요. 도둑이 언제 올
　　　지 아나요? 몰라요. 이처럼 우리는 언제 오실지 모르는 예수님을 위해 항상 준비해야 해요.
　　　잠을 자다가 도둑 맞는 것처럼 갑자기 예수님을 만날 수 있으니 깨어 준비해야 돼요."

　5면) "그렇다면 우리는 어떤 준비를 해야 할까요? (어린이의 대답을 듣는다) 날마다 하나님의 말
　　　씀을 따라서 예수님처럼 살아야 돼요. 하나님을 사랑하고 이웃을 사랑해야 돼요. 그럼 이웃
　　　을 사랑하는 방법에는 어떤 것이 있을까요? 우리 친구들이 할 수 있는 것이 무엇이 있는지
　　　(　) 안에 써볼까요?"

　6면) "이제 5면에서 적은 이웃사랑의 방법을 어떻게 실천해야 할지 나의 고백에 적어 보아요. 특
　　　별히 이웃사랑이 필요한 친구의 이름을 적고 자세하게 기록해 보세요."

 우리 교회 활용PLUS

우리 교회 클래스는 소그룹(10명 이하)으로 진행했고 사중복음 큐브 전시회도 열었어요.

내 마음 그리스도의 집

예수님을 구주로 믿는 자들은 예수님을 주인으로 모시고 살아야 합니다. '내 마음 그리스도의 집'에서는 어린이들이 예수님을 주인으로 모시고 있는지 자신의 마음을 점검하고 예수님을 주인으로 모시는 법을 배웁니다. 이 활동을 통해 어린이들은 자기 중심적인 삶에서 그리스도 중심의 삶으로 점차 바뀌어 가게 될 것입니다.

진행시간	장소	성격	규모	방법
60분	부서실	단속	대그룹	코너학습, 만들기, 북아트, 신체놀이, 기도

연관 주제어 · 소망마루 · 개혁 · 예수님 · 마음의 주인 · 그리스도 중심의 삶

목표

1. 어린이들이 예수님을 주인으로 모시고 있는지 자신의 마음을 점검한다.
2. 어린이들이 코너학습을 통해서 예수님을 주인으로 모셔야 함을 깨닫는다.
3. 어린이들이 예수님을 주인으로 모셔서 예수님 중심으로 살기로 다짐한다.

준비물

	ibcm.kr 제공 자료	별도 준비 자료
전체 : 책 만들기	이미지 / 내 마음 그리스도의 집	A3용지, 칼, 가위, 연필
1코너 : 공부방 (생각의 방)	이미지 / 공부방 교사용 그림 조각그림:성경책, 예수님	연필, 색연필, 사인펜
2코너 : 주방 (행복의 방)	이미지 / 주방 교사용 그림	그릇, 시리얼과자 또는 쌀 튀밥, 천국의 숟가락(플라스틱 숟가락10개, 나무젓가락10개, 셀로판테이프)
3코너 : 거실 (이야기의 방)	이미지 / 거실 교사용 그림	연필
4코너 : 벽장 (죄의 방)	이미지 / 벽장 교사용 그림, 십자가 교사용 그림, 십자가 어린이용 그림	연필, 풀
전체 : 문패 만들기	이미지 / 문패 그림	연필, 풀

자료보기

1. 내 마음 그리스도의 집 □

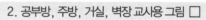
2. 공부방, 주방, 거실, 벽장 교사용 그림 □

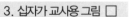
3. 십자가 교사용 그림 □

4. 십자가 어린이용 그림 □

5. 문패 그림 □

프로그램 자료 찾으러 가기!

www.ibcm.kr 홈페이지 접속 ➡ 홈 상단의 BCM Program Class 클릭 ➡ 왼쪽 메뉴 바 '어린이교회 PC' 클릭 ➡ Chapter1. 신앙 Checking-Up의 '내 마음 그리스도의 집' 자료 다운

준비과정 및 점검

자료준비
프로그램 2주 전
1. ☐ 각 코너별 교사용 그림을 출력한다.
2. ☐ '내 마음 그리스도의 집'을 A4로 출력해서 A3로 어린이 수만큼 확대 복사한다.
3. ☐ 조각그림(성경책, 예수님)과 '십자가 어린이용 그림', '문패 그림'을 어린이 수만큼 출력하여 준비한다.

프로그램 1주 전
1. ☐ 2코너 : 주방에서 사용할 천국의 숟가락을 어린이 수만큼 만든다. 천국의 숟가락은 플라스틱 숟가락 손잡이 부분에 나무젓가락을 길게 이어 셀로판테이프로 붙여 만든다.

진행 준비
프로그램 3주 전
1. ☐ 모든 교사가 「내 마음 그리스도의 집」(2005, IVP)을 읽는다.
2. ☐ 진행교사와 1, 2, 3코너 담당교사를 선정한다. 각 코너 담당교사가 4코너도 진행한다. 4코너에서 '죄'를 다루므로 각 조가 1-3코너를 순차적으로 진행한 후, 4코너를 진행하도록 한다.(예를 들어 1조의 세 번째 코너는 거실이다. 거실 담당교사가 1조에게 4코너 벽장을 진행한다. 2조는 세 번째 코너인 공부방에서 4코너 벽장을 배우고 3조는 세 번째 코너인 주방에서 벽장을 배운다. 그러므로 1~3코너 담당교사가 4코너 벽장을 모두 다 진행하게 되는 것이다. / 진행순서의 코너학습 진행순서 참고)
3. ☐ 진행교사와 각 코너 담당교사는 진행순서와 내용을 숙지 및 숙달한다.

프로그램 하루 전
1. ☐ 진행교사와 각 코너 담당교사는 진행사항과 준비물을 점검한다.
2. ☐ 각 코너 담당교사는 각 코너의 장소를 점검하고, A4용지에 각 코너 팻말을 출력하여 문 앞에 붙여 놓는다.

한눈에 보는 프로그램 진행

프로그램 설명 ➡ '내 마음 그리스도의 집' 책 만들기(전체진행) ➡ 1코너 : 공부방 ➡ 2코너 : 주방 ➡

3코너 : 거실 ➡ 4코너 : 벽장 ➡ 문패 만들기(전체진행) 및 프로그램 정리

진행순서	내용	진행장소	소요시간
책 만들기	'내 마음 그리스도의 집' 미니책 만들기	부서실	10~15분
1코너 : 공부방	자신의 생각을 점검하고 생각속에 예수님 모시기	소그룹실	10분
2코너 : 주방	자신의 행복추구를 점검하고 예수님을 따라 섬기는 삶으로 바꾸기	소그룹실	10분
3코너 : 거실	자신의 기도생활을 점검하고, 예수님께 기도드리는 삶으로 바꾸기	소그룹실	10분
4코너 : 벽장	자신의 은밀한 연약함과 죄를 예수님께 고백하고 십자가의 용서를 받기	소그룹실	10분
문패 만들기	우리 삶의 주인을 예수님으로 바꾸기	부서실	10분

진행순서

프로그램 설명

1. 진행교사는 전체 어린이들을 부서실에 대그룹으로 모으고, '내 마음 그리스도의 집' 프로그램의
   내용과 의미를 설명한다.

'내 마음 그리스도의 집' 책 만들기

1. 진행교사는 어린이들에게 준비해 놓은 '내 마음 그리스도의 집' 이미지를 한 장씩 나눠준다.
2. 진행교사는 '내 마음 그리스도의 집' 책 만드는 방법을 어린이들에게 알려준다.

1. A4용지에 '내 마음 그리스도의 집'을 출력한다.

2. 계단접기를 한다.

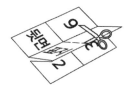

3. 중앙에 있는 자르는 선을 오린다.

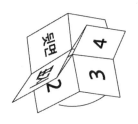
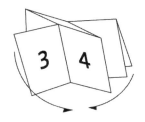

4. 가운데 두 면을 위아래 교차로 접는다.

5. 표지와 뒷면이 밖으로 오도록 접는다.

완성

3. 진행교사는 어린이들이 '내 마음 그리스도의 집' 책 앞장에 어린이 자신의 이름을 쓰게 한다.

4. 진행교사는 어린이들에게 '내 마음 그리스도의 집' 책을 가지고 코너학습에 참여해야 한다는 것을 알려준다.

5. 진행교사는 어린이들을 3개 조로 나눈다.

6. 진행교사는 각 코너 위치와 각 조의 코너학습 순서를 어린이에게 설명해준다.

*코너학습 진행순서

문패 만들기	'내 마음 그리스도의 집' 책 만들기
1조	1코너 : 공부방 → 2코너 : 주방 → 3코너 :거실 → 4코너 : 벽장
2조	2코너 : 주방 → 3코너 : 거실 → 코너 : 공부방 → 4코너 : 벽장
3조	3코너 : 거실 → 1코너 : 공부방 → 2코너 : 주방 → 4코너 : 벽장
전체진행	문패 만들기

7. 진행교사는 각 조를 각 조의 첫 번째 코너학습 방으로 출발시킨다.

8. 진행교사는 코너학습이 원활하게 진행되도록 Time Keeper 역할을 한다.

1코너 : 공부방(생각의 방)

1. 담당교사는 어린이에게 '내 마음 그리스도의 집' 책의 공부방 부분을 펼치게 한다.

2. 담당교사는 어린이의 책상에 어떤 물건과 책들이 있는지 '내 마음 그리스도의 집'의 공부방에 쓰게 한다.

3. 담당교사는 한두 명의 어린이에게 책상에 어떤 물건과 책들이 있는지 발표하게 한다.

4. 담당교사는 교사용 공부방 그림을 보여주면서 어린이들에게 공부방에 대해 설명한다.

5. 담당교사는 어린이들에게 성경책과 예수님 그림을 나눠준다.

6. 담당교사는 '내 마음 그리스도의 집'의 공부방에 성경책과 예수님 그림을 붙이게 한다.

7. 담당교사는 어린이들을 다음 코너로 보낸다.

2코너 : 주방(행복의 방)

1. 담당교사는 어린이들에게 '내 마음 그리스도의 집' 책의 주방 부분을 펼치게 한다.

2. 담당교사는 어린이들에게 보고만 있거나 가지고만 있어도 행복한 것들을 '내 마음 그리스도의 집' 의 식탁에 써넣게 한다.

3. 담당교사는 한두 명의 어린이에게 식탁에 어떤 것들이 있는 발표하게 한다.

4. 담당교사는 교사용 주방 그림을 보여주면서 어린이들에게 주방에 대하여 설명한다.

5. 담당교사는 천국의 숟가락 놀이를 진행한다.

   1) 천국의 숟가락 놀이 방법에 대해 아래 문항을 참고로 하여 설명한다.

   2) 두 명씩 짝을 짓게 한 후, 모든 어린이들에게 천국의 숟가락을 나눠준다.

   3) 시리얼 과자나 쌀 튀밥을 그릇에 담아서 2명 당 한 그릇씩 나눠준다.

   4) 천국의 숟가락은 끝부분만 잡을 수 있다는 규칙 하에, 음식을 서로 먹여주게 한다. 가장 많이 먹는 팀이 이긴다.

6. 담당교사는 어린이들을 다음 코너로 보낸다.

3코너 : 거실(이야기의 방)

1. 담당교사는 어린이들에게 '내 마음 그리스도의 집' 책의 거실 부분을 펼치게 한다.

2. 담당교사는 어린이들에게 하루 동안 주로 누구와 어떤 이야기를 하는지 거실 부분에 쓰게 한다.

3. 담당교사는 한두 명의 어린이에게 누구와 어떤 이야기를 하는지 발표하게 한다.

4. 담당교사는 교사용 거실 그림을 보여주면서 어린이들에게 거실에 대하여 설명한다.

5. 담당교사는 어린이들에게 릴레이 기도에 대해 설명한 후, 진행한다.

   1) 조원들을 동그랗게 앉게 한다.

   2) 어린이 한 명이 기도 한마디를 하면, 옆에 있는 어린이가 그 기도에 말을 덧붙여서 기도를 이어 간다.(예를 들어 첫 번째 어린이가 "하나님"하면 두 번째 어린이가 "하나님 사랑해요."한다. 세 번째 어린이가 "하나님 사랑해요. 보고 싶어요."라고 기도를 덧붙여 나간다.)

6. 담당교사는 어린이들을 다음 코너로 보낸다.

4코너 : 벽장(죄의 방)

1. 1~3코너 담당교사는 세 번째 조가 들어오면 4코너까지 이어 진행한다.

2. 담당교사는 어린이에게 '내 마음 그리스도의 집' 책의 벽장 부분을 펼치도록 한다.

3. 담당교사는 어린이들이 자신의 비밀이나 죄를 아주 작은 글씨나 암호로 벽장에 쓰게 한다.

4. 담당교사는 교사용 벽장 그림을 보여주면서 어린이들에게 벽장에 대하여 설명한다.

5. 담당교사는 빨간 십자가를 어린이들에게 나눠주고 벽장에 붙이도록 한다.

6. 담당교사는 어린이들을 어린이 전체가 모이는 부서실로 보낸다.

전체진행 : 문패 만들기, 프로그램 정리

1. 진행교사는 정숙한 분위기로 어린이들을 대그룹으로 앉힌 후, 어린이들이 '내 마음 그리스도의 집' 맨 앞장을 펴게 한다.

2. 진행교사는 문패 바꾸기에 대해 설명한다.

   1) 맨 앞장의 ○○○의 집을 '예수님의 집'으로 바꾸도록 권면한다.

   2) 진행교사는 어린이들에게 문패를 나눠 주고 '예수님'이라고 쓰게 한다.

   3) 진행교사는 '내 마음 그리스도의 집' 책 앞장에 문패를 달게 하고 예수님이 어린이들의 마음의 주인이라는 것을 알려준다.

3. 진행교사의 기도로 코너학습을 마친다.

진행안

프로그램 설명

1. 여러분, 누군가를 집에 초대한 적이 있나요? 보통 사람들은 내가 친하고 좋아하는 친구들, 그리고 나의 생활을 함께 나누고 싶은 친구들을 집으로 초대하곤 합니다. 친구들을 집으로 초대할 때는, 내가 살고 있는 그 집을 깨끗하게 청소하고서 보여주기도 하지요. 함께 살고 있는 가족들을 소개하기도 하고요. 이번 프로그램에서는 우리가 우리 마음속 집으로 초대하고 싶은 어떤 분이 우리 마음속 집에 찾아오신대요. 그분과 함께 우리 마음 속 공간을 찾아다녀 보면서 우리의 삶을 돌아보고, 내 마음 집의 주인이 누구인지를 생각해 보는 시간을 갖겠습니다. 오늘은 조를 나누어서 코스여행을 다닐 거예요.

1코너 : 공부방(생각의 방)

4. 예수님께서 여러분 마음의 집에 오셨어요. 예수님께서 여러분의 공부방으로 들어가시네요. 여러분의 책상에는 어떤 물건과 어떤 책들이 있나요? 여러분이 좀 전에 자신의 공부방을 소개해 주었어요. 여러분은 초등학생이기 때문에 모두 수학책도 있고, 국어책도 있어요. 문제집들도 있고요. 동화책도 있고 만화책도 있어요. 어떤 어린이 책상에는 예수님께서 보시기 부끄러운 귀신 나오는 책도 있어요. 어떤 어린이 책상 위에는 스마트폰이 올려져 있는데 게임하다가 잠깐 스마트폰

을 올려놔서 게임 음악이 흘러나올 수도 있어요. 아이돌스타의 사진이 있는 친구들도 있지요. 귀신 책이나 스마트폰의 게임 음악이 흘러나오는 것을 예수님께서 보시면 여러분은 부끄럽겠죠? 그런데 우리들의 공부방에 교과서, 문제집, 동화책들만 있는 것도 예수님께 부끄러운 일이래요. 왜냐하면 공부방은 나의 생각의 방이거든요. 우리가 하루 종일 어떤 생각을 가지고 살아가는 지 알수 있는 방이에요. 그런데 우리가 공부하는 생각, 친구들하고 노는 생각, 재미있는 이야기 생각, 좋아하는 아이돌 생각만 하면 예수님께서 서운하실 거예요. 왜냐하면 예수님께서는 우리를 늘 생각하는데, 우리는 예수님 생각을 안하기 때문이죠. 예수님께서는 여러분이 늘 예수님 생각을 하기 원하세요. 예수님 생각이 나려면 공부방 책상에 무엇이 있어야 할까요? 네, 성경책이 있어야 하죠. 책상에 성경책과 예수님 얼굴을 붙이겠어요. 자! 여러분의 공부방에 예수님 생각으로 가득 채워졌지요.

2코너 : 주방(행복의 방)

4. 예수님께서 여러분 마음의 집에 오셨어요. 이번에는 예수님께서 여러분의 주방에 들어가셨어요. 이 주방은 여러분이 보고만 있어도, 가지고만 있어도 배부를 것만 같은 것들이 있는 방이랍니다. 어떤 친구는 100점짜리 시험지를 가지고 있으면 행복하대요. 어떤 친구는 피아노를 잘 치는 재능이 있어 행복하다고 하네요. 또 어떤 친구들은 최신형 컴퓨터, 스마트폰 같이 나를 재미있게 해주는 것들이 있어서 행복하대요. 하지만 이런 것들을 많이 가진다고 해서 우리가 행복하고 배부른 것은 아니에요. 성경은 채우는 것보다 나눌 때 우리가 행복해 진다고 말해요. 하나님의 말씀에 따라서 나의 행복을 위해 가지고 채우기 보다는 나누는 연습을 해야 해요. 이렇게 하기 위해서 천국의 숟가락 놀이를 할 거예요.

나눔은 서로 서로를 행복하게 하지요. 나의 행복을 위해 사는 것이 아니라, 예수님의 뜻에 따라 다른 사람들과 행복을 나누며 더 큰 행복으로 채우는 어린이가 되세요.

3코너 : 거실(이야기의 방)

4. 예수님께서 여러분 마음의 집에 오셨어요. 이번에는 예수님께서 여러분의 거실에 들어가셨어요. 거실은 가족들, 친구들과 이야기를 나누는 곳이에요. 어떤 어린이는 하루 종일 친구들과 이야기를 한다고 했어요. 어떤 어린이는 부모님에게 무엇을 사달라고 하는 이야기를 많이 한다고 했어요. 또 친구들과 이야기하려고 핸드폰을 손에서 떼지 않는 어린이도 있어요. 내 마음의 거실에서 우리는 누구랑 이야기를 해야 할까요? 바로 예수님과 매일매일 이야기를 해야 해요. 이야기를 많이 나누는 친구들과는 더 친해지는 것처럼 예수님과 매일매일 이야기를 나누면 예수님과 더 친해진답니다. 예수님께서는 여러분과 이야기를 나누고 싶어 하세요. 예수님과 이야기 나누는 것이 바로 '기도'랍니다. 시간과 장소를 정해서 예수님과 이야기를 나눠보세요. 예수님께 여러분의

생각, 기분, 원하는 것들을 모두 이야기하세요. 예수님께서는 여러분의 이야기를 빠짐없이 모두 들어주신답니다. 지금 예수님과 이야기하는 연습을 할 거예요. 바로 릴레이 기도라는 놀이예요. 예수님과는 언제, 어디서나 이야기할 수 있어요. 시끄럽다고 하지 않으세요. 예수님과 늘 기도해서 예수님과 더 친해지는 어린이가 되세요.

4코너 : 벽장(죄의 방)

4. 예수님께서 여러분 마음의 집에 오셨어요. 이번에는 예수님께서 벽장 앞에 서셨지요. 벽장은 아주 오래된 물건들, 필요하지 않지만 버리지 않게 되는 물건들을 쌓아 놓는 곳이지요. 우리들 마음의 벽장에는 기억하고 싶지 않은 일들, 슬펐던 일들, 잘못했던 일들이 쌓여있어요. 예수님께서는 우리가 숨기고 싶은 비밀, 죄들을 예수님께 모두 말하기를 원하세요. 사실, 예수님께서는 우리가 어떤 생각들과 죄들을 벽장 속에 숨겼는지 우리보다 더 잘 아세요. 그래도 우리가 직접 마음의 벽장 문을 열어서 예수님께 우리의 비밀과 죄들을 다 말하기를 원하신답니다. 그런데 벽장 문을 여는 것이 쉽지 않지요. 그래서 우리가 "예수님, 예수님께서 나의 더러운 죄, 아픈 기억들을 다 치워주세요!"(요일 1:9)라고 부탁하면 예수님께서 언제든지 우리의 죄를 없애주시고 아픈 기억들을 고쳐주신답니다. (빨간 십자가 그림을 보여주며) 바로, 이 십자가를 우리의 죄와 비밀들에 붙이면 놀랍게도 죄가 다 사라진답니다. 여러분의 벽장 속에 있는 더러운 죄와 아픈 기억들을 치우고 싶나요? 모두 예수님의 십자가를 받으세요. 그리고 선생님을 따라하면서 이 십자가를 붙이세요. "예수님, 예수님의 십자가 피로 나의 죄를 용서해 주세요. 나의 아픔들을 고쳐주세요. 예수님 이름으로 기도드립니다. 아멘."

전체진행 : 문패 만들기, 프로그램 정리

2. 지금까지 여러분은 예수님과 함께 자신의 마음의 집을 들여다 봤어요. 공부방을 통해 내가 주로 어떤 생각을 했는지 살펴보았고 주방을 통해서 나의 행복이 무엇인지도 알게 됐지요. 또 거실을 통해서 내가 누구와 주로 이야기하는 지도 알고 벽장 속에 있는 나의 숨겨진 죄도 생각하게 됐어요. 이제 우리는 각 방을 매일매일 관리하고 청소하며 하나님께서 기뻐하시는 내 마음의 집을 유지해야 해요. 하지만 나의 힘으로는 그 많은 일들을 할 수 없어요. 그래서 우리는 예수님의 도움이 필요해요. 예수님께서 내 마음의 주인이 되어주셔야 해요. 지금 여러분의 마음의 주인은 누구인가요? 내가 내 마음의 주인이라면 예수님께 내 마음의 주인이 되어 달라고 요청하세요. 예수님께서 내 마음의 집 주인이 되실 때 말씀을 따라 생각하고 진정한 행복을 누리며 살 수 있답니다. (어린이들에게 문패를 나눠준다) 자, 모두 문패를 받으세요. 문패는 집 주인이 누구인지 표시하는 집의 간판이랍니다. 예수님이 집 주인이 되길 원하는 어린이는 문패에 '예수님'이라고 적으세요. 그리고 '내 마음 그리스도의 집' 책의 앞에 붙이세요. 이제 여러분의 주인은 '예수님'이에요.

3. 하나님, 예수님과 함께 내 마음의 집을 살펴 보았어요. 그리고 이제는 제가 제 마음의 주인이 아니라, 예수님께서 제 마음의 주인인 것을 배웠습니다. 예수님을 위해서만 사는 우리들이 되게 해 주세요. 예수님 이름으로 기도드립니다. 아멘.

 ## 우리 교회 활용PLUS

우리 교회 클래스는 대그룹으로 한 주에 한 코너씩 4주 동안 진행했어요.

7

청소년교회

내 마음 그리스도의 집

예수님을 구주로 믿는 사람들은 예수님을 삶의 주인으로 모셔야 합니다. 특별히 인생의 중요한 전환기인 청소년기에 예수님을 삶의 중심에 모셔 들이는 일은 무엇보다 중요한 과제입니다. 이 프로그램을 통하여 청소년들은 자신의 마음을 점검하여 예수님을 주인으로 모시는 삶의 가치와 의미, 방법을 배울 수 있습니다. 청소년들이 말씀을 통해 그리스도 중심으로 삶을 개혁하게 되기를 바랍니다.

진행시간	장소	성격	규모	방법
90분	부서실	단속	대그룹	코너

연관 주제어
소망마루 · 개혁 · 신앙 · 그리스도 중심 · 주인됨

⚙ 목표

1. 청소년의 마음의 주인이 현재 무엇인지 확인한다.
2. 청소년의 마음의 주인이 예수님이셔야 함을 공감한다.
3. 청소년이 예수님을 마음의 주인으로 모신다.

⚙ 준비물

	ibcm.kr 제공 자료	별도 준비 자료
전체: 내 마음의 집	이미지/ '내 마음 그리스도의 집' 책 표지	볼펜
1코너: 생각의 방 (서재)	이미지/ 교사용 서재 그림, 학생용 서재 그림	
2코너: 정리의 방 (거실)	이미지/ 교사용 거실 그림, 학생용 거실 그림	
3코너: 욕심의 방 (주방)	이미지/ 교사용 주방 그림, 학생용 주방 그림	
4코너: 죄의 방 (창고)	이미지/ 학생용 창고 그림, 명의 이전 계약서	다양한 크기의 빈 박스, 4절 빨간색 하드보드지, 스테이플러

⚙ 자료보기

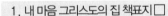

1. 내 마음 그리스도의 집 책표지 ☐

2. 교사용 서재, 거실, 주방 그림 ☐

3. 학생용 서재, 거실, 주방, 창고 그림 ☐   4. 명의 이전 계약서 ☐

프로그램 자료 찾으러 가기!

www.ibcm.kr 홈페이지 접속 ➡ 홈 상단의 BCM Program Class 클릭 ➡ 왼쪽 메뉴 바 청소년교회 PC' 클릭 ➡ Chapter1. 신앙 Checking-Up의 '내 마음 그리스도의 집' 자료 다운

 준비과정 및 점검

자료준비

프로그램 1주 전

1. ☐ 각 코너별 교사용 그림('내 마음 그리스도의 집' 표지, 서재, 거실, 주방)을 출력한다.
2. ☐ 각 코너별 학생용 그림('내 마음 그리스도의 집' 표지, 서재, 거실, 주방, 창고)을 참가하는 학생 수만큼 출력한다.
3. ☐ 명의 이전 계약서를 학생 수만큼 출력한다.
4. ☐ 4절 크기의 빨간색 하드보드지를 십자가 모양으로 오린다.
5. ☐ 다양한 크기의 빈 박스 한 면에 각각 '죄'라고 써놓는다.
6. ☐ 볼펜을 학생 수만큼 준비한다.

진행준비

프로그램 3주 전

1. ☐ 모든 교사는 「내 마음 그리스도의 집」(2005, IVP)을 읽는다.
2. ☐ 담당 사역자는 진행교사와 각 코너 담당교사, 코너별 진행 장소를 선정한다.
3. ☐ 진행교사와 각 코너 담당교사는 진행순서와 내용을 숙지 및 숙달한다. 그리고 필요한 사항을 사전에 준비해 두도록 한다.

프로그램 1주 전

1. ☐ 진행교사와 각 코너 담당교사는 자신이 맡은 부분을 점검한다.

한눈에 보는 프로그램 진행

대그룹 : 프로그램 설명 ➡ 1코너: 생각의 방(서재) ➡ 2코너: 생활의 방(거실) ➡ 3코너: 욕심의 방(주방) ➡

정리-4코너: 죄의 방(창고)

진행순서		내용	진행장소	소요시간
주차	제목			
프로그램설명		프로그램의 의미, 내용, 방법 나눔	예배실	10분
1코너	생각의 방(서재)	생각에서 정리해야 할 것들을 찾고 나누기	코너실	20분
2코너	생활의 방(거실)	컴퓨터에서 정리해야 할 것들을 찾고 나누기	코너실	20분

3코너	욕심의 방(주방)	욕심내는 것들 가운데 정리해야 할 것을 찾고 나누기	코너실	20분
4코너(정리)	죄의 방(창고)	죄를 모두 제거하는 시간을 갖고 나누기	예배실	20분

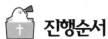 진행순서

프로그램 설명

1. 「내 마음 그리스도의 집」표지와 함께 볼펜을 나눠주고 이름을 쓰게 한다.

2. 코너를 이동하면서 각 코너에서 받은 속지에 내용을 채워 「내 마음 그리스도의 집」책을 만들 것이라고 설명한다.

3. 프로그램은 코너 학습으로 진행되며, 생각의 방, 정리의 방, 욕심의 방 등 세 개의 방을 모두 마치면 마지막 죄의 방 '창고'로 돌아와 대그룹 프로그램을 진행할 것이라고 설명한다.

4. 진행교사는 청소년을 3개 조로 나누고 각 코너별 진행 장소를 알려준다. 조별 진행은 다음과 같다.

1조	1코너 : 서재→2코너 : 거실→3코너 : 주방
2조	2코너 : 거실→3코너 : 주방→1코너 : 서재
3조	3코너 : 주방→1코너 : 서재→2코너 : 거실
대그룹(각 조 다같이)	4코너 : 창고

5. 각 조 조장을 선출하게 한 후 각 조장에게 코너 학습 순서를 상세하게 설명한다.

6. 각 조의 첫 번째 코너 학습 장소로 각 조를 이동시킨다.

7. 진행교사는 모든 조가 각 조별 출발장소로 이동하면 4코너 장소 진행단 근처에 '십자가'를 세워놓고 십자가가 보이지 않게 그 앞에 '죄' 박스로 가리되, 박스의 '죄'라는 글씨가 보이지 않도록 벽방향으로 돌려놓는다.

8. 진행교사는 각 코너별로 진행이 원활하게 이뤄지도록 Time Keeper 역할을 담당한다.

1코너: 생각의 방(서재)

1. 코너 담당교사는 청소년에게 「내 마음 그리스도의 집」'학생용 서재 그림'을 나눠준다.

2. 그림 속 청소년의 책상에 놓여 있는 책들과 책꽂이에 꽂힌 책들을 보게 한 후, 책 제목 부분의 빈 칸들 가운데 한 군데를 제외하고 본인들이 원하는 책 제목들을 적게 한다.

3. 1~2명에게 자신의 책상과 책장에 어떤 책들이 자리하고 있는지 발표하게 한다.

4. '교사용 서재 그림'을 보여주면서 자신의 거실에 놓인 책과 특별히 그 가운데 있는 성경책의 의미를 설명한다.

5. 청소년들에게 책상 그림 가운데 빈 부분에 성경책을 그리게 한다.

6. 다음 코스로 이동시킨다.

2코너: 생활의 방(거실)

1. 담당교사는 청소년에게 「내 마음 그리스도의 집」'학생용 거실 그림'을 나눠준다.

2. 청소년들로 하여금 자신의 집 컴퓨터로 주로 무엇을 많이 하는지 생각해 보게 하고 '학생용 거실 그림'의 각 아이콘 밑 빈칸에 적어 보게 한다.

3. 청소년 1~2명에게 적은 것을 발표하게 하고 그 의미와 이유를 이야기해 보도록 한다.(만일 컴퓨터가 없다면 많이 시청하는 TV 프로그램을 적어 보도록 한다)

4. 담당교사는 청소년에게 '교사용 거실 그림'을 보여주면서 교사의 컴퓨터에 주로 있는 것들의 의미를 설명한다.

5. 청소년들이 아이콘 밑에 적었던 것 중 예수님을 위해 줄이거나 정리해야 하는 것들에 X를 표시하게 하고, 화면 아래 휴지통 안에 그 아이콘 이름들을 적게 한다.

6. 청소년을 다음 코스로 이동시킨다.

3코너: 욕심의 방(주방)

1. 청소년들에게 「내 마음 그리스도의 집」'학생용 주방 그림'을 나눠준다.

2. 각자 좋아하는 음식을 '학생용 주방 그림'의 냉장고 내 빈칸들에 적게 한다.

3. 청소년 1~2명에게 자신이 적은 음식들이 무엇인지 발표하게 한다.

4. '교사용 주방 그림'을 보여주면서 자신의 주방에 놓인 음식들의 의미를 설명한다.

5. 참 신앙인이 되기 위해 관심을 가져야 할 것들이 무엇인지 생각하게 한 뒤, 싱크대 위에 있는 음식 그림 빈칸에 적게 한다.

6. 청소년을 다음 코스로 이동시킨다.

4코너(대그룹 학습): 죄의 방(창고)

1. 코너학습을 마친 1, 2, 3조 모두 한자리에 모이도록 한다.

2. 청소년들에게 '내 마음 그리스도의 집' 창고 속지를 나눠준다.

3. 부끄러워서 감추고 싶은 부분이나 콤플렉스를 '학생용 창고 그림'의 박스들에 적게 한다.

4. 학생들에게 그 박스들 중에서 가장 먼저 없애야할 것이 무엇인지 생각하게 하거나 발표하게 한 뒤, 단 위에 미리 둔 박스를 돌려 '죄'라는 글씨가 보이게 하고 우리의 창고에서 제일 먼저 치워야

할 것은 바로 '죄'라고 설명한다.

5. 이제 그 박스를 치우고 박스 뒤에 숨겨져 있던 십자가를 보여주면서 우리 인생에서 죄를 없애는 것은 오직 예수님의 십자가를 우리 삶, 집, 특별히 마음의 창고 중심에 세우는 것을 통해서만 가능하다고 설명한다.

6. 그런데 예수님이 이 창고와 집의 주인이 될 때만 십자가가 중심에 설 수 있다는 것을 설명하면서 청소년들에게 '명의 이전 계약서'를 보여주고, 내 마음의 주인을 예수님으로 바꾸자고 제안한다.

7. 학생들이 그렇게 하겠다고 "동의"를 외치면 명의 이전이 끝난 것이라고 선언한다.

8. 마지막으로 이제껏 각 코너에서 받은 속지들을 순서대로 정리하고, 맨 앞에 '내 마음 그리스도의 집' 표지를 얹게 한 뒤, 책 편집이 완성되었다고 말하고 기도로 마친다.

 ## 진행안

1코너: 생각의 방(서재)

4. 서재는 생각의 방입니다. 여러분들이 책꽂이에 꽂혀 있는 책들에 쓴 책의 제목들은 여러분들이 주로 어떤 생각과 고민을 하고 있는지를 나타냅니다. 예를 들어 만약 학업과 관련된 책 제목들이 많이 있다면 학업에 대해 많이 생각하고 고민하는 것이고, 자기 계발 서적이 많이 있다면 자기 계발과 관련된 고민이나 생각을 많이 하고 있는 것입니다. 자, 이제 여러분들의 그림과 선생님의 그림을 한 번 비교해 볼까요? 어떤 차이가 있습니까? 바로 책상 중간에 성경책이 놓여 있다는 것이 다른 부분입니다. 혹시 우리가 하루 동안 생활하면서 여러 가지 다양한 생각들을 하는 동안 그 중에 예수님에 대해서 얼마나 생각을 하고 있나요? 우리가 예수님을 믿는다고 하면서 예수님에 대해서 생각하지 않고 살아간다면 예수님께서 굉장히 서운하고 섭섭하시지 않을까요? 우리도 이제 예수님을 더 많이 생각하면서 늘 예수님과 함께할 수 있으면 좋겠습니다.

2코너: 거실(정리의 방)

4. 거실은 정리의 방입니다. 거실에 컴퓨터나 TV가 있는 경우가 많이 있죠? 컴퓨터를 예로 들어서 한 번 생각해 봤으면 좋겠습니다. 여러분들의 거실 그림에 있는 컴퓨터에는 주로 이용하는 프로그램이나 사이트 이름을 아이콘들에 적었습니다. 이것은 여러분이 여러분의 시간을 주로 어떻게 사용하는지를 나타내는 것입니다. 아이콘 이름에 게임을 많이 적었다면 게임에 많은 시간을 사용하는 것이고, 주로 즐겨보는 TV프로그램을 적은 사람은 TV에 많은 시간을 쓰는 것을 나타냅니다. 여러분들의 그림과 선생님의 그림을 한 번 비교해 볼까요? 어떤 차이가 있습니까? 바로 여러분들의 그림보다 아이콘들이 적고, 아이콘들의 이름이 모두 예수님과 교제하기 위한 것들만

있습니다. 선생님도 이것 말고도 많은 것들이 바탕화면을 차지하고 있었지만 큰 휴지통에 버려서 모두 삭제했답니다. 그렇게 해서 남은 시간들을 영성일기를 쓰거나, CCM을 듣거나, 성경말씀으로 타자연습 하는 일들을 하기 위해서 시간을 사용하려고 이렇게 아이콘들의 이름을 바꾼 것입니다. 우리가 살아가면서 많은 일들을 하는데 그 안에 예수님과 관련된 일들은 과연 얼마나 될까요? 예수님은 항상 우리와 교제하고 싶어 하시는 우리는 우리가 하고 싶은 것들을 하느라 예수님께 시간을 내어드리지 못하는 것입니다. 이제는 예수님을 위해서 더 많은 시간을 내어드리고 예수님과 더욱 친밀해질 수 있으면 좋겠습니다.

3코너: 주방(욕심의 방)

4. 주방은 욕심의 방입니다. 냉장고 안에는 다양한 반찬통과 요리 재료들이 들어있습니다. 거기에 여러분들이 좋아하는 음식들을 적었습니다. 이것은 여러분이 여러분의 욕구를 어떻게 채우는지를 나타내는 것입니다. 우리는 다양한 것들에 욕구를 느낍니다. 그리고 그것이 심해지면 욕심이라고 합니다. '사람의 욕심은 끝이 없다'라는 말을 들어봤을 것입니다. 우리는 우리가 갖고 싶은 것들, 우리가 관심 갖는 것들을 갖기 위해서 마음속 주방에 계속해서 품고 있는 것입니다. 여러분들의 그림과 선생님의 그림을 한 번 비교해 볼까요? 어떤 차이가 있습니까? 선생님의 주방에는 조리대 위 음식들에만 다섯 가지 제목들이 쓰여 있습니다. 기도와 Q.T., 예배 등입니다. 선생님도 여러분처럼 갖고 싶은 것들을 마음속 주방에 많이 쌓아놓고 살았습니다. 그리고 나의 만족을 채우기 위해서 냉장고와 조리대 위에 다양한 것들을 쌓아놓고 살았지요. 하지만 어떤 것으로도 나의 욕심과 만족을 다 채울 수 없다는 것을 알게 됐습니다. 그래서 냉장고와 조리대 위 음식을 예수님과 신앙과 관련된 것들로 바꾼 것입니다. 나의 욕심을 버리고 예수님과 관련된 것들로 바꾸니 조금씩 선생님의 삶에 만족감이 생기기 시작했고 주방에서 예수님과 함께하며 즐거운 시간들을 보낼 수 있게 되었습니다. 우리가 살면서 많은 것들을 갖고 싶어지지만 그 중에서 예수님의 마음을 갖고 싶은 욕구도 있으면 좋지 않을까요? 예수님은 우리의 마음을 얻기 원하십니다. 우리도 다른 무엇보다 예수님의 마음을 더욱 원했으면 좋겠습니다.

 ## 우리교회 활용PLUS

1. 우리 교회 클래스는 하루에 모든 코너를 진행할 수 없어서 4주 동안 대그룹으로 한 주에 한 코너씩 진행했어요.
2. 우리 교회 클래스는 오전에 프로그램을 진행하고 점심식사를 한 뒤 오후에 Youtube에 있는 '내 마음 그리스도의 집' 영상을 시청했답니다. 영상을 본 뒤에는 예수님께 나의 모든 것을 양도하는 기도시간을 가졌습니다.

MEMO

신앙 Checking-Up

8

청소년교회

손 내밀기

스스로 벽을 세워 삶을 고립시킨 삭개오, 오직 자기 자신만을 위한 삶을 살았던 마태, 공허한 욕망의 목마름에 허덕이던 사마리아 여인, 이 세 사람은 예수님을 만난 후 삶이 크게 변화하였습니다. 나, 타인, 하나님을 향한 화해자의 삶으로 변화된 것입니다. 이 프로그램을 통해 우리 청소년들도 고립되고 이기적이며 욕망 가득한 삶에서 내려와 예수님이 내미시는 손을 잡고서 화해자의 삶으로 나아가는 변화가 일어날 것입니다.

진행시간	장소	성격	규모	방법
80분	부서실	단속	대그룹→소그룹	코너학습

연관 주제어: 믿음마루, 화해, 신앙, 성경 인물, 변화

⚙ 목표

1. 청소년이 삭개오와 마태, 사마리아 여인의 세속적 모습에서 자신을 발견한다.
2. 청소년이 나와 타인, 하나님을 향한 화해자의 모습을 깨닫는다.
3. 청소년이 자존감, 이타심, 삶의 의미를 찾고 화해자로서 살 것을 결단한다.

⚙ 준비물

ibcm.kr 제공 자료 – 이미지 / 문패 1~3

　　　　　　　　　 문서 / 영상설교(PPT), 설문지(한글파일), 영상설교 큐시트(한글파일)

별도 준비 자료 – 안대, 일회용 밴드, 스케치북, 크레파스, 매직, 필기도구, 군중소리 MP3파일, CCM
　　　　　　　　　 경음악 MP3파일, MP3플레이어

⚙ 자료보기

1. 문패 1~3 □

2. 영상설교 PPT □

3. 설문지 □

4. 영상설교 큐시트 □

프로그램 자료 찾으러 가기!

www.ibcm.kr 홈페이지 접속 ➡ 홈 상단의 BCM Program Class 클릭 ➡ 왼쪽 메뉴 바 청소년교회 PC' 클
릭 ➡ Chapter1. 신앙 Checking–Up의 '손 내밀기' 자료 다운

준비과정 및 점검

자료준비

프로그램 1주 전

1. ☐ 문패 1~3을 출력한다.
2. ☐ 참여하는 청소년 인원만큼 설문지를 출력한다.
3. ☐ 삭개오의 이름을 출력하여 이름표를 제작한다.
4. ☐ 참여하는 청소년 인원만큼 안대를 준비한다.
5. ☐ 영상설교 PPT와 큐시트를 다운받아 설교를 준비한다.
6. ☐ 군중소리 MP3, CCM 경음악 MP3 음원을 인터넷으로 구입하거나 준비하여 플레이어로 틀 수 있도록 준비한다.
7. ☐ 청소년 1인당 일회용 밴드 2개씩 사용할 수 있도록 구매하여 준비한다.
8. ☐ 각 코너별로 스케치북, 크레파스, 매직, 필기도구를 한 세트씩 준비한다.

진행준비

프로그램 2주 전

1. ☐ 진행교사와 프로그램 담당교사를 선정한다.
2. ☐ 삭개오의 방 코너 담당교사는 삭개오의 역할을 연습하고 마태, 사마리아 여인 방을 담당한 교사들은 각각 진행 방법을 숙지하여 연습해 둔다.

프로그램 1주 전

1. ☐ 담당 사역자와 진행교사, 코너 담당교사는 함께 리허설을 한다.

프로그램 하루 전

1. ☐ 진행교사와 각 코너 담당교사는 진행사항과 준비물을 최종점검한다.

프로그램 당일

1. ☐ 각 코너 담당교사는 해당 장소에 문패를 붙인다.
2. ☐ 프로그램 시작 전, 각 코너 담당교사는 준비된 이름표를 달고, 필요한 준비물을 챙겨서 각 방으로 이동한다.

한눈에 보는 프로그램 진행

영상설교 ➡ 프로그램 설명 ➡ 코너1: 삭개오의 방, 고립자의 방 ➡ 코너2: 마태의 방, 이기적인 단절자의 방

➡ 코너3: 사마리아 여인, 탐닉자의 방 ➡ 정리

진행순서		내용	진행장소	소요시간
주차	제목			
프로그램설명		프로그램의 의미, 내용, 방법 나눔	예배실	10분
1코너	삭개오의 방(고립자)	삭개오와 자신의 부족함을 알고 나누기	코너실	20분
2코너	마태의 방(이기적 단절자)	마태와 자신의 부족함을 알고 나누기	코너실	20분
3코너	사마리아 여인의 방 (탐닉자)	사마리아 여인과 자신의 부족함을 알고 나누기	코너실	20분
정리		그리스도를 통해 자신의 부족함을 극복하는 과제를 수행하여 정리하고 의미 나누기	예배실	10분

진행순서

영상설교

1. 담당사역자는 삭개오와 마태, 사마리아 여인의 삶에 고립자, 이기적인 단절자, 탐닉자의 모습이 있음을 설명하고, 그들이 각자 예수님을 만난 후 하나님과 세상을 향한 화해자로 전환된 삶을 살았다는 것을 PPT를 이용하여 설교한다.

프로그램 설명과 진단

1. 진행교사는 프로그램을 간단히 설명한다.

2. 청소년들에게 설문지를 나눠주고 자신의 삶이 어떤 인물과 비슷한지 체크하도록 한다. 제공된 설문지의 문항을 살펴보고 각 문항에 대한 응답을 '그렇다=3', '그저 그렇다=2', '아니다=1'로 표시한다. 문제를 모두 풀고 나서 그 합계를 구한 뒤 최고점수가 나온 인물을 자신과 비슷한 인물로 선정한다.

3. 청소년들이 설문지 결과에 따라 자신과 비슷한 인물의 방으로 이동하도록 한다.

4. 각 방으로 이동하기 전에 청소년들에게 안대를 나눠주어서 방으로 들어가기 전에 안대를 착용한 후 한 줄로 들어가도록 안내한다.

코너1 : 삭개오의 방, 고립자의 방

1. 안대를 쓰고 들어오는 청소년들이 자리에 잘 앉을 수 있도록 도와준다.

2. 청소년들이 자리에 앉으면 음악과 함께 삭개오의 방을 소개한다.

3. 청소년들에게 안대를 벗게 한 후, 삭개오가 되어 이야기를 들려준다.

4. 청소년들에게 만일 자신이 삭개오라면 자기 주변을 지나가시는 예수님을 향해 무엇을 할 것인지 각자 생각해 보고 발표하도록 한다.

5. 청소년들의 이야기를 들은 후 진행안의 정리 멘트를 들려준다.

6. 청소년들과 함께 나눔의 시간을 갖는다.

   1) 종이와 필기도구를 한 장씩 나눠주고 반을 접게 한다.

   2) 한쪽 면에 자신이 가지고 있는 열등감과 비교의식을 글로 적어보게 한다.

   3) 다른 한편에 예수님을 만난 삭개오에게 어떤 마음이 부족했는지 적어보게 한다.

   4) 자신의 열등감이나 비교의식을 서로 나누도록 한다.

   5) 매번 발표가 끝날 때마다 큰 박수로 응원해준다.

   6) 1인당 2개씩 일회용 밴드를 나눠준 후, 치유해주고 싶은 친구에게 찾아가 열등감이나 부족한 부분을 적은 부분을 일회용 밴드로 가려 붙이도록 한다.

   7) 교사는 청소년들과 함께 손을 잡고 서로를 위해 중보기도를 한다.

코너2 : 마태의 방, 이기적인 단절자의 방

1. 안대를 쓰고 들어오는 청소년들이 자리에 잘 앉을 수 있도록 도와준다.

2. 청소년들이 자리에 앉으면 음악과 함께 마태를 소개한다.

3. 청소년들에게 잠시 생각할 시간을 주고 진행안의 내용을 설명한다.

4. 청소년들에게 안대를 벗게 한 후, 설명한 내용의 의미를 나누는 시간을 갖게 한다.

   1) 종이와 필기도구를 한 장씩 나눠주고 반을 접게 한다.

   2) 종이의 왼쪽 면에 마태의 원래 마음과 변화된 삶의 내용을 적어보게 한다.

   3) 오른쪽 면에 이기적이어서 변화가 필요한 자신의 모습을 적어보게 한다.

   4) 자신의 생각과 느낌을 설명하며 이야기를 나누게 한다.

   5) 각각 발표가 끝날 때마다 박수로 응원해준다.

   6) 1인당 2개씩 일회용 밴드를 나눠준 후, 치유해주고 싶은 친구에게 찾아가 이기적인 모습이 적힌 부분에 밴드를 붙여주도록 한다.

   7) 함께 손을 잡고 서로를 위해 중보기도를 한다.

코너3: 사마리아 여인, 탐닉자의 방

1. 안대를 쓰고 들어오는 청소년들이 자리에 잘 앉을 수 있도록 도와준다.

2. 청소년들이 자리에 앉으면 음악과 함께 사마리아 여인을 소개한다.

3. 청소년들에게 잠시 생각할 시간을 준 후, 다시 진행안의 내용을 설명한다.

4. 안대를 벗게 하고 나눔의 시간을 갖는다.

   1) 종이와 필기도구를 한 장씩 나눠주고 반을 접게 한다.

   2) 종이의 왼쪽 면에 사마리아 여인이 품었던 마음을 글로 표현하게 한다.

   3) 자신의 삶에 사마리아 여인의 욕망어린 모습이 있는지 살펴서 적어보게 한다.

   4) 자신의 모습을 스스럼없이 드러내고 설명하게 한다. 특별히 변화가 필요한 욕망어린 삶의 부분에 대해 집중적으로 이야기하게 한다.

   5) 매 발표마다 설명이 끝나면 박수로 응원해준다.

   6) 1인당 2개씩 일회용 밴드를 나눠주고 다른 친구들의 치유해주고 싶은 곳에 밴드를 붙여주도록 한다.

   7) 교사는 청소년들과 함께 손을 잡고 서로를 위해 중보기도를 한다.

정리

1. 세 개의 방을 모두 지나고 교육을 마친 학생들은 최초 전체가 모였던 곳으로 돌아온다.

2. 전체 학생이 활동을 마치고 모이면 진행교사는 정리를 해 주고 프로그램의 의미를 다시 한 번 나눈다.

3. 교역자가 기도하고 마친다.

 ## 진행안

코너 1: 삭개오의 방, 고립자의 방

2. 이곳은 고립자의 방입니다. 이 방에서 저는 한 사람을 소개하려고 합니다. 그 사람의 이름은 삭개오입니다. 삭개오는 스스로 자신을 고립자로 만들었던 사람입니다. 삭개오를 고립시켰던 것은 바로 그 마음속의 열등감과 비교의식이었습니다. 이 두 가지는 자신을 사랑하지 못하거나 자신과 화해하지 못한 마음을 의미합니다. 여러분은 어떤지 한 번 생각해 보시기 바랍니다. 혹시 마음속에 삭개오와 같은 열등감, 비교의식을 가지고 있지는 않습니까? 이 고립자의 방에서의 활동은 삭개오와 같은 마음을 가진 여러분이 예수님을 만남으로 자신을 사랑하고 자존감을 회복하도록 할 것입니다. 그리고 사회와 화해하도록 이끌어줄 것입니다. 자, 이제 안대를 벗고 삭개오의

이야기를 들어주시기 바랍니다.

3. 저는 이 방의 주인공 삭개오입니다. 저는 모든 것을 가진 사람이었습니다. 부족한 것이 없는 사람이었지요. 똑똑하고 좋은 직업을 가졌으며 돈도 많았습니다. 세리라는 직업을 아십니까? 똑똑하고 강하지 않으면 다른 사람들의 돈을 걷어들이는 일을 할 수가 없죠. 저는 그런 사람입니다. 그런데 저에게 한 가지 콤플렉스가 있다면 바로 키가 작다는 것이었습니다. 저는 돈이 많고 똑똑하지만 다른 사람 앞에 나서지 못하고 늘 혼자였습니다. 저는 이 콤플렉스를 이겨보려고 더 강한 척했습니다. 누구든 절 깔보거나 업신여기는 사람들에게 세금을 핑계로 착취하고 심지어 폭력까지 행사했습니다. 하지만 그러면 그럴수록 저는 더욱 고립되었고 외로움도 더 커져갔습니다. 그러던 어느 날, 저는 예수님에 대한 소식을 들었습니다. 예수님께서 저희 동네를 지나가신다는군요. (사람들이 떠드는 군중소리) 참 많은 사람들이 몰려왔습니다. 그러나 저는 키도 작고 용기도 없어서 예수님을 볼 수가 없습니다. 아무리 노력해도 예수님의 얼굴이 보이지 않습니다. 정말 콤플렉스였던 키 때문에 답답하고 미칠 것 같았습니다. 여러분, 저는 어떻게 해야 할까요?

여러분은 이제 예수님을 보기 위해 애쓰는 삭개오입니다. 여러분이 저라면 쉽게 포기해버리고 여러분의 콤플렉스를 가진 채로 답답한 마음으로 살아가겠습니까? 아니면 어떠한 방법을 써서라도 예수님을 만나려고 용기를 내시겠습니까? 이곳은 예수님이 지나가는 곳이고 여러분은 예수님을 향해 나갈 수 있습니다. 여러분은 예수님을 보기 위해 무엇을 하고 싶습니까?

5. 저는 주변을 둘러보았습니다. 제가 의지할 사람은 아무도 없었습니다. 저기 보이는 나무! 예수님을 보기 위해서 뽕나무로 기어 올라갔습니다. 아무도 없었습니다. 그냥 예수님은 내가 의지할 만한 분이셨고 나의 콤플렉스 따위는 개의치 않으실 분 같았습니다. 저는 예수님을 꼭 만나고 싶었기 때문에 어떠한 창피함과 희생도 감수할 수 있었습니다. 드디어 예수님의 얼굴이 보입니다. 그런데 이게 무슨 일입니까? 예수님께서 저를 바라보고 계신 것입니다. 저는 너무나도 놀라서 나무에서 떨어질 뻔했습니다. 그런데 더욱 놀라운 일이 생겼습니다. 예수님이 저를 보실 때 저는 부끄러움을 느끼지 못했습니다. 그분이 나를 다 받아주실 것이라는 따뜻한 마음만 느껴졌습니다. 예수님이 저에게 말씀하셨습니다. '삭개오야, 오늘 내가 너의 집에 머물겠다.'

저는 제 키가 작다는 것도, 사람들이 절 싫어하고 멀리한다는 것도, 외롭다는 것도 모두 잊어버렸습니다. 답답하고 미칠 것 같은 마음은 온데간데 없고 우리 집에 오시겠다는 예수님 앞으로 달려 나갔습니다. 그리고 그분을 저의 집으로 모셔서 함께 오랜 시간을 보냈습니다. 이제 저는 행복한 삭개오입니다.

코너2: 마태의 방, 이기적인 단절자의 방

2. 안녕하세요? 이 방은 단절자의 방입니다. 이 방에서 저는 오늘 여러분에게 한 인물을 소개하고자 합니다. 그의 이름은 마태입니다. 마태는 자신의 돈과 직업을 너무나 사랑했습니다. 그리고 무엇

보다 자기 자신을 사랑했습니다. 그래서 다른 사람들을 사랑하지 못했던 사람입니다. 마태는 언제나 사람들에게 부당하게 세금을 받았고 그래서 사람들은 모두 마태를 싫어했습니다. 그러나 마태는 이러한 사람들을 별로 신경 쓰지 않았습니다. 모두들 마태를 싫어했지만 세금 때문에 마태 앞에서는 싫은 내색을 할 수가 없었습니다. 마태는 사람들이 자신을 싫어한다는 것을 모르나 봅니다. 아니 그것에 신경 쓸 겨를이 없습니다. 그는 어차피 인생은 나만의 것이라고 말하면서 이기적인 자신의 모습을 합리화하기도 합니다. 저 멀리서 누군가가 외치는 소리가 들렸습니다. 한 사람이 많은 사람들에게 천국 복음에 대해 말합니다. 마태는 그 이야기가 자신에게 하는 것처럼 선명하게 들리기 시작했습니다. 모두 자기에게 하는 말 같았습니다. 갑자기 눈물이 흐르고 자신의 잘못이 깨달아지기 시작했습니다.

　여러분은 이제 예수님의 말씀을 듣고 울고 있는 마태입니다. 여러분이 마태라면 자신의 어떠한 모습을 회개하시겠습니까? 아니, 이것은 단지 마태의 회개가 아니라 여러분의 회개입니다. 여러분도 남을 배려하지 않고 이기적으로 살았을 테니까요. 여러분이 마태라면 어느 곳에서 어떠한 회개를 하고 있을까요? 잠시 묵상해보시기 바랍니다.

3. (눅 2:13을 읽음) 마태는 예수님이 어떤 분이신지 궁금했습니다. 그렇지만 자기의 돈과 자리를 떠나 그분을 찾아갈 수는 없는 상황이었습니다. 그런데 그토록 보고 싶던 예수님께서 말씀을 마치시고는 마태를 향해 걸어오십니다. 그리고는 '나를 따르라'라고 말씀하십니다. 그 순간 마태는 자기를 이기적으로 만들었던 돈과 직업을 내려놓고 예수님을 따릅니다. 마태는 어떠한 마음이 들었을까요? 자기가 그토록 사랑했던 돈과 명예, 그리고 그러한 자신을 넘어 예수님의 제자가 되었을 때 마태는 어떠한 마음이 들었을까요? 이제 안대를 벗고 마태와 같은 나의 마음을 표현해 봅시다.

코너3: 사마리아 여인, 탐닉자의 방

2. 안녕하세요? 이 방은 탐닉자의 방입니다. 저는 오늘 여러분에게 한 인물을 소개하고자 합니다. 그녀의 이름은 알지 못합니다. 단지 그 여인이 사마리아에 살았다는 것을 알기에 그 여인을 사마리아 여인이라고 부릅니다. 사마리아 여인은 세상을 사랑했던 사람입니다. 그런데 세상을 사랑해서 돌아온 것은 5명의 남편과 사람들의 손가락질뿐이었습니다. 사마리아 여인의 인생은 공허했습니다. 사람들은 사마리아 여인을 멀리했고 재수가 없다며 멸시하기까지 했습니다. 그래서 사마리아 여인은 아무도 밖에 나오지 않는 정오의 뜨거운 태양 아래 물을 길러 나옵니다. 사마리아 여인은 긴 한숨을 쉬며 물동이를 들고 집을 나섭니다. 아무리 마셔도 물로는 자신의 허무함을 해결할 수 없었습니다. 아니 더욱 갈증이 날 뿐입니다. 사마리아 여인은 삶의 어떠한 이유도 목적도 없었습니다. 그저 하루를 살기 위해 물을 길러 집을 나설 뿐입니다.

　여러분은 이제 물을 길러 정오의 뜨거운 태양 아래 물동이를 들고 나서는 사마리아 여인입니다.

여러분이 사마리아 여인이라면 어떠한 마음으로 문을 나섰을까요? 삶이 무의미하고 공허한 사마리아 여인처럼 여러분도 목적 없는 삶을 살고 있지는 않습니까? 어떤 일을 해도 그저 허무하기만 하고 내가 왜 인생을 살아야 하고 하나님이 나를 왜 만드셨는지 궁금하지 않으십니까? 그렇다면 잠시 사마리아 여인이 되어 자신의 삶을 돌아보십시오. 나는 이 세상에서 어떤 마음으로 살고 있습니까?

3. 웬일인지 우물가에 사람이 한 명 있었습니다. 그 사람이 사마리아 여인에게 물을 달라고 합니다. 여인은 그에게 물을 주었습니다. 여인은 상대가 유대인인 것을 알아차리고 왜 유대인이 사마리아 여인인 자신과 대화를 하느냐고 묻습니다. 그러자 그 사람, 예수님이 이렇게 말씀하십니다. (요 4:10-14를 읽음) 사마리아 여인은 예수님과의 대화를 통해 그분이 메시아임을 알았습니다. 그리고 예수님을 만남으로 그녀의 인생이 달라졌습니다. 자신의 물동이를 버려두고 동네로 뛰어들어가 메시아를 알리기 시작합니다. 그토록 허무했던 인생이 진정한 메시아를 만남으로 삶의 목적을 찾게 되었습니다. 예수님을 만난 사마리아 여인의 마음은 어떠했을까요? 그녀의 공허했던 인생이 어떻게 변했을까요? 자, 이제 모두 안대를 벗고 사마리아 여인의 마음을 표현해 봅시다.

 ## 우리 교회 활용PLUS

1. 우리 교회 클래스는 시간과 장소의 제약이 많아서 'Church Stay-1박2일' 프로그램으로 진행했어요. 조금 더 여유롭게 진행하니 청소년들과 더 깊은 이야기를 할 수 있었습니다.

2. 우리 교회 클래스는 프로그램을 마친 후 지속적으로 청소년과 상담을 했어요. 상담한 내용을 적어두었다가 교사회의 시간에 함께 기도하기도 했습니다.

3. 우리 교회 클래스는 삶을 나눌 수 있도록 교사들이 자료를 더 준비했어요. 삭개오의 방에서는 화상을 입었지만 자신의 상처와 콤플렉스를 넘어 진정한 아름다움을 보여준 이지선 씨의 이야기를, 사마리아 여인의 방에서는 유명한 배우임에도 약물 과다 복용이라는 안타까운 죽음을 당한 마릴린 먼로와 자신의 내면의 아름다움을 가꾸고 봉사활동을 많이 하고 아름다운 죽음을 맞이한 오드리 햅번의 이야기를 준비해서 더 풍성한 나눔을 진행했어요.

4. 우리 교회 클래스는 안대를 사용하기 어려워서 대신 방을 어둡게 만들어서 청소년들이 묵상할 수 있는 분위기를 만들어 주었어요.

MEMO

프리즌 브레이크

청소년 시기에는 자신의 내면을 들여다 볼 줄 아는 태도를 훈련해야 합니다. 특별히 신앙의 안목으로 자신을 바라보는 것이 중요합니다. 이 훈련을 통해 청소년들은 자신의 신앙 성장을 저해하는 요소들에 직면하고 오직 하나님을 향하여 변화될 수 있습니다. '프리즌 브레이크'는 청소년들이 4주간 자신의 삶을 돌아본 후, 변화된 자신의 삶을 미술작품으로 표현하는 프로그램입니다. 이 프로그램을 통해 청소년들이 영적인 어두움에서 나와서 자유와 승리를 주시는 그리스도를 경험하는 신앙의 여정을 가기 바랍니다.

진행시간	장소	성격	규모	방법
각주당 50분	부서실	단속	대그룹 → 소그룹	미술

연관 주제어: 새김마루, 기억, 결단, 신앙, 변화

⚙ 목표

1. 청소년이 자신의 신앙성장을 저해하는 요소들을 안다.
2. 청소년이 마음의 감옥을 벗어나 자유하게 하시는 하나님의 은혜를 깨닫는다.

⚙ 준비물

	ibcm.kr 제공 자료	별도 준비 자료
전체	프리즌 브레이크 PPT배경1, 2, 서약서 배경, 나눔 용지 배경 4종	우드락, 두꺼운 색지(밝은 색 종류), 펜, 테이프, 가위, 풀, 색종이, 전지 등
1주차: Break1 주저함의 감옥	카라바지오의 '마태의 부르심, 마태의 순교'그림	잡지, 풀, 가위, 색지(8절지), 매직, 크레파스, 빔프로젝트, 노트북
2주차: Break2 자기욕구의 감옥	'엠마오로 가는 두 제자' 그림	잡지, 풀, 가위, 색지(8절지), 매직, 크레파스, 빔프로젝트, 노트북
3주차: Break3 타성의 감옥	'잘못된 신앙습관' 사진	잡지, 풀, 가위, 색지(8절지), 매직, 크레파스, 빔프로젝트, 노트북
4주차: Break4 이기심의 감옥		잡지, 풀, 가위, 색지(8절지), 매직, 크레파스, 빔프로젝트, 노트북, 4주 동안 만들었던 포트폴리오

⚙ 자료보기

1. 프리즌 프레이크 ppt 배경 ☐　　　2. 서약서 ☐　　　3. 나눔용지 배경 4종 ☐

4. 명화 그림들 ☐　　　　　　　5. 잘못된 신앙습관 사진 ☐

프로그램 자료 찾으러 가기!

www.ibcm.kr 홈페이지 접속 ➡ 홈 상단의 BCM Program Class 클릭 ➡ 왼쪽 메뉴 바 청소년교회 PC' 클릭 ➡ Chapter1. 신앙 Checking-Up의 '프리즌 브레이크' 자료 다운

준비과정 및 점검

자료준비

프로그램 1주 전

1. ☐ PPT로 코너별 사진을 제작하거나 출력하여 준비한다.
2. ☐ 서약서와 나눔용지 배경 4종을 각각 청소년의 수만큼 출력하여 준비한다.

진행준비

프로그램 1주 전

1. ☐ 교사들은 준비 회의를 통해 각 주차별 진행교사를 정한 후, 각자 맡은 코너를 숙지, 준비한다.
2. ☐ 각 주차별 진행교사는 포트폴리오를 위한 다양한 아이디어를 미리 구상하여 진행에 차질이 없도록 한다.

 ### 한눈에 보는 프로그램 진행

프로그램 설명 ➡ 1주차: Break1 주저함의 감옥 ➡ 2주차: Break2 자기욕구의 감옥 ➡ 3주차: Break3 타성의 감옥 ➡ 4주차: Break4 이기심의 감옥 ➡ 정리

진행순서		내용	진행장소	소요시간
주차	제목			
프로그램설명		프로그램의 의미, 내용, 방법 나누기	예배실	10분
1주차	Break1 주저함의 감옥	자신이 주저하는 것에 대해 성찰하고 나누기	코너실	30분
2주차	Break2 자기욕구의 감옥	참 신앙의 길을 막는 자기욕구를 성찰하고 나누기	코너실	30분
3주차	Break3 타성의 감옥	타성에 빠진 삶을 성찰하고 나누기	코너실	30분
4주차	Break4 이기심의 감옥	이기적인 태도를 성찰하고 나누기	코너실	30분
정리		프로그램의 의미 나누고 기도하기	예배실	10분

 ## 진행순서

프로그램 설명

1. 프리즌 브레이크의 의미를 함께 나누어 프로그램 진행에 대해 충분히 숙지하게 한다.

2. 프로그램 진행 방식과 주요 내용 등을 소개한다.

3. 교역자의 기도로 전체 과정을 시작한다.

1주차: Break1 주저함의 감옥

1. 오프닝: 서약식

   1) 간단한 찬양을 한 후, 앞으로 진행될 십자가로의 여정에 최선을 다해 임하겠다는 서약식을 진행한다.

   2) 서약 후에 서약서를 작성한다.

2. 프로그램

   1) 코너 진행교사는 화가 카라바지오의 '마태를 부르심' 사진과 '마태의 순교' 그림을 보여준다.

   2) 이때 교사는 어떤 작품인지 설명하지 않는다.

   3) 진행교사는 청소년들에게 이 그림들이 어떤 장면인지 '나눔용지-주저함'에 적어보게 한다. 몇 사람의 의견을 나눈다.

   4) 진행교사는 사진 속의 사람이 12제자 중 한 명이라는 사실을 말해주고 청소년들은 그림의 주인공이 누구인 것 같은지 적어 본다.

   5) 진행 교사는 그림 속의 사람을 마태(레위)라고 소개한다. 아래에 주어진 성경 말씀들을 읽은 후, 마태의 인생을 소개한다(마 9:9-13, 막 2:13-17, 눅 5:27-32).

   6) 이제 청소년들에게 마태가 예수님을 따르기 전에 주저했던 것은 무엇 때문이었는지, 청소년은 각자 자신이 무엇 때문에 십자가로의 여정으로 나아가기를 주저하는지 물어보고, 그 이유를 '나눔용지-주저함'에 적어보게 한다.

   7) 진행교사는 청소년들에게 색지와 잡지, 포트폴리오 재료를 나눠준 후, 개인 포트폴리오를 제작하게 한다. 내용은 예수님을 따라가는 십자가의 길에서 주저하게 하는 장애물을 표현하고 그것을 넘어서는 자신의 모습을 표현하는 것이다.

3. 소그룹 나눔

   1) 소그룹으로 나누어서 각자 만든 포트폴리오를 소개하는 시간을 갖는다.

   2) 간단한 다과시간을 함께 갖는 것도 좋다.

   3) 청소년들이 만든 포트폴리오를 넘겨 받아 보관한다.

2주차: Break2 자기욕구의 감옥

1. 오프닝: 공동체게임

   1) 아주 간단한 공동체 훈련을 준비하여 포트폴리오 재료를 선택할 수 있는 우선권을 준다.

   2) 가위바위보 게임, 빙고 게임 등등이면 충분하다.

2. 프로그램

1) 진행교사는 준비한 '엠마오로 가던 두 제자' 그림을 보여준다.

2) 진행교사는 청소년들에게 그림의 주인공들이 어디로 가고 있는지 생각할 시간을 주고 그것을 '나눔용지-자기욕구' 적어보게 한다.

3) 진행교사는 엠마오로 가던 두 제자와 관련된 성경의 본문을 봉독한다(눅 24:11-35). 그리고 청소년들은 지금 자신이 추구하는 인생의 방향과 길이 과연 하나님이 기뻐하시는 것인지 생각해보도록 한다.

4) 진행교사는 청소년들이 살아가는 인생길과 신앙과 영성의 십자가의 길이 같은 것인지 생각해보게 하고, 앞으로 가야할 십자가의 길은 무엇인지 '나눔용지-자기욕구'에 적어보도록 한다.

5) 진행교사는 색지와 잡지, 크레파스, 매직, 색종이를 나눠준 후, 개인 포트폴리오를 제작하게 한다. 주제는 '갈림길'로, 내 고집대로 가고자 하는 인생길과 십자가의 길 사이에서 고민하는 나의 모습이다.

3. 소그룹 나눔

1) 소그룹으로 나누어서 각자가 만든 포트폴리오를 소개한다.

2) 간단한 다과와 함께하는 것도 좋다.

3) 청소년들이 만든 포트폴리오를 넘겨 받아 보관한다.

3주차: Break3 타성의 감옥

1. 오프닝: 공동체게임

1) 아주 간단한 공동체 훈련을 준비하여 포트폴리오 재료를 선택할 수 있는 우선권을 준다.

2) 가위바위보 게임, 빙고 게임 등등이면 충분하다.

2. 프로그램

1) 프로젝터로 예배 지각, 눈치 보며 대충하는 식사기도, 먼지가 쌓인 성경책, 감흥 없는 찬양, 설교시간에 졸기 등의 사진들을 보여준 후, 잠시 자신의 모습을 생각해 보도록 한다.

2) 청소년들이 익숙해져서 타성에 젖은 자신의 신앙 생활 모습을 생각해보고 그것을 '나눔용지-타성'에 적을 수 있도록 한다.

3) 진행교사는 청소년들에게 색지와 포트폴리오 재료를 나눠준 후, 개인 포트폴리오를 제작하게 한다. 내용은 타성에 젖은 자신의 모습과 열정적으로 변화된 자신의 모습을 비교하는 것이다.

3. 소그룹 나눔

1) 소그룹으로 나누어서 각자가 만든 포트폴리오를 소개한다.

2) 간단한 다과와 함께하는 것도 좋다.

3) 포트폴리오는 부서에서 관리한다.

4주차: Break4 이기심의 감옥

1. 오프닝: 공동체게임

    1) 아주 간단한 공동체 훈련을 준비하여 포트폴리오 재료를 선택할 수 있는 우선권을 준다.

    2) 가위바위보 게임, 빙고 게임 등등이면 충분하다.

2. 프로그램

    1) 진행교사는 청소년에게 지금까지의 자신의 여정을 떠올려 보도록 하고 나 외에 다른 사람의 구원에 대해서 생각해 보았거나 애타는 마음을 가져본 적이 있는지 질문한다.

    2) 진행교사는 예수님을 만난 사람들이 공통적으로 했던 일이 바로 전도라는 것을 설명하고 청소년들과 함께 거리전도(공연) 계획을 구상한다(무엇을, 어디서, 어떻게 공연할 것인지, 몇 시에 할 것인지 등을 구체적으로 정하고 '나눔용지-이기심'에 기록하도록 한다).

    3) 청소년들과 '오픈 마인드'라는 포트폴리오를 만들어 본다. 주제는 예수님의 복음을 전하는 나의 모습, 타인을 섬기는 삶을 사는 나의 모습 등이다.

    4) 마지막으로 진행교사는 청소년들이 총 네 개의 포트폴리오를 연결해서 수료 작품을 만들도록 한다. 그리고 '○○○의 신앙 여정'이라는 제목을 붙여 부서실이나 교회에 전시한다.

 우리 교회 활용PLUS

1. 우리 교회 클래스는 소수의 인원이 한 소그룹이 되어 진행했어요.
2. 우리 교회 클래스는 수료 작품들을 우드락에 붙여서 멋있게 장식해 주었어요. 그리고 교회에 전시해서 성도들이 모두 볼 수 있게 했습니다.

MEMO

Chapter 2.

신앙

Warming-Up

신앙 warming-Up

1

유아교회

쏙쏙! 말씀새김이

즐거운 방법으로 유아가 말씀을 새길 수 있도록 성경암송대회를 소개합니다. '쏙쏙! 말씀새김이'는 가정에서 새김카드로 예배와 관련된 말씀을 암송한 후, 마지막 주에 말씀새김이 대회를 하는 성경암송 프로그램입니다. '쏙쏙! 말씀새김이'를 통해서 유아가 하나님의 말씀을 재미있게 새기고 말씀을 가까이하는 삶에 한 걸음 다가가는 기회가 될 것입니다.

진행시간	장소	성격	규모	방법
30분	부서실	지속	소그룹	암송

연관 주제어

새김마루 · 기억 · 성경 · 용어 · 예배

⚙ 목표

1. 유아가 새김카드로 예배와 관련된 말씀을 암송한다.
2. 유아가 말씀을 암송하는 즐거움을 느낀다.
3. 유아가 하나님의 말씀을 마음에 새긴다.

⚙ 준비물

ibcm.kr 제공 자료 – 이미지 / '새김카드'(4세 이하용/ 5세 이상용)
　　　　　　　　　　　PPT / 말씀새김이 대회

별도 준비 자료 – 선물(대회에서 이긴 팀에 대한 부상; 예–과자, 성경동화책 등), 컴퓨터, 영상 상영
　　　　　　　　　용 TV 혹은 프로젝트(영상 상영이 어려운 경우 A3 용지)

⚙ 자료보기

1. 새김카드(4세 이하용/5세 이상용) □

2. 말씀새김이 대회 ppt □

프로그램 자료 찾으러 가기!

www.ibcm.kr 홈페이지 접속 ➡ 홈 상단의 BCM Program Class 클릭 ➡ 왼쪽 메뉴 바 유아교회 PC' 클릭
➡ Chapter2. 신앙 Warming-Up의 '쏙쏙! 말씀새김이' 자료 다운

준비과정 및 점검

자료준비
프로그램 1주 전
1. ☐ 교사는 연령별(4세 이하 혹은 5세 이상)로 유아의 인원 수만큼 '새김카드'를 출력한다.

진행준비
프로그램 1주 전
1. ☐ 반교사는 가정에 전화심방을 하여 프로그램에 대해 설명한 후, 유아가 가정에서 말씀을 암송할 수 있도록 협조를 구한다.
2. ☐ PPT를 다운받아 암송퀴즈 내용을 확인하고, 영상을 상영할 준비를 해 놓는다. 영상 상영이 어려운 경우, A3 용지에 문제를 인쇄하여 준비해 놓는다.

 ### 한눈에 보는 프로그램 진행

(1~3주) 프로그램 설명 ➡ 새김카드 꾸미기 ➡ 암송 ➡ 프로그램 정리

(4주) 말씀새김이 대회

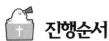 ## 진행순서

1-3주 : 프로그램 설명
1. 반교사는 유아들을 원형으로 앉힌 후, '쏙쏙! 말씀새김이'를 통해 하나님의 말씀 세 구절이 담긴 카드를 함께 꾸미고, 말씀을 암송하여 하나님의 말씀을 마음에 새기자고 이야기한다.

1-3주 : 새김카드 꾸미기, 암송
1. 반교사는 유아에게 그 주에 해당하는 새김카드를 나눠준 후, 말씀을 확인한다.

내용	4세 이하	5세 이상
1주	할렐루야! 하나님을 찬양!	할렐루야 내 영혼아 여호와를 찬양하라 (시편 146:1)
2주	예수님의 이름으로 기도해요!	무엇이든지 기도하고 구하는 것은 받은 줄로 믿으라 (마가복음 11:24)
3주	마음을 다해 예배드려요!	하나님은 영이시니 예배하는 자가 영과 진리로 예배할지니라 (요한복음 4:24)

2. 4세 이하 유아의 반교사는 유아가 새김카드를 가지고 카드에 있는 동작 손유희로 해당 말씀을 외울 수 있도록 한다.

3. 5세 이상 유아의 반교사는 유아가 새김카드에 있는 그리기, 색칠하기, 점선 따라 쓰기를 하면서 말씀을 외울 수 있도록 한다.

1–3주 : 프로그램 정리

1. 반교사는 유아들과 함께 집에서도 새김카드로 말씀을 암송할 것을 다짐하고, 늘 말씀을 새기는 우리 반이 되게 해달라고 기도한다.

2. 반교사는 유아 편에 새김카드를 가정에 전달하고, 전화로 학부모에게 진행방법을 알려준다.

3. 유아는 매주 가정에서 부모님과 함께 말씀을 외운다.

4주: 말씀새김이 대회

1. 진행교사는 유아에게 '말씀새김이 대회'에 대해 소개한다.

2. 진행교사는 각 코너마다 다음과 같은 방법으로 '말씀새김이 대회'를 진행한다.

순 서	내 용
그림보고 쏙쏙	① 새김카드에 제시된 1~3주 그림을 PPT로 띄운다. ② 유아는 PPT 그림을 보고 손을 들고 말씀의 내용을 맞힌다.
구멍을 쏙쏙	① 새김카드 말씀 중 색깔 글씨로 표시한 단어를 빈 칸으로 제시한 PPT를 띄운다. ② 교사는 빈칸을 '뿅뿅'이라고 말하며 유아에게 말씀을 읽어준다. ③ 유아는 빈칸에 들어갈 단어를 맞힌다.
쏙쏙 말씀새김이	① 1~3주 새김카드를 모두 외운 유아는 순서대로 나와서 암송한다. ② 4세 이하의 유아는 손유희를 발표해도 좋다.

3. 반별 혹은 개인별로 말씀을 가장 많이 암송한 유아들을 시상하여 격려한다. 참여한 모든 유아들을 배려하여, 모든 어린이에게 참여상을 주어도 좋다.

4. 전체 어린이들을 시상하여 격려한 후, 말씀을 늘 새기고 가까이하는 어린이들이 되게 해달라고 함께 기도한 후 마친다.

 진행안

4주: 말씀새김이 대회

1. 유아교회 친구들! 그동안 우리가 암송했던 말씀들이 있죠? 오늘은 우리 친구들이 말씀을 얼마나

잘 새겼는지 퀴즈를 맞혀보고 친구들 앞에서 말씀을 암송해보는 '말씀새김이 대회' 시간도 가질 거예요. 그림을 보고 말씀의 내용을 맞추는 '그림보고 쏙쏙' 시간과 말씀의 빈칸에 들어갈 단어를 맞추는 '구멍을 쏙쏙!', 그리고 마지막으로 말씀을 암송하는 '쏙쏙 말씀새김이' 시간이 있답니다! 친구들, 모두 준비 됐나요? 말씀을 제일 많이 새긴 반 친구들에게는 선물이 기다리고 있어요! 모두 귀를 쫑긋, 눈을 반짝이며 하나님의 말씀을 새겨보아요!

 우리 교회 활용PLUS

우리 교회 클래스는 새김카드를 코팅한 후 윗부분에 구멍을 뚫어 고리로 묶어서 나누어 주었어요.

MEMO

신앙 warming-Up

2

유아교회

다윗과 떠나는 성경여행

다윗과 함께 성경여행을 떠나볼까요? 유아들이 재미있는 성경 이야기와 다양한 활동을 통해서 하나님의 말씀을 잘 기억할 수 있을 것입니다. 더불어 다윗의 모습을 통해서 예배의 요소인 말씀, 찬양, 기도, 헌금에 대해 배우고 다윗처럼 예배하기로 결단하는 어린이가 될 것입니다.

진행시간	장소	성격	규모	방법
70분	부서실	단속	대그룹	이야기듣기, 음악, 언어활동, 신체놀이, 미술

연관
주제어

새김마루 · 기억 · 예배 · 다윗 이야기 · 성경

⚙ 목표

1. 유아가 다윗의 이야기를 듣는다.
2. 유아가 다양한 활동을 통해 예배의 요소들(찬양, 기도, 말씀, 헌금)을 기억한다.
3. 유아가 예배드리는 어린이로 자란다.

⚙ 준비물

코너(주차)	ibcm.kr 제공자료	별도 준비 자료
프로그램 설명		두꺼운도화지, 고무줄, 벨크로테이프, 양면테이프,
다윗과 떠나는 찬양여행	이미지 / 머리띠 그림(찬양)	찬양해(맑은 소리 찬양집 76번)
다윗과 떠나는 기도여행	이미지 / 머리띠 그림(기도), 기도장갑 도안, 기도문	부직포, 목공용 풀
다윗과 떠나는 말씀여행	이미지 / 머리띠 그림(말씀), 언약궤, 말씀카드	성경책 4개, 보면대 2개, 긴 끈 2줄, 이불 1개, 방석 4개, 라벨지(A4, 1칸), 리본 끈
다윗과 떠나는 헌금여행	이미지 / 머리띠 그림(헌금), 헌금 스티커, 소중한 것을 드려요, 나에게 소중한 것	편지봉투, 스티커, 라벨지(A4, 40칸), 헌금함, 유아 개인사진, 색연필
기타	이미지 / 안내장	A4용지(120g), 양면테이프,

⚙ 자료보기

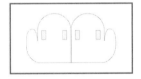

1. 머리띠 그림(찬양, 기도, 말씀, 헌금) ☐   2. 기도장갑 도안 ☐   3. 기도문 ☐

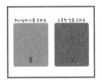

4. 언약궤 ☐   5. 말씀카드 ☐   6. 헌금스티커 ☐   7. 소중한 것을 드려요, 나에게 소중한 것 ☐   8. 안내장 ☐

프로그램 자료 찾으러 가기!

www.ibcm.kr 홈페이지 접속 ➡ 홈 상단의 BCM Program Class 클릭 ➡ 왼쪽 메뉴 바 유아교회 PC' 클릭
➡ Chapter2. 신앙 Warming-Up의 '다윗과 떠나는 성경여행' 자료 다운

 준비과정 및 점검

자료준비

프로그램 2주 전

1. ☐ '안내장'을 내려 받아 내용을 채워 넣은 후, 유아들의 수만큼 출력한다.
2. ☐ 유아들의 개인사진을 찍어서 출력하거나 인화한다.
3. ☐ 유아에게 '찬양해(맑은 소리 찬양집 76번)' 찬양을 가르친다.

프로그램 1주 전

1. ☐ 각 여행별로 필요한 자료를 준비한다.

사전	머리띠	– 마분지를 가로 50cm × 세로 5cm로 오려서 머리띠를 만들어 놓는다. (유아의 인원 수 × 4개 + 이야기 담당교사용 4개) – 머리띠의 사이즈를 조절할 수 있도록 양쪽 끝부분에 각각 벨크로테이프 암수 양면을 붙인다.
	머리띠 그림	– 머리띠 그림 4종(찬양, 기도, 말씀, 헌금) 세트를 유아의 인원 수만큼 출력하여 오리고, 뒷면 하단에 양면테이프를 붙여 놓는다.
	이야기 담당 교사용 머리띠	– 이야기를 진행할 때 사용할 머리띠 그림 4종을 출력하여 오리고, 머리띠에 각각 그림을 부착하여 4개의 머리띠를 만들어 놓는다.
다윗과 떠나는 기도여행	기도장갑	– 기도장갑 도안을 유아 인원수 만큼 출력해서 오린다 . – 부직포 위에 기도장갑 도안을 놓고 오려서 기도장갑을 만든다 . – 부직포를 가로 10cm × 세로 3cm 로 오려서 장갑고정띠를 만든다. (유아 인원수 × 2개) – 목공용 풀을 이용해서 기도장갑에 장갑고정띠를 붙인다.
	기도문	– 유아의 인원 수만큼 A4(1칸) 라벨지(전체면)에 아침, 저녁 기도문을 출력해서 오린다.
다윗과 떠나는 말씀여행	언약궤	– '언약궤' 그림을 A4용지에 출력하여 유아들이 볼 수 있도록 준비한다.
	장애물	– 출발지점과 도착지점을 표시한다. – 두 지점 사이에 장애물을 놓는다. 　1) 양쪽에 보면대 2개를 놓고, 긴 끈 2줄을 이용해 유아의 무릎 높이와 어깨 높이 정도에 끈을 묶는다. 　2) 방석으로 징검다리를 만든다. 　3) 넓은 이불을 바닥에 깐다. 　4) 교회 상황에 맞게 장애물을 몇개 더 만든다.
	말씀목걸이	– '말씀카드'를 유아의 인원 수만큼 출력하여 오린 후, 각 말씀카드에 리본 끈을 붙여 목걸이로 만들어 놓는다.
다윗과 떠나는 헌금여행	헌금스티커	– 40칸 라벨지에 헌금 스티커를 출력한다.
	소중한 것을 드려요	– '소중한 것을 드려요' 그림자료를 유아의 인원 수만큼 출력한다.
	나에게 소중한 것	– '나에게 소중한 것' 그림자료를 유아의 인원 수만큼 출력한다.

진행준비

프로그램 2주 전

1. ☐ 각 가정에 '안내문'을 보내어, 프로그램을 알린다.
2. ☐ 이야기 담당교사와 각 여행별로 활동을 진행할 진행교사를 선정한다. 이야기 담당교사는 실제로 다윗이 되어 말하듯이 이야기를 진행할 수 있도록 대사를 숙지하고, 대사에 맞는 동작을 충분히 연습한다. 활동 진행교사도 진행 내용을 익힌다.

 한눈에 보는 프로그램 진행

프로그램 설명 ➡ 다윗과 떠나는 찬양여행 ➡ 다윗과 떠나는 기도여행 ➡ 다윗과 떠나는 말씀여행 ➡

다윗과 떠나는 헌금여행 ➡ 프로그램 정리

코너	활동내용	시간
프로그램 설명	다윗이야기	5분
다윗과 떠나는 찬양여행	성경이야기 – 머리띠 그림 부착 – 음악활동	15분
다윗과 떠나는 기도여행	성경이야기 – 머리띠 그림 부착 – 언어활동	15분
다윗과 떠나는 말씀여행	성경이야기 – 머리띠 그림 부착 – 신체활동	15분
다윗과 떠나는 헌금여행	성경이야기 – 머리띠 그림 부착 – 미술활동	15분
프로그램 정리	마침기도	5분

진행순서

프로그램 설명

1. 전체 진행교사는 다윗이 되어 유아에게 성경여행을 통해 다윗이 찬양, 기도, 말씀, 헌금으로 예배 드린 모습을 배워볼 것이라고 설명한다.
2. 교사는 유아에게 머리띠를 나누어 주어, 머리에 쓰게 한다.

코너1. 다윗과 떠나는 찬양여행

1. 이야기 담당교사는 찬양 머리띠를 착용하고 이야기를 진행한다.
2. 진행교사는 찬양 머리띠 그림 뒷면의 양면테이프 종이를 떼어 내어 유아의 머리띠에 그림을 붙여주며 'ㅇㅇ(이)도 나처럼 기쁘게 하나님을 찬양하는 어린이가 되길 바라요.'라고 이야기한다.

3. 유아들과 함께 '찬양해(맑은 소리 찬양집 76번)' 찬양을 부른다.

4. 진행교사는 유아들이 찬양 방법을 바꾸어가며 부르도록 인도한다. (예–작은 목소리로 찬양하기 ▶ 큰 목소리로 찬양하기 ▶ 박수치며 찬양하기 ▶ 발을 구르고 박수치며 찬양하기 (쿵짝쿵짝 박자를 맞추며) ▶ 깡충깡충 뛰면서 박수치며 찬양하기)

5. 진행교사는 온몸으로 찬양하면 더 기쁘고 즐겁게 찬양할 수 있음을 이야기한다.

코너2. 다윗과 떠나는 기도여행

1. 이야기 담당교사는 기도 머리띠를 착용하고 이야기를 진행한다.

2. 이야기 담당교사는 기도 머리띠 그림 뒷면의 양면테이프 종이를 떼어 내어 유아의 머리띠에 붙여 주며 'ㅇㅇ(이)도 나처럼 하나님께 매일매일 기도하는 어린이가 되길 바라요.'라고 이야기한다.

3. 교사는 부직포로 제작해 놓은 기도장갑을 유아들에게 나누어준다.

4. 유아는 기도장갑에 라벨지에 출력해 놓은 아침, 저녁 기도문을 각각 붙인다.

아침기도문	저녁기도문
사랑하는 하나님, 잠자는 동안에도 지켜주시고, 새로운 하루를 주셔서 감사해요. 오늘도 나와 함께해주세요. 그리고 예수님의 사랑으로 다른 사람들을 더욱 사랑하는 어린이가 될 수 있도록 도와주세요. 예수님의 이름으로 기도드립니다. 아멘.	사랑하는 하나님, 오늘도 사랑으로 돌봐주셔서 감사해요. 오늘 하루 동안 지은 죄가 있다면 하나님이 용서해 주세요. 그리고 아침 해가 뜰 때까지 안전하게 지켜주시고, 오늘 밤에도 행복한 꿈을 꾸도록 해주세요. 예수님의 이름으로 기도드립니다. 아멘.

5. 유아는 기도장갑을 끼고 선생님을 따라서 기도문을 두 번씩 읽는다.

6. 집에서도 아침에 일어나서, 잠자기 전에 기도장갑을 끼고 기도하기로 약속한다.

코너3. 다윗과 떠나는 말씀여행

1. 이야기 담당교사는 말씀 머리띠를 착용하고 이야기를 진행한다.

2. 이야기 담당교사는 말씀 머리띠 그림 뒷면에 양면테이프 종이를 떼어 내어 유아의 머리띠에 붙여 주며 'ㅇㅇ(이)도 나처럼 하나님의 말씀을 소중히 여기는 어린이가 되길 바라요.'라고 이야기한다.

3. 진행교사는 언약궤 그림을 보여 주며 다윗이 소중히 여겼던 언약궤의 말씀과 지금의 성경책이 같다고 설명하고 다윗과 같이 우리도 하나님의 말씀을 소중히 여겨야 함을 이야기한다.

4. 진행교사는 유아가 아래의 규칙에 따라 성경을 옮기는 게임을 하도록 지도한다. 경쟁하는 시합이 아니므로 출발지점에서 한 명씩 출발을 시키고 그 유아가 첫 번째 장애물을 통과하면 다음 유아를 출발시키는 형식으로 진행한다. 유아가 많은 경우 장애물을 2~3세트 정도 만들어서 진행해

도 좋다.

1) 출발지점에서부터 도착지점까지 성경책을 품에 안고 소중히 옮겨요.

2) 중간에 장애물을 넘어요.

3) 끈 장애물은 끈 사이로 넘어가요.

4) 방석 징검다리는 꼭 방석을 딛어서 건너요.

5) 넓은 이불은 밑으로 기어가요.

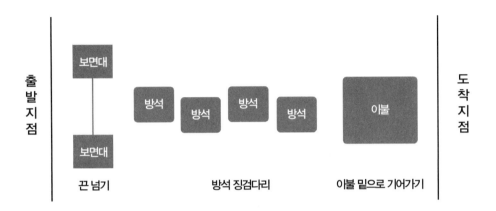

3. 유아가 도착지점에서 성경책을 가슴에 안고 '하나님의 말씀은 소중해요!'라고 외치면, 진행교사
  가 말씀카드로 만든 말씀목걸이를 유아에게 걸어준다.

코너4. 다윗과 떠나는 헌금여행

1. 이야기 담당교사는 헌금 머리띠를 착용하고 이야기를 진행한다.

2. 이야기 담당교사는 헌금 머리띠 그림 뒷면의 양면테이프 종이를 떼어 내어 유아의 머리띠에 붙
  여 주며 'ㅇㅇ(이)도 나처럼 하나님께 정성스럽게 헌금을 드리는 어린이가 되길 바라요.'라고 이야
  기 한다.

3. 진행교사는 '소중한 것을 드려요'를 유아에게 1장씩 나누어주고, 유아가 왼쪽에는 자신의 사진을
  붙이고, 오른쪽에는 '나에게 소중한 것' 그림 중에서 자신이 소중하게 여기는 그림을 골라 색칠을
  한 후 오려서 붙이게 한다.

4. 진행교사는 유아가 출력해 놓은 헌금 스티커와 꾸미기를 할 수 있는 일반 스티커를 편지봉투에
  붙여서 나만의 헌금봉투를 만들게 한다.

5. 진행교사는 유아가 만든 나만의 헌금봉투에 '소중한 것을 드려요'를 넣어 한 명씩 헌금함에 정성
  스럽게 드리도록 한다.

프로그램 정리

1. 유아가 모든 순서를 다 마치면, 진행교사는 성경여행을 통해 다윗이 하나님께 예배드리는 모습이 어떠했는지 상기시킨다.

2. 진행교사는 유아가 '다윗과 떠나는 헌금여행'에서 만든 헌금봉투를 다시 나누어준 후, 주일부터 나만의 헌금봉투에 헌금할 것을 이야기한다.

3. 진행교사는 유아들이 말씀을 기억하여 다윗과 같이 예배드리게 해 달라고 기도한 후 마친다.

 진행안

프로그램 설명

1. ○○교회 유아교회 친구들 안녕! 나는 다윗이라고 해. 나는 하나님께서 이스라엘의 왕이 될 수 있도록 도와주셨단다. 나는 오늘 너희들에게 하나님께 어떻게 예배를 드려야 하는지 알려주기 위해서 여기에 왔어. 성경여행을 슝슝슝~ 떠나보려고 하는데 너희들 준비됐니? 지금부터 나와 함께 찬양여행, 기도여행, 말씀여행, 헌금여행을 떠나보자! 첫 번째로 찬양여행이야~ 함께 가볼까? 슝슝슝~

코너1. 다윗과 떠나는 찬양여행

1. 나는 하나님을 찬양하는 것이 너무 좋아. 나는 하나님께서 주신 목소리로 하나님을 찬양해. 작은 목소리로 찬양을 부르기도 하고, 큰 목소리로 찬양을 부르기도 하지. 그리고 내 몸을 이렇게 이렇게(율동을 한다) 움직이면서 하나님을 찬양해. 나는 들판에서 양을 돌볼 때도 찬양을 불렀어. 찬양은 교회에서만 하는 것이 아니야. 우리는 집에서도, 유치원에서도 어디에서든지 하나님을 찬양할 수 있어. 또 아름다운 악기를 연주하면서도 하나님을 찬양할 수 있어. 내가 사울왕 앞에서 악기로 하나님을 찬양했을 때 사울왕의 슬픈 마음, 나쁜 마음이 사라졌어. 그리고 평안한 마음을 가지게 되었지. 그리고 나는 아침에 일어나서도 하나님을 찬양하고, 잠자리에 들기 전에도 하나님을 찬양해. 우리는 언제든지 하나님을 찬양할 수 있어!

   얘들아! 찬양을 하면 어떤 일이 일어나는지 아니? 우리 마음속에 기쁨이 생기기 시작해! 아무리 화가 나는 일이 있어도, 또 아무리 짜증이 나는 일이 있어도 하나님을 찬양하다 보면 어느새 우리 마음에 기쁨이 생긴단다! 나처럼 하나님을 기쁘게 찬양해볼까?

코너2. 다윗과 떠나는 기도여행

1. 찬양여행은 즐거웠니? 이번에는 기도여행이야! 내가 어떻게 하나님께 기도했는지 함께 기도여행

을 떠나보자~ 슝슝슝~ 너희들은 언제 하나님께 기도하니? 나는 아침에 일어나서 깜깜한 밤 잠이 들기 전까지 하나님께 기도했어. 사울왕이 나에게 왕 자리를 빼앗길까봐 나를 죽이려고 쫓아다녔어. 그래서 나는 너무 무섭고 두려웠어. 하지만 하나님께 기도하면 어느새인가 마음이 편안해졌지. 기도하면 하나님께서 나와 함께하신다는 믿음과 용기가 생겼거든. 나는 아침에 일어나자마자 짹짹짹 참새소리를 들으며 '하나님! 지난밤에 편안히 잠을 자고 오늘 아침에 깨어날 수 있도록 지켜주셔서 감사합니다! 오늘 하루도 돌보아주세요.'라고 하나님께 기도했어. 그리고 잠들기 전에는 '하나님, 오늘 하루 동안에 지은 죄들이 있다면 용서해 주세요. 잠을 자는 동안에도 안전하게 돌보아 주세요.'라고 하나님께 기도했지. 나는 매일매일 하나님께 기도하면서 하나님과 늘 함께했단다! 너희들도 나처럼 기도해볼래?

코너3. 다윗과 떠나는 말씀여행

1. (언약궤 그림을 보여주며) 짜잔! 너희들 이게 무엇인지 아니? 이건 '언약궤'라는 거야. 언약궤 안에는 하나님께서 모세에게 직접 써주신 열 가지 계명, 바로 십계명이 들어있어. 바로 하나님의 말씀이 들어있던 거였지. 나는 하나님의 말씀을 내가 살고 있었던 왕궁으로 옮기기로 결심했어! 그래서 나는 내가 살고 있는 예루살렘으로 이스라엘 사람들을 불러 모았어. 엄청나게 많은 사람들이 함께 모여서 하나님의 말씀이 들어 있는 언약궤를 조심조심 옮기기 시작했지. 소중한 하나님의 말씀을 나의 왕궁으로 모시는 일인데 아무렇게나 할 수 없잖아! 언약궤를 들고 옮기는 사람들은 깨끗한 몸과 마음가짐으로 움직였고, 주변에 있던 많은 사람들이 기쁜 찬양을 불렀지. 하나님의 말씀이 나와 함께하신다는 생각에 나는 너무나 기뻤단다. 왜냐하면 하나님의 말씀은 내가 어떻게 하면 죄를 짓지 않고 하나님께서 기뻐하시는 모습으로 살아갈 수 있는지를 알려주시거든. 너희들도 나처럼 하나님의 말씀을 소중히 여기고 있니?

코너4. 다윗과 떠나는 헌금여행

1. 자~ 이번에는 마지막 성경여행인 헌금여행이야! 함께 헌금여행을 떠나보자~ 슝슝슝~ 뚝딱뚝딱! 이게 무슨 소리인지 아니? 영차! 영차! 뚝딱뚝딱! 바로 하나님께 예배를 드리는 곳인 성전을 짓는 소리야! 나는 하나님을 위한 집을 짓기로 결심했어! 그런데 성전을 짓기 위해서는 많은 재료들과 돈이 필요했지. 그래서 나는 내가 가지고 있던 금은보화를 하나님께 헌금으로 드렸어. 아깝지 않았냐고? 하나님의 성전을 짓는 일이기 때문에 나는 소중히 여기고 있었던 금과 은을 기쁜 마음으로 드릴 수 있었단다. 나뿐만 아니라 이스라엘 사람들이 하나님의 성전을 짓기 위해서 많은 헌금을 드렸지. 사람들이 기쁜 마음으로 헌금을 드리니까 내 마음도 너무 기뻤어. 그리고 이스라엘 사람들도 기뻐했지. 하나님께서도 우리들의 모습을 보시면서 매우 기뻐하셨을 거야. 너희들은 어떤 마음으로 하나님께 헌금을 드리고 있니? 너희들도 나처럼 하나님께 기쁜 마음으로 소중한

것을 드릴 수 있는 어린이가 되었으면 좋겠어.

 ## 우리 교회 활용PLUS

1. 우리 교회 클래스는 부서실 4개를 이용하여 코너학습으로 진행했어요.
2. 우리 교회는 유아들이 토요일에 모이기가 어려워서 4주간 매주 주일에 '시작기도 – 이야기 – 활동 – 마침 기도' 순으로 한 활동씩 진행했어요.

MEMO

3

유아교회

꼬꼬마 릴레이 연극

유아는 역할놀이를 통해 엄마도 되어보고 선생님도 되어보면서 그 경험으로 다양한 역할을 이해합니다. 이 프로그램에서는 유아가 천지창조 이야기를 듣고 친구들과 함께 말씀 속 주인공이 되어서 성경 이야기를 체험해 봅니다. 이 활동을 통해 유아들은 우리를 위해 세상을 만드시고 우리에게 선물로 주신 하나님께 감사드리게 될 것입니다.

진행시간	진행시간	성격	규모	방법
50분	부서실	단속	대그룹	역할놀이, 극놀이

연관 주제어: 사랑마루, 활성, 성경, 천지창조, 감사

⚙ 목표

1. 유아가 하나님이 세상을 창조하신 이야기를 배운다.
2. 유아가 사람들이 살 세상을 지으신 하나님의 사랑을 깨닫는다.
3. 유아가 천지창조 이야기를 표현하며 하나님께 감사의 기도를 드린다.

⚙ 준비물

ibcm.kr 제공 자료 – 이미지 / 천지창조 이야기 PPT, 창조물 머리띠(빛·구름·꽃·나무·풀·해·달·별·
참새·까치·독수리·고래·붕어·꽃게·호랑이·토끼·곰·돼지·강아지·고양
이·남자·여자), 대본카드
별도 준비 자료 - 고무줄(머리띠 제작용), 휴대용 조명등, 갈색 부직포(5마), 파란색 부직포(3마)

⚙ 자료보기

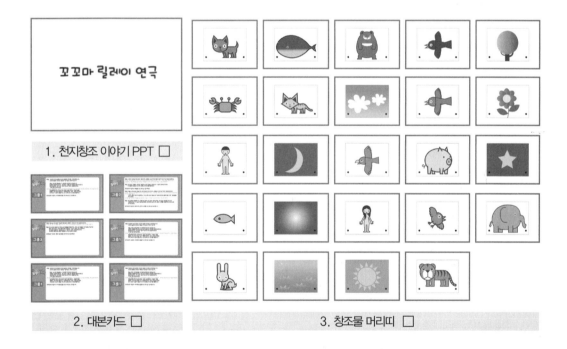

1. 천지창조 이야기 PPT ☐
2. 대본카드 ☐
3. 창조물 머리띠 ☐

프로그램 자료 찾으러 가기!

www.ibcm.kr 홈페이지 접속 ➡ 홈 상단의 BCM Program Class 클릭 ➡ 왼쪽 메뉴 바 '유아교회 PC' 클릭
➡ Chapter2. 신앙 Warming-Up의 '꼬꼬마 릴레이 연극' 자료 다운

준비과정 및 점검

자료준비

프로그램 1주 전

1. ☐ 창조물 머리띠를 유아의 인원수에 맞게 출력한 후, 고무줄을 연결해서 머리띠를 완성해 놓는다.
2. ☐ 휴대용 조명등('빛', '해, 달, 별'을 담당할 그룹의 인원 수만큼 필요), 갈색 부직포 5마와 파란색 부직포 3마를 준비한다.
3. ☐ 진행교사 및 그룹담당교사의 대본카드 6부를 출력한다.

진행준비

프로그램 1주 전

1. ☐ 진행교사는 그룹담당교사를 선정하고, 그룹별 등장인물을 참고하여 유아를 다섯 그룹으로 나눈다. 인원에 따라 그룹별 등장인물을 가감할 수 있다.

그룹	장면	등장인물 및 인원
1	빛	빛(3명)
2	하늘, 땅과 바다	구름(2명), 꽃(2명), 나무(2명), 풀(2명)
3	해, 달, 별	해(1명), 달(1명), 별(3명)
4	새와 물고기	참새(1명), 까치(1명), 독수리(1명), 고래(1명), 붕어(1명), 꽃게(1명)
5	동물과 사람	호랑이(1명), 토끼(1명), 곰(1명), 돼지(1명), 강아지(1명), 고양이(1명), 남자(1명), 여자(1명)

2. ☐ 진행교사(해설 담당)와 그룹담당교사는 대본카드를 숙지한다.

 ## 한눈에 보는 프로그램 진행

'꼬꼬마 릴레이 연극' 소개(프로그램 설명) ➡ 천지창조 이야기 ➡ 그룹별 연습 ➡ 릴레이 연극 진행 ➡

감사의 기도(프로그램 정리)

 **진행순서**

1. 진행교사는 유아에게 '꼬꼬마 릴레이 연극'을 소개한다.
2. 진행교사는 유아에게 '천지창조 이야기 PPT'를 보여주면서 천지창조 이야기를 들려준다.
3. 진행교사가 유아를 그룹별로 모아 앉히면, 그룹담당교사가 아래 표를 참고하여 창조물 머리띠를 나누어주고 착용하게 한다.

그룹	장면	등장인물 및 인원	소품
1	빛	빛(3명)	창조물 머리띠, 휴대용 조명등
2	하늘, 땅과 바다	구름(2명), 꽃(2명), 나무(2명), 풀(2명)	갈색 부직포(땅), 파란색 부직포(바다), 창조물 머리띠
3	해, 달, 별	해(1명), 달(1명), 별(3명)	창조물 머리띠, 휴대용 조명등
4	새와 물고기	참새(1명), 까치(1명), 독수리(1명), 고래(1명), 붕어(1명), 꽃게(1명)	창조물 머리띠
5	동물과 사람	호랑이(1명), 토끼(1명), 곰(1명), 돼지(1명), 강아지(1명), 고양이(1명), 남자(1명), 여자(1명)	창조물 머리띠

4. 그룹담당교사는 그룹의 유아와 함께 대본카드를 보며 연습을 한다.
5. 진행교사는 전체 유아들에게 각 역할에 해당하는 머리띠를 쓰고 모여 앉게 한 후, 각 장면을 연결하여 꼬꼬마 릴레이 연극을 진행한다.
6. 꼬꼬마 릴레이 연극 활동을 마친 후, 함께 모여 세상을 만드신 하나님께 감사의 기도를 하고 마친다.

 진행안

1. 유아교회 친구들, 하나님께서 이 세상을 창조하신 이야기를 알고 있나요? 오늘은 하나님께서 이 세상을 지으실 때의 이야기를 듣고 우리가 직접 말씀 속 주인공이 되어 볼 거예요. 천지창조 이야기를 첫째 날부터 여섯째 날까지 나누어서 각 그룹별로 어떤 이야기를 할지 정해요. 그리고 여러분이 이야기의 주인공이 되어서 천지창조 이야기를 발표해요. 우리 반의 이야기가 끝나면 다른 반이 다음 이야기를 이어서 발표할 거예요. 유아교회 모두의 발표가 끝나면 천지창조 이야기가 완성이 된답니다. 우리가 릴레이로 연극을 해서 천지창조 이야기를 완성할 거예요!
3. 천지창조 이야기 PPT (창세기 1장 1-31절 말씀 참고)

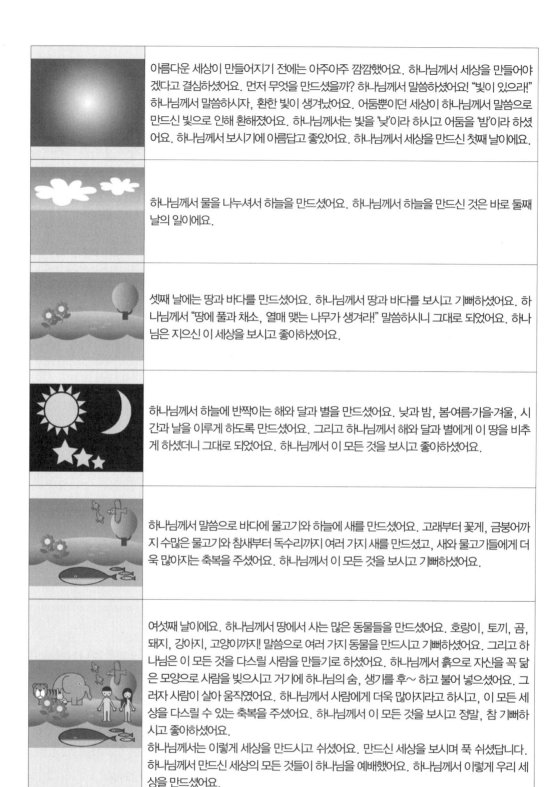

아름다운 세상이 만들어지기 전에는 아주아주 깜깜했어요. 하나님께서 세상을 만들어야 겠다고 결심하셨어요. 먼저 무엇을 만드셨을까? 하나님께서 말씀하셨어요! "빛이 있으라!" 하나님께서 말씀하시자, 환한 빛이 생겨났어요. 어둠뿐이던 세상이 하나님께서 말씀으로 만드신 빛으로 인해 환해졌어요. 하나님께서는 빛을 '낮'이라 하시고 어둠을 '밤'이라 하셨 어요. 하나님께서 보시기에 아름답고 좋았어요. 하나님께서 세상을 만드신 첫째 날이에요.

하나님께서 물을 나누셔서 하늘을 만드셨어요. 하나님께서 하늘을 만드신 것은 바로 둘째 날의 일이에요.

셋째 날에는 땅과 바다를 만드셨어요. 하나님께서 땅과 바다를 보시고 기뻐하셨어요. 하 나님께서 "땅에 풀과 채소, 열매 맺는 나무가 생겨라!" 말씀하시니 그대로 되었어요. 하나 님은 지으신 이 세상을 보시고 좋아하셨어요.

하나님께서 하늘에 반짝이는 해와 달과 별을 만드셨어요. 낮과 밤, 봄·여름·가을·겨울, 시 간과 날을 이루게 하도록 만드셨어요. 그리고 하나님께서 해와 달과 별에게 이 땅을 비추 게 하셨더니 그대로 되었어요. 하나님께서 이 모든 것을 보시고 좋아하셨어요.

하나님께서 말씀으로 바다에 물고기와 하늘에 새를 만드셨어요. 고래부터 꽃게, 금붕어까 지 수많은 물고기와 참새부터 독수리까지 여러 가지 새를 만드셨고, 새와 물고기들에게 더 욱 많아지는 축복을 주셨어요. 하나님께서 이 모든 것을 보시고 기뻐하셨어요.

여섯째 날이에요. 하나님께서 땅에서 사는 많은 동물들을 만드셨어요. 호랑이, 토끼, 곰, 돼지, 강아지, 고양이까지! 말씀으로 여러 가지 동물을 만드시고 기뻐하셨어요. 그리고 하 나님은 이 모든 것을 다스릴 사람을 만들기로 하셨어요. 하나님께서 흙으로 자신을 꼭 닮 은 모양으로 사람을 빚으시고 거기에 하나님의 숨, 생기를 후~ 하고 불어 넣으셨어요. 그 러자 사람이 살아 움직였어요. 하나님께서 사람에게 더욱 많아지라고 하시고, 이 모든 세 상을 다스릴 수 있는 축복을 주셨어요. 하나님께서 이 모든 것을 보시고 정말, 참 기뻐하 시고 좋아하셨어요.
하나님께서는 이렇게 세상을 만드시고 쉬셨어요. 만드신 세상을 보시며 푹 쉬셨답니다. 하나님께서 만드신 세상의 모든 것들이 하나님을 예배했어요. 하나님께서 이렇게 우리 세 상을 만드셨어요.

4. (대본카드의 극본)

그룹 1.

해설: 지금부터 유아교회의 꼬꼬마 릴레이 연극을 시작하겠습니다. 꼬꼬마 릴레이 연극의 제목은 "천지창조 이야기" 입니다.

옛날, 아주 먼 옛날에는 이 세상에 아무것도 없었습니다. 깜깜한 어둠뿐이었지요. 그래서 하나님께서 아름다운 세상을 만들어야겠다고 결심하셨어요. 하나님께서 "빛이 있으라!" 하고 말씀하셨어요.

그때, 빛이 생겨났어요. (이때, 빛 역할을 맡은 유아가 손에 휴대용 조명등을 가지고 등장한다. 휴대용 조명등을 켜고 빛을 비춘다)

어두움에서 빛이 나타났어요. 빛은 낮을 말하고, 어둠은 밤을 말해요. 하나님께서 빛을 보시고 기뻐하셨어요. 바로, 첫째 날이에요. 우리 모두 다 같이 빛을 주신 하나님께 감사인사를 해볼까요?

유아(모두 다같이): 우리에게 빛을 주신 하나님! 감사합니다.

그룹 2.

해설: 그리고 다음 날 하나님께서 "물이 위와 아래로 나뉘어져서 하늘아 생겨나라!" 하고 말씀하셨어요.

(이때, 빛 역할을 맡은 유아가 한 쪽 옆에서 휴대용 조명등을 비추고, 구름 역할을 맡은 유아가 등장한다. 구름 역할을 맡은 유아가 무대를 한 바퀴 돈다. 교사는 배경 ppt를 보여준다)

해설: 하나님께서 "하늘아. 생겨라." 말씀하시니까 하늘이 생겼어요. 이 날은 둘째 날이에요. 우리에게 하늘을 주신 하나님께 감사인사를 해볼까요?

유아(모두 다같이): 하늘을 주신 하나님! 감사해요!

해설: 다음 날, 하나님께서 "물은 한 곳으로 모여 바다가 되고, 땅들아 드러나라!" 하고 말씀하셨어요. (이때, 교사가 땅 부직포와 바다 부직포를 바닥에 깐다. 그리고 빛 역할을 맡은 유아가 휴대용 조명등으로 바다와 땅을 비춘다)

그러자, 땅과 바다가 생겼어요. 그리고 하나님께서 말씀으로 아름다운 꽃과 열매 맺는 나무, 채소들을 만드셨어요.

(이때, 꽃, 나무, 풀 역할을 맡은 유아가 나온다. 땅 쪽에 서서 제자리에서 한 바퀴 돈다)

해설: 하나님께서 말씀하시자, 아름다운 꽃과 나무, 풀이 생겨났어요. 하나님께서는 세상을 만드시고 기뻐하셨어요. 이 날은 셋째 날이에요. 우리에게 땅과 바다, 꽃과 나무를 만들어주신 하나님께 감사인사를 해요.

유아(모두 다같이): 땅과 바다, 꽃과 나무를 주신 하나님 감사합니다.

그룹 3.

해설: 다음 날, 하나님께서는 "하늘에 해와 달과 별들아 나타나라!" 하고 말씀하셨어요.

(이때, 해, 달, 별 역할을 맡은 유아가 나온다. 손에 휴대용 조명등을 들고 땅과 관객을 비춘다)

해설: 하나님께서 말씀으로 해와 달과 별들을 만드셨어요. 해와 달과 별들이 이 세상을 비췄어요. 해는 낮을 지키고, 달과 별은 밤을 지켰어요. 시간과 계절, 날이 생겼어요. 하나님께서는 만들어진 세상을 보시고 기뻤어요. 바

로 넷째 날이었어요. 우리에게 해와 달과 별을 선물해주신 하나님께 감사해요.

유아(모두 다같이): 해와 달과 별을 주신 하나님 감사해요!

그룹 4.

해설: 다음 날, 하나님께서 "바다에 여러 종류의 물고기가 생기고 하늘에 여러 종류의 새들이 생겨나라!" 하고 말씀하셨어요. (이때, 고래, 붕어, 꽃게, 독수리, 참새, 까치 역할을 맡은 유아가 등장한다. 고래, 붕어, 꽃게 역할을 맡은 유아는 바다 쪽에서 두 손을 모아 헤엄치는 모션을 하고, 독수리, 참새, 까치 역할을 맡은 유아는 땅과 하늘 쪽에서 날갯짓을 한다)

해설: 하나님께서 말씀하신 대로 여러 종류의 물고기와 새가 나타났어요. 하나님께서 물고기와 새들에게 더 많아지고 가득해지는 복을 주셨어요. 물고기들과 새들이 하나님께 감사인사를 했어요.

고래·붕어·꽃게·독수리·참새·까치 : 감사합니다, 하나님!

해설: 하나님께서 이 세상을 보시고 기뻐하셨어요. 이 날은 다섯 째 날이에요. 물고기와 새들을 만들어주신 하나님께 감사해요.

유아(모두 다같이): 물고기들과 새를 만드신 하나님 감사해요!

그룹 5.

해설: 그리고 다음 날 하나님께서 "땅에 여러 종류의 동물들아, 생겨나라!" 하고 말씀하셨어요. (이때, 호랑이, 토끼, 곰, 돼지, 강아지, 고양이 역할을 맡은 유아가 등장한다. 호랑이 역할을 맡은 유아는 '어흥' 하는 모션을 하고, 토끼는 깡충깡충 뛰며, 돼지는 '꿀꿀' 하고 말하며, 강아지는 '멍멍', 고양이는 '야옹'의 소리를 내며 등장한다)

해설: 하나님께서는 동물들에게도 땅에 더욱 가득해지라고 복을 주셨어요. 그리고 하나님께서 또 말씀하셨어요. "이 모든 것을 다스릴 사람을 만들어야겠구나. 나를 닮은 사람을 만들어야겠다." 하고 말이에요. (이때, 남자와 여자 역할을 맡은 유아가 등장한다)

해설: 하나님께서 사람을 만드시고, 하나님께서 만드신 세상을 사람에게 선물로 주셨어요. 그리고 더욱 많아지고 가득해지며, 이 세상을 다스리라고 복을 주셨어요. 사람들은 감사했어요.

남자, 여자: 감사합니다, 하나님!

해설: 우리 친구들도 우리를 만드신 하나님께 감사해요!

유아(모두 다같이): 하나님, 우리를 만들어주셔서 감사해요!

해설: 하나님께서 세상을 만드시고 일곱째 날에 안식하셨어요. 하나님께서 만드신 모든 것들이 하나님께 감사하는 마음으로 예배 드렸지요. 하나님께서는 하나님께 예배드리고 기쁨을 누릴 수 있는 안식을 우리에게 주셨어요. 안식을 주신 하나님께 우리 모두 다 같이 감사해요.
(모든 등장인물들이 기도하는 모습으로 무릎 꿇고 두 손을 모은다)

유아(등장인물과 모두 다같이): 안식을 주신 하나님, 감사해요!

해설: 하나님께서 세상을 다 만드셨어요. 세상을 만드신 하나님께서 세상을 보시고 정말 정말 기뻐하셨어요. 하나님께서는 이렇게 말씀으로 우리 세상을 만드셨답니다. 그리고 이 세상을 우리에게 선물로 주셨어요. 우리는 하나님께 감사하는 마음을 가지고 이 세상을 소중히 여기며 살아야 해요! 우리 모두 다 같이 이 세상을 만들어주신 하나님께 '감사해요' 라고 크게 외쳐볼까요?

유아(모두 다같이): 하나님, 감사해요!

해설: 이상으로 유아교회 꼬꼬마 릴레이 연극을 마치겠습니다. 등장인물을 소개하겠습니다. 모든 어린이는 인사할 수 있게 한 줄로 서주세요. (모든 유아가 나란히 선다) 빛 역할을 맡은 ○○○ (유아의 이름을 넣어 소개한다)입니다. 인사해 주세요. (빛 역할을 맡은 유아는 한 발자국 앞으로 나와 인사한다. 이런 방식으로 모든 유아를 소개한다) 하나님의 천지창조 이야기를 연극으로 잘 표현해준 모든 친구에게 박수쳐 주세요.

 ## 우리 교회 활용PLUS

우리 교회 클래스는 천지창조 이야기에 더욱 친숙해질 수 있도록 꼬꼬마 릴레이 연극을 하기 전에 '천지 창조 이야기 PPT' 장면을 출력해서 부서실에 게시했어요.

신앙 warming Up

4

유아교회

도와주세요 하나님

성경은 옛날 이스라엘 백성들의 이야기만을 다룬 역사책이 아닙니다. 지금 이 시간에도 살아 숨 쉬고 있는 하나님의 말씀입니다! 출애굽 후 가나안을 향해 가는 과정에서 모세가 겪었던 여러 가지 기적들을 유아교회 소그룹이 함께 경험해 본다면 어떨까요? 이 프로그램을 통해서 유아들의 입술로 믿음의 고백을 선포하고 나아갈 때에 모세와 함께하셨던 하나님께서 지금 나와도 함께하신다는 사실을 깊이 느낄 수 있을 거예요.

진행시간	장소	성격	규모	방법
50분	부서실, 야외	단속	대그룹	코너학습, 역할놀이, 신체놀이

연관 주제어 사랑마루 활성 성경인물 모세 체험

⚙ 목표

1. 유아가 이스라엘 백성과 함께하신 하나님에 대해서 안다.
2. 유아가 광야에서 모세에게 일어났던 일들을 간접적으로 체험한다.
3. 유아가 하나님께서 자신과도 함께하신다는 것을 깨닫는다.

⚙ 준비물

	ibcm.kr 제공자료	별도 준비 자료
도입	이미지 / 도와주세요 하나님 스티커	신문지, 갈색 색지, 셀로판테이프, A4라벨지(전지)
홍해	이미지 / 물고기, 애굽군대, 선포문(하나님 우리를 구원해 주세요.)	파란색 비닐봉투(100L) 8개, 비닐노끈, 칼, 셀로판테이프, 두꺼운도화지, 칼 또는 가위
구름기둥과 불기둥	이미지 / 기둥그림(해, 달, 별, 불꽃), 광야배경, 선포문(하나님 우리를 인도해 주세요.)	안쪽에 하늘과 구름이 그려져 있는 우산, 검정색 우산, 솜, 색 테이프, 비닐노끈, 파란색 비닐봉투(100L) 2개, 1절 전지, 매직, 의자 또는 보면대, 가위, 풀
만나와 메추라기	광야배경, 선포문(하나님 우리에게 일용할 양식을 내려주세요.)	간식(치킨너겟, 떡튀밥), 상(유아용 책상) 2개, 1절 전지
반석의 물	광야배경, 선포문(하나님 우리의 필요를 들어주세요.)	세숫대야(한 조 인원 수만큼), 신문지, 물(식수), 테이프, 종이컵

⚙ 자료보기

1. 도와주세요 하나님 스티커 ☐　　　　2. 물고기, 애굽군대 ☐

3. 기둥그림, 광야배경 ☐　　　　4. 선포문 4종 ☐

www.ibcm.kr 찾아가는 길!

www.ibcm.kr 홈페이지 접속 ➡ 홈 상단의 BCM Program Class 클릭 ➡ 왼쪽 메뉴 바 '유아교회 PC' 클릭
➡ Chapter2. 신앙 Warming-Up의 '도와주세요 하나님' 자료 다운

준비과정 및 점검

자료준비

프로그램 1주 전

1. ☐ 아래 표를 참고하여 각 코너에 필요한 자료를 준비한다.

	준비
도입	1) '도와주세요 하나님!' 스티커를 A4 라벨지(전체면)에 유아의 인원 수만큼 출력하여 오린다. 2) 지팡이 : 신문지를 돌돌 말아 테이프로 고정한 후 갈색 색지를 덧대어 유아의 인원 수만큼 만들어 놓는다. 코스 출발 시 유아들이 가지고 출발하도록 한다.
홍해	1) 홍해바다 – 파란색 비닐봉투 8개의 양 옆면을 칼로 오려서 길게 펼친다. – 셀로판테이프로 펼친 비닐봉투 4개의 넓은 면을 각각 이어 붙여서 2개의 큰 비닐을 만든다. – 아래 그림처럼 각 면의 양 끝을 테이프로 바닥에 고정하고, 중앙은 비닐노끈을 붙여 연결한다. ☐ : 펼친 파란비닐봉투 ━ : 비닐노끈 ▨ : 테이프로 바닥에 고정 – 물고기 그림을 출력해서 오린 후, 비닐봉투 아래쪽에 바닥을 향하도록 붙인다. 2) 애굽군대 그림 : A4 또는 A3 용지에 출력해서 두꺼운도화지를 덧대어 놓는다. 3) 선포문 : 선포문 "하나님 우리를 구원해 주세요."를 출력해서 두꺼운도화지를 덧대어 놓는다.
구름기둥과 불기둥	1) 구름기둥 – 우산 안쪽 : 하늘과 구름이 그려져 있는 우산 안에 해 그림을 출력하여 붙인다. – 우산 기둥 : 우산 기둥 전체에 솜을 붙인다. 2) 불기둥 – 우산 안쪽 : 검은색 우산 안에 달, 별 그림을 출력하여 붙인다. – 우산 기둥 : 불꽃 그림을 출력하여 우산 기둥에 붙인다. 3) 광야배경 그림 : A4 또는 A3 용지에 출력해서 두꺼운도화지를 덧대어 놓는다. 4) 선포문 : 선포문 "하나님 우리를 인도해 주세요."를 출력해서 두꺼운도화지를 덧대어 놓는다. 5) 이동코스 – 바닥에 출발지점과 도착지점을 색테이프로 표시하고, 가는 길을 비닐노끈으로 고불거리게 표시한다. – 이동코스 위에 장애물을 적절히 배치한다. (장애물 : 파란비닐 2개를 이용하여 홍해바다를 표현했던 방식으로 바다를 만든다. 전지에 커다란 곰, 사자 등의 그림을 그려서 의자 또는 보면대를 이용해서 세워 놓는다. 그 외 여러 장애물을 설치한다)

만나와 메추라기	1) 간식 : 떡튀밥(만나), 치킨너겟(메추라기) 　– 두 개의 상 위에 전지를 깔고 간식을 넓게 펼쳐놓는다. 　– 부서실에 떡튀밥이 올려져 있는 상을 가운데 놓고 치킨너겟이 올려져 있는 상은 전지를 덮어 보이지 　　않게 한 뒤 구석에 놓는다. 2) 광야배경 그림 : A4 또는 A3 용지에 출력해서 두꺼운도화지를 덧대어 놓는다. 3) 선포문 : 선포문 "하나님 우리에게 일용할 양식을 내려주세요."를 출력해서 두꺼운도화지를 덧대어 　　　　　놓는다.
반석의 물	1) 반석의 물 　– 한 조의 인원 수만큼 세숫대야를 준비한다. 신문지에 구김을 넣어서 세숫대야 주변을 감싼다. 　– 세숫대야에 물을 가득 담고, 그 위를 신문지로 덮어 테이프로 고정한다. 　– 유아의 인원 수만큼 종이컵에 물(식수)을 담아 놓는다. 2) 광야배경 그림 : A4 또는 A3 용지에 출력해서 두꺼운도화지를 덧대어 놓는다. 3) 선포문 : 선포문 "하나님 우리의 필요를 들어주세요."를 출력해서 두꺼운도화지를 덧대어 놓는다.

진행준비

프로그램 1주 전

1. ☐ 교역자는 진행할 부서실과 야외장소를 확인하고 협조를 요청한다.

2. ☐ 진행교사는 조 담당교사 4명과 각 코너의 도우미교사를 선정한다. (1코너 4명, 3코너 1명, 4코
너 1명)

3. ☐ 진행교사는 유아들을 연령별로 4개조로 나눈다.

한눈에 보는 프로그램 진행

'도와주세요 하나님' 소개(프로그램 설명) ➡ 1코너 : 홍해 ➡ 2코너 : 구름기둥과 불기둥 ➡ 3코너 : 만

나와 메추라기 ➡ 4코너 : 반석의 물 ➡ 마침 기도(프로그램 정리)

진행순서

1. 조 담당교사가 조 유아들을 인솔하며 각 코너를 진행한다.

  1조 : 도입 –코너1 –코너2 –코너3 –코너4 –마무리

  2조 : 도입 –코너2 –코너3 –코너4 –코너1 –마무리

  3조 : 도입 –코너3 –코너4 –코너1 –코너2 –마무리

  4조 : 도입 –코너4 –코너1 –코너2 –코너3 –마무리

2. 유아 개개인이 모두 모세가 되어서 코너를 돌며 체험한다.

진행순서		선포주제	진행장소	소요시간
도입		도와주세요 하나님!	부서실	5분
코너1	홍해	하나님 우리를 구원해 주세요.	실내	10분
코너2	구름기둥과 불기둥	하나님 우리를 인도해 주세요.	야외	10분
코너3	만나와 메추라기	하나님 우리에게 일용할 양식을 내려주세요.	실내	10분
코너4	반석의 물	하나님 우리의 필요를 들어주세요.	야외	10분
마무리		도와주셔서 감사요! 하나님!	부서실	5분

'도와주세요 하나님' 소개

1. 진행교사는 조편성을 하여 조별로 앉게 한 후, 프로그램에 대해 설명한다.
2. 조 담당교사는 유아의 왼쪽 가슴에 '도와주세요 하나님 스티커'를 붙여주고, 지팡이 한 개씩을 나누어준다.
3. 조 담당교사는 유아를 한 줄로 세운 뒤 각 조의 첫 번째 코너로 이동한다.

코너1 : 홍해

1. 조 담당교사가 홍해 부서실 앞에서 유아 조를 인솔하여 들어가되, 조원이 많을 경우에는 조 담당교사가 유아들과 함께 문 밖에 있으면서 2~4명씩 방으로 들여보낸다.
2. 도우미교사는 애굽 군대 그림을 보여주며 이야기한다.
3. 유아가 왼쪽가슴에 손을 얹고 "도와주세요! 하나님!"을 외친다.
4. 교사가 선포문을 읽어주면, 유아는 교사를 따라 지팡이를 머리 위로 들면서 "하나님 우리를 구원해 주세요!"라고 선포한다. 도우미교사는 비닐노끈을 들어 올려 홍해바다가 갈라지는 효과를 연출한다. 유아는 갈라진 바다를 건너가서 바다 건너편 바닥에 앉아서 기다린다.
5. 유아들이 순차적으로 체험할 수 있도록 진행하고, 모든 유아의 순서가 끝나면 다같이 "우리를 구

해주셔서 감사해요!"라고 외친다.

코너2 : 구름기둥과 불기둥
1. 출발지점에서 광야배경그림을 보여주며 이야기한다.
2. 유아가 왼쪽가슴에 손을 얹고 "도와주세요! 하나님!"을 외친다.
3. 교사가 선포문을 읽어주면, 유아는 교사를 따라 지팡이를 머리 위로 들면서 "하나님 우리를 인도해 주세요!"라고 선포한다. 교사는 구름기둥 우산을 펴며 이야기한다.
4. 유아들은 교사가 구름기둥을 움직이는 대로 장애물을 피하면서 중간지점까지 간다. 교사는 불기둥 우산을 펴며 이야기한다.
5. 유아들은 교사가 불기둥을 움직이는 대로 장애물을 피하면서 도착지점까지 간다. 도착지점에 다다르면 다같이 "우리를 인도해주신 하나님 감사해요!"라고 외친다.

코너3 : 만나와 메추라기
1. 교사는 만나와 메추라기 부서실 앞에서 광야배경그림을 보여주며 이야기한다.
2. 유아가 왼쪽가슴에 손을 얹고 "도와주세요! 하나님!"을 외친다.
3. 교사가 선포문을 읽어주면, 유아는 교사를 따라 지팡이를 머리 위로 들면서 "하나님 우리에게 일용할 양식을 내려주세요!"라고 선포한다.
4. 부서실 안으로 들어가서 교사가 만나와 메추라기 먹는 방법을 설명한다.
5. 유아들에게 종이컵을 한 개씩 나누어 준 다음, 먹을 수 있는 만큼만 떡튀밥을 종이컵에 담도록 한다.
6. 교사는 만나를 치우고 치킨너겟이 올려져 있는 상을 가운데 내놓는다. 유아들에게 종이컵을 한 개씩 나누어 주고, 역시 먹을 수 있는 만큼만 치킨너겟을 종이컵에 담도록 한다.
7. 교사는 음식을 먹기 전에는 하나님께 감사의 기도를 드려야 함을 알려주고, 기도를 하고 떡튀밥과 치킨너겟을 먹도록 한다.
8. 음식을 남기지 않고 다 먹은 후 다같이 "우리에게 일용할 양식을 주시는 하나님 감사해요!"라고 외친다.

코너4 : 반석의 물
1. 교사는 광야배경그림을 보여주며 이야기한다.
2. 유아가 왼쪽가슴에 손을 얹고 "도와주세요! 하나님!"을 외친다.
3. 교사는 지팡이를 들고 이야기한다.
4. 각각의 유아들 앞에 준비된 세숫대야를 놓는다. 교사는 선포문을 읽어주고, 유아들은 교사를 따

라 지팡이로 세숫대야의 신문지를 내리치면서 "하나님 우리의 필요를 들어주세요!" 라고 선포한다. 세숫대야의 종이가 찢어지고 물이 나온다.

5. 교사는 종이컵에 미리 담아놓은 물을 유아들에게 나누어 준다.
6. 유아들이 물을 다 마시면 다같이 "우리에게 필요한 것을 주시는 하나님 감사해요!" 라고 외친다.

마침 기도
1. 모든 코너를 마치면 부서실에 모여서 함께 "도와주셔서 감사해요 하나님!"을 외친다.
2. 유아는 왼쪽 가슴에 두 손을 얹고 교사를 따라 기도한다.

 ## 진행안

'도와주세요 하나님' 소개
1. 이스라엘 백성들이 애굽에서 노예생활을 하며 어려운 생활을 하고 있었어요. 하나님께서 이스라엘 백성들을 애굽에서 구해주시기 위해 모세를 부르셨죠. 모세는 이스라엘 백성들을 이끌고 하나님께서 가라고 하신 땅을 향해서 출발했어요. 그런데 애굽에서 떠나간 후 가나안땅으로 가는 과정이 쉽지만은 않았죠. 어려운 일이 생길 때 이스라엘 백성들을 도와주신 분이 있으세요. 누구실까요? (유아들의 대답을 듣는다) 맞아요. 바로 하나님이세요. 이스라엘 백성들이 어려움에 처할 때마다 모세는 '도와주세요! 하나님!'이라고 외쳤어요. 그때마다 하나님께서 놀라운 기적으로 이스라엘 백성들을 도와주셨죠. 오늘은 우리 모두가 모세가 되어서 이스라엘 백성들이 경험했던 사건들을 경험해보기로 해요. (도와주세요 하나님! 스티커를 유아들 왼쪽 가슴에 붙여준다) 어려운 상황에 처할 때마다 가슴에 손을 얹고 이렇게 외치는 거예요. "도와주세요! 하나님!" 그러면 선생님께서 그때그때 상황에 맞게 우리 친구들이 외쳐야 할 선포문을 보여주실 거예요. (지팡이를 보여준다) 그리고 이 지팡이는 필요할 때가 있으니 꼭 가지고 다녀야 해요. (유아들에게 지팡이를 한 개씩 나누어 준다) 약속해야 할 것이 있어요. 이 지팡이는 장난감이 아니니 친구와 칼싸움을 하거나 장난을 치면 안돼요. 약속해줄 수 있죠? (유아들의 대답을 듣는다) 지금부터 조를 나누어서 이동하도록 하겠습니다.

코너1 : 홍해
2. 이스라엘 백성들이 애굽에서 탈출해서 가나안땅을 향해 가고 있었어요. 그런데 눈앞에 큰 홍해 바다가 나타났죠. 다른 길을 찾아서 가려고 이스라엘 백성들이 뒤를 돌아 봤는데 글쎄 뒤에서 애

굽 군대가 이스라엘 백성들을 잡으려고 쫓아오고 있는 거예요! 어떻게 해야 할까요?

코너2 : 구름기둥과 불기둥

1. 가나안땅까지 가는 길은 사막 같은 곳이었어요. 밤에는 너무너무 깜깜하고 추워요. 무서운 동물들이 사람들을 잡아먹으려고 노려보고 있어요. 낮에는 그늘이 없기 때문에 너무너무 더워요. 너무 더워서 걸어가기가 엄청 힘들어요. 게다가 이곳은 사방을 둘러봐도 모래밖에 없었어요. 표지판도 없기 때문에 어느 쪽으로 가야 가나안땅으로 가는 건지 알 수가 없어요. 어떻게 해야 할까요?

3. 햇빛이 쨍쨍 찌는 낮에 하나님께서 이스라엘 백성들에게 구름기둥을 보내주셨어요. 커다란 구름기둥이 햇빛을 가리고 시원한 그늘을 만들어 주어서 편안하게 길을 걸어갈 수 있었죠. (유아들을 우산 안쪽으로 들어오게 한다) 어디로 가야할지 몰라서 헤매고 있을 때 이스라엘 백성들은 이 구름기둥이 움직이는 곳으로 따라가면 되었죠.

4. 깜깜한 밤이 되었어요. 무서움에 덜덜 떨고 있던 이스라엘 백성들에게 하나님께서 불기둥을 보내 주셨어요. 불기둥이 깜깜한 밤을 환하게 비춰주었고, 따뜻하게 밤을 보낼 수도 있게 해 주었어요. 이스라엘 백성들은 불기둥이 움직이는 대로 따라갔어요.

코너3 : 만나와 메추라기

1. 가나안땅으로 향해 걸어가는 길에는 먹을 것이 없었어요. 처음에 애굽에서 떠나올 때 가지고 왔던 음식들은 이미 다 떨어졌지요. 여기저기에서 배고프다는 이스라엘 백성들의 목소리가 들렸어요. 아이들은 배가 고프다며 울기 시작했고요. 이럴 때는 어떻게 해야 할까요?

4. 하나님께서 이스라엘 백성들을 위해서 매일매일 음식을 내려주셨어요. 바로 꿀맛이 나는 과자 같은 만나였죠. 하나님께서는 욕심을 내어서 먹고 싶은 만큼 마구 가져가는 것을 원하지 않으셨어요. 하루에 먹을 만큼만 먹도록 하셨죠. 여러분에게 종이컵을 한 개씩 나누어 줄 거예요. 여러분이 먹을 수 있는 만큼만 담아보세요.

6. 이스라엘 백성들이 하나님께 고기가 먹고 싶다고 이야기했어요. 어떻게 되었을까요? (유아들의 이야기를 듣는다) 그래요. 하나님께서 이스라엘 백성들에게 메추라기를 보내주셔서 고기를 먹게 하셨죠. 이번에도 종이컵 한 개에 여러분이 먹을 수 있는 만큼만 담아보세요.

코너4 : 반석의 물

1. 이곳은 먹을 음식이 없을 뿐만 아니라 마실 물도 없어요. 온통 모래와 돌들뿐이죠. 오랫동안 걸어야 했던 이스라엘 백성들은 목이 마르기 시작했어요. 어디를 둘러봐도 시냇물이 보이지 않았어요. 어떻게 해야 할까요?

3. 하나님께서 모세에게 지팡이로 바위를 치라고 말씀하셨어요. 그러면 이스라엘 백성들이 마실 수 있는 물이 나온다고 하셨죠. 그래서 모세가 지팡이로 힘차게 바위를 내려쳤죠. 우리도 한 번 해볼까요?

마침 기도

2. 사랑하는 하나님! 모세와 이스라엘 백성들이 어려움에 처할 때마다 하나님께서 도움을 주셨다는 것을 알았어요. 나에게 어려움이 있을 때나 힘든 일이 있을 때에도 나와 함께해 주세요. 예수님의 이름으로 기도합니다. 아멘.

 ## 우리 교회 활용PLUS

우리 교회 클래스는 프로그램을 진행하기 전에 먼저 다양한 방법(성경동화책, 만화영화)으로 모세 이야기를 들려주었어요.

MEMO

성경이 좋아!

성경은 하나님의 말씀이 우리 삶의 등이요 빛이 된다고 알려줍니다. 그리고 그 맛이 꿀보다 더 달다고 말씀합니다. '성경이 좋아'는 여러 가지 활동을 통해 유아가 예수님의 사랑이 가득 담겨 있는 성경과 친밀해질 수 있도록 합니다. 이 프로그램을 통해 유아는 성경이 무엇인지, 그 안에 담겨 있는 이야기는 어떠한 것인지 알아가며 성경을 가까이하고 좋아하는 어린이로 성장할 수 있습니다.

진행시간	장소	성격	규모	방법
30분	부서실	단속	소그룹	북아트, 미술

연관 주제어

새김마루 · 고유성 · 성경 · 예수님

⚙ 목표

1. 유아가 성경에 대해 안다.
2. 유아가 성경책의 소중함을 깨닫는다.
3. 유아가 하나님의 말씀인 성경책을 소중히 여기고 가까이 하기로 결심한다.

⚙ 준비물

	ibcm.kr 제공 자료	별도 준비 자료
전체	이미지 / 미니성경책	필기도구, 성경책
빛	이미지 / 성경이 좋아 '빛'	큰 이불, 손전등
꿀	이미지 / 성경이 좋아 '꿀'	꿀, 접시, 식빵
사랑	이미지 / 성경이 좋아 '사랑'	풀, 빨간색 시트지

⚙ 자료보기

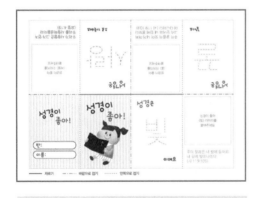

1. 미니 성경책 □

2. 성경이 좋아 빛, 꿀, 사랑 □

프로그램 자료 찾으러 가기!

www.ibcm.kr 홈페이지 접속 ➡ 홈 상단의 BCM Program Class 클릭 ➡ 왼쪽 메뉴 바 '유아교회 PC' 클릭
➡ Chapter2. 신앙 Warming-Up의 '성경이 좋아' 자료 다운

자료준비

프로그램 1주 전

1. ☐ '성경이 좋아(빛, 꿀, 사랑)' 이미지를 반교사와 반유아의 인원 수만큼 출력하여 오린다.

2. ☐ 반교사는 '성경이 좋아' 이미지를 자신의 성경책 성경본문 페이지(빛―시 119:105, 꿀―시 119:103, 사랑―요일 4:19)에 꽂아 놓는다. 빛과 꿀이 같은 페이지이므로 꿀은 그 다음 페이지에 꽂는다.

3. ☐ 빨간색 시트지를 유아의 인원 수만큼 하트모양(가로 15cm×세로 12cm)으로 오린 후, 각 하트마다 반유아들의 이름을 적어 놓는다.

4. ☐ 반교사는 반유아들의 이름을 적은 하트모양의 시트지를 자신의 성경책 여러 페이지에 꽂아 놓는다.

5. ☐ '미니성경책'을 반유아의 인원 수만큼 출력한 후, 미니책접기로 접어놓는다.

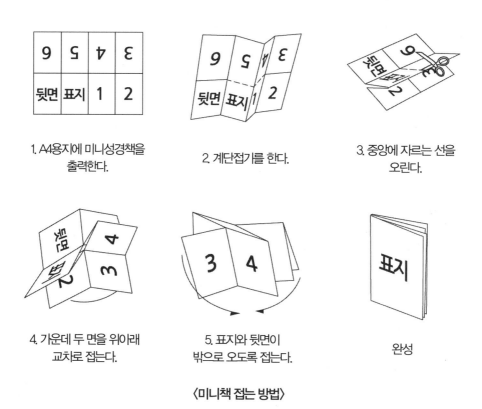

1. A4용지에 미니성경책을 출력한다.

2. 계단접기를 한다.

3. 중앙에 자르는 선을 오린다.

4. 가운데 두 면을 위아래 교차로 접는다.

5. 표지와 뒷면이 밖으로 오도록 접는다.

완성

〈미니책 접는 방법〉

6. ☐ 반교사는 반별로 '별도 준비 자료'를 준비한다.

진행준비

프로그램 1주 전

1. ☐ 반교사는 진행이 능숙해질 때까지 진행순서를 익힌다.

프로그램 하루 전

1. ☐ 반별로 진행에 필요한 준비물을 점검한다.

프로그램 당일

1. ☐ 반별로 〈성경은 꿀 같아요〉를 진행할 수 있도록 접시에 넘치지 않을 정도로 꿀을 담아 놓는다.

 한눈에 보는 프로그램 진행

프로그램 설명 ➡ 성경은 빛이에요 ➡ 성경은 꿀 같아요 ➡ 성경은 사랑으로 가득해요 ➡ 프로그램 정리

 진행순서

프로그램 설명

1. 반교사는 반별로 모여 앉아 '성경이 좋아' 프로그램을 통해 성경에는 어떠한 내용이 담겨있는지 알아보고, 자신만의 미니성경책을 만드는 활동을 할 것이라고 설명하고, 유아들에게 '미니성경책'을 나누어준다.

성경은 빛이에요

1. 반교사는 유아가 모두 함께 들어갈 수 있는 크기의 이불을 덮어쓰고는 손전등을 비추며 이야기한다.
2. 반교사는 성경책에서 '성경이 좋아 빛' 이미지를 꺼내면서 성경이 왜 빛인지 설명한다.
3. 다함께 "성경은 빛이에요"를 외친 후, 유아는 자신의 미니성경책에 '빛' 글씨를 따라 쓰고, '성경이 좋아(빛 이미지)'를 풀로 붙인다.

성경은 꿀 같아요

1. 반별로 모여 앉아 접시에 담긴 꿀을 찍어 먹어본다. 반교사는 유아에게 맛이 어떤지, 기분은 어떤
   지 물어본다.
2. 반교사는 성경책에서 꿀 이미지를 꺼내면서 왜 성경이 꿀 같은지 설명한다.
3. 다함께 "성경은 꿀 같아요"를 외친 후, 유아는 자신의 미니성경책에 '꿀' 글씨를 따라 쓰고, '성경
   이 좋아(꿀 이미지)'를 풀로 붙인다.

성경은 사랑으로 가득해요

1. 반교사는 성경책에서 '성경이 좋아 사랑' 이미지를 꺼내면서 성경에 우리를 향한 하나님의 사랑이
   가득함을 설명한다.
2. 반교사는 유아가 교사의 성경에 숨겨 놓은 자신의 이름이 적힌 하트모양 시트지를 찾게 한다. 유
   아가 자신의 하트를 찾으면, 반교사는 유아의 가슴에 하트모양 시트지를 붙여주면서 "하나님은
   ○○(이)를 사랑하셔."라고 말한다.
3. 다함께 "성경은 사랑으로 가득해요."를 외친 후, 유아는 자신의 미니성경책에 '사랑' 글씨를 따라
   쓰고, '성경이 좋아(사랑 이미지)'를 풀로 붙인다.

프로그램 정리

1. 반교사는 유아들과 성경을 소중히 여기며 가까이할 것을 약속하고, 유아들이 성경을 가까이하는
   것을 즐거워하게 해달라고 기도한다.

 ## 진행안

프로그램 설명

1. (성경책을 보여주며) 여러분은 이 책이 무슨 책인지 아나요? (유아의 대답을 듣는다) 그래요, 이것
   은 성경책이에요. 성경책에는 우리에게 주시는 하나님의 말씀이 적혀 있어요. 이 책 속에 어떠한
   내용이 담겨있는지 함께 알아보도록 해요. 여러분에게 이 작은 미니성경책을 나누어 줄 거예요.
   반 선생님들과 함께 성경이 어떠한 책인지 알아보고 여러분의 미니성경책을 만들어 봅시다.

성경은 빛이에요

1. (다같이 이불을 덮어쓰고) 어? 깜깜해요, 깜깜해. 아무것도 보이지 않아요. 우리에게 필요한 것은
   무엇일까요? (유아의 대답을 듣는다) 그래요! 바로 빛이 필요해요. (손전등을 켠다) 깜깜한 어둠속

에서 빛이 필요한 것처럼 우리의 삶에도 빛이 필요해요.(이불을 걷는다)

2. 성경책을 보면 (시편 119편에 끼워놓은 '빛' 이미지를 꺼낸다) 하나님의 말씀이 바로 이 빛과 같다고 적혀 있어요. 선생님을 따라서 함께 말씀을 읽어볼까요? "주의 말씀은 내 발에 등이요 내 길에 빛이니이다(시 119:105)." 우리는 앞으로 어떤 일이 생길지 모르는 삶을 살아가요. 앞길이 깜깜해서 어디로 가야할지 모를 때도 있어요. 깜깜한 밤길을 지나가듯 무서울 때도 있지요. 그때마다 성경이 우리에게 빛이 되어 주어요. 어디로 가야하는지, 어떻게 살아가야 하는지 하나님께서 성경에 다 기록해 놓으셨어요. 우리는 그 빛만 따라가면 된답니다. 우리가 가야하는 길을 안내해주는 빛과 같은 성경을 가까이하는 친구들이 되길 바라요. 자, 선생님을 따라 외쳐보아요. "성경은 빛이에요!"

성경은 꿀 같아요

1. (꿀이 담긴 접시를 꺼낸다) 짜잔! 이것이 무엇일까요? 선생님이 한 번 먹어볼게요. (식빵으로 꿀을 찍어 먹는다) 음~ 달콤해~ 이것은 바로 꿀이에요. 여러분도 한 번 먹어볼래요? (함께 식빵으로 꿀을 찍어 먹는다) 맛이 어떤가요? 꿀을 먹고 나니 기분이 어때요? (유아의 대답을 듣는다) 그래요! 달콤한 것을 먹으면 기분이 좋아져요. 그리고 먹고 나면 또 먹고 싶어져요.

2. 성경책에는 (시편 119편에 끼워놓은 '빛' 이미지를 꺼낸다) 하나님의 말씀이 바로 이 꿀과 같다고 적혀 있어요. 선생님을 따라서 함께 말씀을 읽어 볼까요? "주의 말씀의 맛이 내게 어찌 그리 단지요 내 입에 꿀보다 더 다니이다(시 119:103)." 하나님의 말씀인 성경은 재미있어요. 마음이 즐거워져요. 처음에는 조금 어려울 수도 있어요. 하지만 읽으면 읽을수록 또 읽고 싶어진답니다. 꿀처럼 달콤한 하나님의 말씀을 즐거워하는 친구들이 되길 바라요. 또, 선생님을 따라 외쳐보아요. "성경은 꿀 같아요!"

성경은 사랑으로 가득해요

1. 마지막으로 성경책에는 (요한일서 4장에 끼워놓은 '사랑' 이미지를 꺼낸다) 하나님의 사랑 이야기가 가득 담겨있어요. 선생님을 따라서 함께 말씀을 읽어 볼까요? "우리가 사랑함은 그가 먼저 우리를 사랑하셨음이라(요일 4:19)." 구약성경에는 죄 많은 인간을 구원해주실 예수님을 보내실 거라는 사랑의 약속이 담겨 있어요. 신약성경에는 정말로 하나님의 아들인 예수님께서 이 땅에 오셔서 죽으시기까지 사랑하신 이야기가 담겨있고요. 그러니까 성경에는 'ㅇㅇ(이)를, ㅇㅇ(이)를 사랑해' 하는 하나님의 고백이 있는 거예요. 이 말씀을 마음에 품고 항상 하나님의 큰 사랑을 느끼며 하나님을 사랑하는 친구들이 되길 바라요.

프로그램 정리

1. 우리 친구들, 성경에 어떤 내용이 있는지 잘 살펴보았지요? 성경은 우리 길을 밝혀 주는 빛이고, 먹으면 단 꿀 같고, 하나님의 사랑이 가득한 책이에요. 성경을 소중히 여기고 가까이하는 우리 유아교회 친구들이 되세요!

 ## 우리 교회 활용PLUS

우리 교회 클래스는 대그룹으로 진행하면서 '성경은 빛이에요'에서 이불 대신 부서실 전체를 어둡게 하고 진행했어요.

MEMO

성경인물카드

성경에는 하나님의 말씀대로 살아간 믿음의 사람들이 많이 있습니다. 이 프로그램에서 유아는 성경 인물카드를 통해 구약성경에 나오는 주요인물과 특징을 배우고, 게임을 하며 그들의 삶을 친근하게 익힐 것입니다. '성경인물카드'를 통해 성경의 인물들을 닮아 유아가 믿음의 사람으로 자라날 것입니다.

진행시간	장소	성격	규모	방법
30분	부서실	단속	소그룹, 가정	놀이

연관 주제어 : 사랑마루, 활성, 성경인물, 가정학습, 기억

⚙ 목표

1. 유아가 성경인물카드를 통해 구약성경의 주요인물과 특징을 안다.
2. 유아가 카드놀이를 통해 성경의 인물들이 믿음의 삶을 살았음을 깨닫는다.
3. 유아가 성경의 인물들처럼 믿음의 삶을 살기로 다짐한다.

⚙ 준비물

ibcm.kr 제공자료 – 이미지 / 성경인물카드, 성경인물 가정학습지

별도 준비 자료 – A4용지, 손코팅지, 스테이플러

⚙ 자료보기

1. 성경인물카드 □

2. 성경인물 가정학습지 □

프로그램 자료 찾으러 가기!

www.ibcm.kr 홈페이지 접속 ➡ 홈 상단의 BCM Program Class 클릭 ➡ 왼쪽 메뉴 바 '유아교회 PC' 클릭
➡ Chapter2. 신앙 Warming-Up의 '성경인물카드' 자료 다운

준비과정 및 점검

자료준비

프로그램 1주 전

1. ☐ '성경인물카드'를 A4용지에 출력하여, 오려서 점선을 따라 접은 후 코팅한다. 한 반당 두 세트 (1세트에 12개의 카드)씩 가질 수 있도록 준비한다.

2. ☐ '성경인물 가정학습지'를 A4용지에 출력하여, 각 장을 바깥점선을 따라 접은 후 스테이플러로 찍어 색칠공부 책처럼 만든다. 가정학습지는 유아 인원 수만큼 제작한다.

진행준비

프로그램 1주 전

1. ☐ 반교사는 카드에 나와 있는 인물과 사건을 숙지하고, 게임을 미리 익혀두어 원활하게 진행할 수 있도록 준비한다.

한눈에 보는 프로그램 진행

프로그램 설명 ➡ 성경인물 소개 ➡ 성경인물카드 익히기 ➡ 카드뒤집기 게임 ➡ 프로그램 정리(마침기 도, 가정용 카드 배부, 전화심방)

 진행순서

1. 반교사는 유아들이 성경인물카드 놀이를 통해서 성경의 사람들에 대해 이야기를 듣고, 성경인물 들과 같은 믿음을 배우는 시간을 가질 것이라고 설명한다.

2. 반교사는 성경인물카드를 가지고 유아에게 성경인물을 소개한다.

3. 반교사는 인물과 별명을 선창하고, 유아가 반복해서 따라하게 한다.(예: 큰 배를 만든 노아, 양보 의 사람 이삭, 꿈쟁이 요셉 등)

4. 유아가 어느 정도 내용을 익혔다면 카드 뒤집기 게임을 한다.

   1) 반교사는 성경인물카드의 인물그림면을 아래로 엎어 모두 바닥에 깔아 놓는다.

   2) 유아가 한 명씩 순서대로 한 번에 두 장의 카드를 뒤집어 똑같은 그림이 나오면 가져간다.

   3) 서로 다른 그림이 나왔을 경우에는 원래대로 뒤집어 놓는다.

4) 유아가 그림의 모든 짝을 다 맞추면 게임을 종료한다.

5. 반교사는 유아와 함께 성경인물카드의 인물과 별명을 다시 한 번 외치며 복습한다.

6. 반교사는 유아에게 가장 맘에 드는 성경인물을 고르게 한 후, 자신의 이름을 성경인물 이름 대신 넣어서 외치게 한다. (예: 찬양 왕 김성결, 용감한 하나님의 사람 홍현민 등)

7. 반교사는 유아들이 성경의 인물들처럼 믿음의 별명을 가지고 살아갈 수 있도록 해달라고 기도하고 프로그램을 마친다.

8. 귀가할 때 '성경인물 가정학습지'를 나누어주어 집에서도 성경인물을 익히도록 알려준다.

9. 반교사는 가정으로 전화심방하여, 유아가 부모님이 들려주는 성경인물에 대한 이야기를 듣고 인물을 색칠해 보는 활동을 하면서 성경의 인물들의 삶을 기억하도록 부모님께 협조를 구한다.

 ## 학습자가 알아야 할 규칙

1. 카드 뒤집기 게임 시 한 사람이 한 번에 두 장의 카드만 뒤집을 수 있다.
2. 같은 그림이 나오면 유아가 카드를 가져가고 다른 그림이 나오면 다시 뒤집어 놓는다.

 ## 진행안

2. 친구들! 성경에는 몇 명의 사람들의 이야기가 있을까요? 매우 많은 사람들의 이야기가 담겨 있어요. 하나님을 잘 믿었던 사람들의 이야기도 있고, 하나님을 잘 믿지 못한 사람들의 이야기도 있어요. 우리는 하나님을 잘 믿은 사람들의 이야기를 배우고 기억하면 좋을 것 같아요. 오늘은 성경인물카드를 이용해서 하나님을 많이 사랑했던 12명의 사람들을 소개하려고 해요. (카드의 그림을 한 장씩 보여주며 이야기한다.)

인물	특징(별명)	인물소개
1. 노아	큰 배를 만든	이 땅의 사람들이 죄를 많이 지어서 하나님이 가슴이 아프셨어요. 그래서 홍수로 사람들을 모두 심판해야겠다고 생각하셨죠. 그때, 하나님을 잘 믿는 한 사람이 있었어요. 바로 노아예요. 하나님께서는 노아에게 큰 배를 만들게 하였어요. 노아가 순종하였고, 그로 인하여 노아와 일곱 식구가 살 수 있게 되었어요.
2. 아브라함	믿음의 조상	1) 아브라함은 다른 신을 많이 섬기는 동네에 살던 사람이에요. 어느 날 하나님께서 아브라함에게 나타나셔서 새로운 땅으로 이사를 가라고 하셨어요. 아브라함은 아무것도 알지 못했지만 하나님 말씀만 믿고 믿음의 여행을 시작했어요.

		2) 아브라함에게 100세 때 얻은 귀한 아들 이삭이 있었어요. 그런데 하나님이 그 아들을 제물로 바치라고 하셨어요. 그는 너무나도 가슴이 아팠지만 두말 않고 하나님 말씀에 순종했어요. 그러자 하나님이 아브라함의 순종을 보시고는 아들 이삭도 살려주시고, 아브라함을 기쁘게 여기셨어요.
3. 이삭	양보의 사람	이삭은 아브라함의 유일한 아들이에요. 이삭이 축복을 많이 받아 농사도 잘되고 가축도 잘 키우게 되었어요. 주변에서 이삭을 시기하여 이삭이 파놓은 우물을 빼앗기도 했지만 그때마다 그는 양보하는 모습을 보여주었어요.
4. 야곱	하나님과 씨름한	야곱은 이삭의 둘째 아들이에요. 축복에 관심이 많아서 형에게 팥죽을 팔아 큰아들만 받을 수 있는 축복권을 사고, 늙어서 눈이 먼 아버지를 속여서 축복을 받아냈어요. 또, 하나님께서 보내신 천사와 씨름하였는데, 이기게 되면 반드시 축복해 달라고 말하고 씨름에서 이기게 되었지요. 엉덩이뼈가 부러지면서까지 하나님의 복을 받기에 힘썼지요. 하나님께서는 이런 야곱을 축복하시고 이름을 이스라엘이라고 바꾸어 주셨어요.
5. 요셉	꿈쟁이	요셉은 야곱의 열한 번째 아들이에요. 평상시 꿈을 많이 꾸었고, 아버지께 사랑을 많이 받았어요. 그래서 형들의 미움을 받아 이집트의 노예로 팔려갔죠. 하지만 하나님을 잘 섬겼고 하나님이 지혜를 주셔서 꿈을 잘 풀게 되었어요. 그로 인해 이집트왕의 꿈을 잘 풀어서 총리가 되어 많은 사람들을 흉년에서 구해내게 되었어요.
6. 모세	홍해를 가른	모세는 이스라엘을 이끈 위대한 하나님의 사람이에요. 하나님의 인도하심에 따라 이집트의 노예 생활에서 이스라엘 백성을 건져내고, 홍해바다를 갈라 이스라엘 백성들을 건너게 하는 하나님의 기적을 보였어요.
7. 여호수아	용감한 하나님 사람	여호수아는 모세의 뒤를 이어 이스라엘 백성을 이끈 지도자예요. 하나님을 매우 잘 섬기고 용감하여서, 많은 전쟁에서 승리한 하나님의 사람이지요.
8. 사무엘	기도의 사람	사무엘은 어린 시절부터 하나님의 성전에서 살았어요. 어느 날 "사무엘아~ 사무엘아." 부르는 소리에 엘리 제사장님이 가르쳐준 대로 "네! 하나님 여기 있습니다!" 하고 응답하였지요. 그리고 하나님께서 크게 쓰신 위대한 사람이 되었어요.
9. 다윗	찬양 왕	다윗은 이스라엘의 두 번째 왕으로, 하나님을 찬양하는 것을 매우 좋아한 왕이에요. 악기도 잘 다루고 시편의 많은 찬양들을 썼고, 옷이 흘러내리는지도 모르고 하나님 앞에서 기뻐 춤추던 왕이었지요.
10. 솔로몬	지혜로운 왕	솔로몬은 다윗왕의 아들이에요. 하나님께 일천번제를 드리고 지혜를 선물로 받은 왕이에요. 하나님이 주신 선물로 이 세상에서 가장 지혜로운 왕이 되었어요.

11. 요나	물고기 뱃속의	요나는 하나님의 말씀을 전하는 선지자예요. 하지만 하나님이 가라는 곳으로 가지 않고 배를 타고 다른 나라로 도망하였다가 큰 물고기 뱃속에 들어가게 되었어요. 요나는 그곳에서 회개하고 살아 나와서 하나님 말씀에 다시 순종하여 하나님의 말씀을 전하러 갔어요.
12. 다니엘	사자 굴속의	다니엘은 매일 하루에 세 번씩 기도한, 하나님을 사랑하는 사람이에요. 다니엘을 미워하는 사람들의 거짓말로 인해서 억울하게 사자 굴에 갇히게 되었지만 하나님께서 지켜주셔서 털끝 하나 상하지 않고 살아 나오게 되었어요.

6. 여러분, 성경속의 인물들은 하나님을 믿고서 이렇게 멋진 별명들을 갖게 되었어요. 여러분도 하나님을 믿고 말씀을 따라 살면 멋진 별명을 가질 수 있답니다. 여기 있는 성경인물들의 별명 중에서 제일 마음에 드는 별명을 골라볼까요? 네, 그러면 그 별명에 여러분의 이름을 붙여보세요. (유아들과 함께 별명과 이름을 외쳐본다) 와! 정말 멋지지요. 여러분도 오늘 배운 성경의 인물들처럼 멋진 별명을 가지고 살 수 있어요. 우리 친구들이 이런 멋진 믿음의 별명을 가지고 살 수 있도록 선생님이 기도해 줄게요.

 우리 교회 활용PLUS

우리 교회 클래스는 아래와 같은 다양한 방법으로 카드놀이를 진행했어요.

게임명	인물소개
카드 순서대로 놓기	1. 진행교사는 인물카드를 시대순으로 배열하여 유아에게 보여준다. (카드에 적힌 숫자는 시대를 나타내는 순서이다) 2. 진행교사는 카드를 섞은 후, 카드를 중간 중간 빼놓고 배열한다. 3. 진행교사는 유아에게 카드를 한 장씩 나누어 준 후, 어디에 들어가야 하는지 맞추게 한다. 4. 위와 같은 방법으로 몇 번 반복한 후, 유아가 카드를 처음부터 끝까지 순서대로 배열하게 해본다.
주인공 찾기 (퀴즈)	1. 진행교사는 유아와 함께 카드의 그림과 이름을 반복하여 말하여 익히게 한다. 2. 진행교사는 카드 한 장을 몸 뒤로 숨긴 후에 퀴즈를 낸다. (예 : 꿈쟁이는 누구일까요? 큰 배를 만든 사람은 누구일까요? 등 인물의 별명을 문제로 낸다.) 3. 퀴즈를 맞히는 유아에게 간단한 간식을 주어 보상을 한다.

신앙 Warming-Up

7

어린이교회

액션 바이블

신앙생활의 주요한 안내자 역할을 하는 하나님의 말씀을 어린 시절부터 암송하는 것은 중요합니다. 어린이는 다양하고 즐거운 방법으로 하나님의 말씀을 암송합니다. '액션 바이블'을 통해 어린이들은 하나님 말씀을 배워 아는 것을 더욱 깊게 하고, 그래서 하나님을 더욱 사랑하는 어린이로 자라날 것입니다.

진행시간	장소	성격	규모	방법
90분	부서실 및 교회 여러장소	단속	대그룹	놀이

연관 주제어: 믿음마루 / 영성 / 성경 / 암송 / 하나님 사랑

⚙ 목표

1. 어린이가 각 코너별 활동을 통해 신명기 6장 5절의 말씀을 안다.
2. 어린이가 각 코너별 요절을 통해 하나님의 말씀을 사랑해야함을 느낀다.
3. 어린이가 친구들과 협동하여 각 코너별 미션을 수행한다.

⚙ 준비물

	ibcm.kr 제공 자료	별도 준비 자료
전체	이미지: 액션 바이블판	A4 용지
코너 1	이미지: 액션 바이블 퍼즐 1, 1코너 활동지	A4 용지, 신문지, 가위, 풀
코너 2	이미지: 액션 바이블 퍼즐 2	A4 용지, 포스트 잇
코너 3	이미지: 액션 바이블 퍼즐 3	A4 용지, 촬영기기(스마트폰, 카메라 등), 전지

⚙ 자료보기

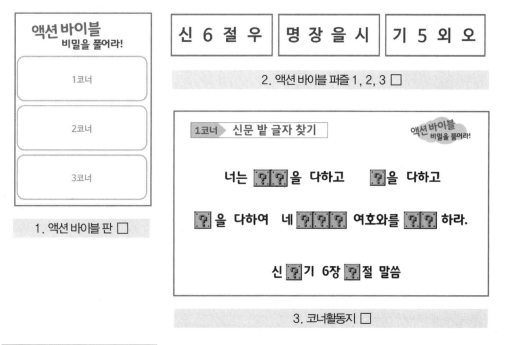

액션 바이블 비밀을 풀어라!

1코너

2코너

3코너

1. 액션 바이블판 □

| 신 6 절 우 | 명 장 을 시 | 기 5 외 오 |

2. 액션 바이블 퍼즐 1, 2, 3 □

1코너 ▶ 신문 밭 글자 찾기   액션 바이블 비밀을 풀어라!

너는 [?][?]을 다하고   [?]을 다하고

[?]을 다하여   네 [?][?][?] 여호와를 [?][?] 하라.

신 [?]기 6장 [?]절 말씀

3. 코너활동지 □

프로그램 자료 찾으러 가기!

www.ibcm.kr 홈페이지 접속 ➡ 홈 상단의 BCM Program Class 클릭 ➡ 왼쪽 메뉴 바 어린이교회 PC' 클릭 ➡ Chapter2. 신앙 Warming-Up의 '액션 바이블' 자료 다운

준비과정 및 점검

자료준비

프로그램 1주 전

1. ☐ A4 용지에 액션 바이블판과 액션 바이블 퍼즐1·2·3을 참여하는 조 수만큼 출력한다.

2. ☐ 신문지, 가위, 풀을 조 수만큼 준비한다.

3. ☐ 신명기 6장 5절 말씀의 단어들을 아래의 사진처럼 여러 개의 포스트잇에 조 수만큼 적는다. 예를 들면 팀이 3개일 경우, "너는/ 마음을/ 다하고/ 뜻을/ 다하고/ 힘을/ 다하여/ 네/ 하나님/ 여호와를/ 사랑하라" 단어를 3개씩 써서 준비한다.

퍼즐 맞추기 전

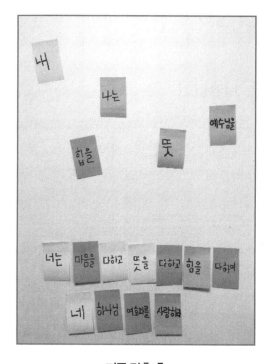

퍼즐 맞춘 후

진행준비

프로그램 1일 전

1. ☐ 코너별 활동장소를 미리 선정한다.

2. ☐ 각 장소에 코너명을 붙이고 코너별 준비물을 갖다 놓는다.

3. ☐ 3코너의 장소에는 전지에 '신명기 6장 5절'의 말씀을 적어서 한쪽 벽면에 부착한다.

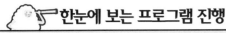 **한눈에 보는 프로그램 진행**

프로그램 설명 ➡ 1코너: 신문 밭 글자 찾기 ➡ 2코너: 말씀퍼즐 ➡ 3코너: 말씀액션 ➡ 정리: 말씀암송과 나눔

진행순서		선포주제	진행장소	소요시간
코너	제목			
프로그램설명		프로그램의 의미, 내용, 방법을 나누기	예배실	10분
1코너	신문 밭 글자 찾기	신문지에서 글씨를 찾아 오려서 말씀문장을 완성하기	반별장소	20분
2코너	말씀퍼즐	1코너 말씀을 기억하며 순서대로 말씀퍼즐을 완성하기	반별장소	20분
3코너	말씀액션	조원들과 힘을 합쳐 동작을 만들어 함께 말씀을 암송하기	반별장소	20분
정리	암송 / 나눔	조별 결과를 암송하고 기도하며 격려하기	예배실	20분

 진행순서

프로그램 설명

1. 진행교사는 한 조당 4–5명의 인원이 되도록 조를 나눈 후, 프로그램을 소개한다.

2. 진행교사는 각 조별로 조장을 뽑게 한 후, 조장에게 액션 바이블 판을 나눠준다.

3. 진행교사는 어린이에게 각 코너를 수행하면 조별로 코너별 액션 바이블 퍼즐을 받을 수 있고, 3개의 퍼즐을 다 모으면 마지막 미션의 내용이 나온다고 알려준다.

4. 진행교사는 호루라기를 불어 활동의 시작을 알린 후, 모든 조를 1코너 장소로 이동시킨다.

5. 진행교사는 각 조가 코너의 미션을 모두 수행하고 돌아오면 어린이들이 "액션~ 바이블!"이라는 구호와 함께 신명기 6장 5절을 암송하게 한다.

6. 진행교사는 모든 어린이가 동시에 말씀을 암송하게 한 후, 활동을 마무리한다.

1코너: 신문 밭 글자 찾기 진행순서

1. 담당교사는 조원의 수만큼 준비물을 준비한다.

2. 담당교사는 신명기 6장 5절의 말씀을 성경에서 찾아서 읽게 한다.

3. 담당교사는 활동지의 빈칸에 필요한 글자를 신문에서 찾아서 오려 붙이게 한다.

4. 담당교사는 각 조가 활동지를 완성하면 활동지를 제출하게 하여 확인한 후 액션 바이블 퍼즐1을 준다.

5. 담당교사는 미션을 수행한 조를 다음 코너의 장소로 이동시킨다.

2코너: 말씀퍼즐 진행순서

1. 담당교사는 어린이에게 1코너의 말씀을 잘 기억할 것을 말해준다.
2. 담당교사는 어린이에게 벽면에 붙어 있는 조각 단어들을 잘 배열하여 말씀퍼즐을 완성하게 한다.
3. 담당교사는 퍼즐을 옳게 맞추었는지 확인하여 완성이 됐으면 액션 바이블 퍼즐2를 주고, 그렇지 않으면 완성될 때까지 다시 맞추게 한다.
4. 담당교사는 미션을 수행한 조를 다음 코너의 장소로 이동시킨다.

3코너: 말씀액션 진행순서

1. 담당교사는 3코너 방의 벽면에 미리 '신명기 6장 5절'의 말씀을 붙여놓고, 말씀에 어울리는 동작을 만들어 진행교사 앞에서 발표하게 한다.
2. 담당교사는 어린이들이 말씀을 읽고, 말씀과 부합하는 동작을 만들어 발표하게 한다. 이때 교사는 촬영기기로 촬영을 한다.(동작을 못 만드는 경우, 진행교사가 제시된 동작을 시범으로 보여준 후, 익히게 한다.)

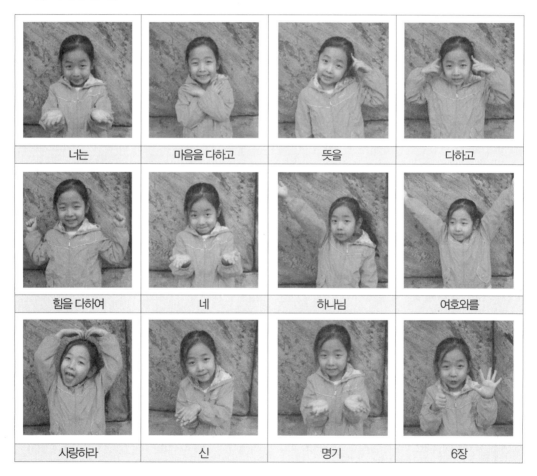

너는	마음을 다하고	뜻을	다하고
힘을 다하여	네	하나님	여호와를
사랑하라	신	명기	6장

| 5절 말씀 | 아멘 |

3. 진행교사는 조원들이 한마음으로 동작을 완성하여 촬영을 완료하면 액션 바이블 퍼즐3을 준다.

정리: 암송과 나눔

1. 진행교사는 코너 1·2·3을 모두 수행한 조들을 전체 모임장소로 이동하게 한다.
2. 조별로 모여 앉아 액션 바이블 퍼즐을 모두 모아 미션을 수행하게 한다.(미션내용: 신명기 6장 5절을 외우시오.)
3. 조별 미션 수행을 확인한 후 하나님의 말씀대로 살고 그 말씀을 아는 일이 더욱 깊어져야 함을 가르친다.
4. 진행교사 혹은 지도자의 기도로 마친다.

학습자가 알아야 할 규칙

1. 어린이는 다른 조의 속도와 상관없이 각 코너별 미션을 완성한 후, 다음코너의 장소로 이동한다.
2. 어린이는 각 코너별 미션을 수행해야 액션 바이블 퍼즐을 받을 수 있다.
3. 조원 모두가 꼭 참여해야 한다.

진행안

프로그램 설명

1. 액션 바이블은 다양한 방법으로 말씀을 기억하고, 익혀보는 활동입니다. 3개의 코너를 통해 말씀을 익히고, 암송하는 시간을 가져보아요. 전체 인원이 한 장소로 이동한 뒤 모든 조가 1코너부터 3코너 순서대로 진행할 것이며, 각 코너의 미션을 완수할 때마다 반드시 액션 바이블 퍼즐을 받아서 액션 바이블 판에 붙이도록 해요.

우리 교회 활용PLUS

우리 교회 클래스는 4∼5명이라서 한 주에 한 코너씩 진행했어요.

신앙 warming-Up

8

어린이교회

그림으로 만나는 성경

성경의 맥락을 알면 두껍고 어려운 책이라는 고정관념이 바뀝니다. 오히려 성경을 친숙하게 여길 수 있습니다. 이 프로르램을 통해 어린이들은 공동 작업으로 성경의 주제별 핵심장면을 그려보고, 이를 전시함으로써 성경의 순서와 구조를 배웁니다. 이 프로그램을 통해 어린이들은 그림으로 펼쳐지는 성경을 한눈에 보면서 좀 더 성경을 가까이하는 어린이로 자라날 것입니다.

진행시간	장소	성격	규모	방법
30분	부서실	단속	대그룹	미술

연관 주제어: 믿음마루, 고유성, 신구약, 성경목록, 성경퀴즈

✿ 목표

1. 어린이가 성경의 각 권이 주제에 따라 구분되어 있음을 안다.
2. 어린이가 성경이 여러 권이지만 모두가 같은 하나님의 말씀임을 깨닫는다.
3. 어린이가 공동작업을 통해 성경의 각 주제를 그림으로 표현한다.

✿ 준비물

ibcm.kr 제공 자료 – 이미지: 주제별 그림(구약, 신약), 한눈에 보는 성경목록표, 그림 설명표, '성경 목록가' 악보

PPT: 한눈에 보는 성경목록표

별도 준비 자료 – 크레파스 또는 색연필(9세트), 4절 색지(9장), 가위(9개), 풀(9개 이상)

✿ 자료보기

1. 주제별 그림(신 구약) ☐

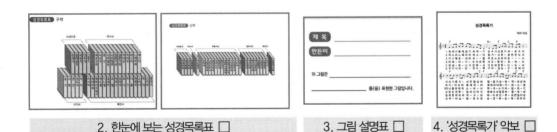

2. 한눈에 보는 성경목록표 ☐   3. 그림 설명표 ☐   4. '성경목록가' 악보 ☐

프로그램 자료 찾으러 가기!

www.ibcm.kr 홈페이지 접속 ➡ 홈 상단의 BCM Program Class 클릭 ➡ 왼쪽 메뉴 바 '어린이교회 PC' 클릭 ➡ Chapter1. 신앙 Warming-Up의 '그림으로 만나는 성경' 자료 다운

 **준비과정 및 점검**

자료준비

프로그램 1주 전

1. ☐ 진행교사는 '주제별 그림자료' 각 그림을 모두 A3 사이즈로 출력한다.

2. ☐ 진행교사는 4절 색지를 9장 구입하여 둔다.

3. ☐ 진행교사는 '그림 설명표'를 9장 출력해 둔다.

4. ☐ 진행교사는 '한눈에 보는 성경목록표'와 '성경목록가' 악보를 A4용지 1/2사이즈로 어린이 인원 수만큼 출력해 둔다.

진행 준비

프로그램 1주 전

1. ☐ 진행교사는 어린이들에게 미리 '성경목록가'를 가르쳐준다.

2. ☐ 진행교사는 어린이들이 그림을 완성한 후 게시할 수 있는 곳을 미리 선정해서 확보해 둔다.

한눈에 보는 프로그램 진행

프로그램 설명 ➡ 성경 배우기 ➡ 주제별 그림 그리기 ➡ 정리: 게시 및 나눔

진행순서		선포주제	진행장소	소요시간
코너	제목			
프로그램설명		프로그램의 의미, 내용, 방법을 나누기	예배실	5분
1코너(전체)	성경 배우기	성경의 구분, 특징에 대해 듣기	예배실	10분
2코너(그룹)	주제별 그림 그리기	성경구분에 따른 주제별 그림 그리기	예배실	10분
정리(전체)		마침기도와 게시	예배실	5분

 **진행순서**

프로그램 설명

1. 진행교사는 미술활동을 통해 그림으로 성경을 만나면서 성경의 구조와 성경의 핵심 주제를 함께 살펴볼 것임을 설명한다.

성경 배우기

1. 진행교사는 성경을 보다 더 깊이 그리고 정확하게 아는 것의 중요성을 설명한다.
2. 성경이 어떻게 구성되어 있는지 질문한 뒤 어린이들과 '성경목록가'를 함께 불러본다.
3. 한눈에 보는 성경목록표 PPT를 통해 성경을 어떠한 특징으로 구분하는지 설명한다.
4. 어린이에게 간단한 질문을 하여 어린이가 성경의 구성을 잘 인지했는지 확인한다.

퀴즈 예시

1. 모세오경에는 총 몇 권의 책이 포함되어 있는가? (5권−창세기, 출애굽기, 레위기, 민수기, 신명기)
2. 구약은 몇 권으로 구성되어 있는가? (39권)
3. 잠언은 구약의 어떤 주제에 포함되어 있는가? (시가서)
4. 신약에서 교회의 중요한 역사를 다루는 책은 무엇인가? (사도행전)
5. 복음서는 누구에 관한 책인가? (예수님)

---

5. 이제 진행교사는 어린이를 9개 조로 나누고 교사들을 배치한다.
6. 각 조의 조원 한 명이 앞으로 나와서 9개의 '주제별 그림'들 중 한 개를 선택하게 한다.

주제별 그림 그리기

1. 각 조 교사들은 어린이가 선택한 한 장의 그림을 조원 수대로 가위로 자른다. 예를 들어 조원이 5명이면 '주제별 그림' 한 장을 5등분한다.
2. 조별 교사는 각 조별로 나뉜 조각 그림을 조원들이 자유롭게 색칠하게 한다.
3. 조별 교사는 준비한 4절 색지 한 장에 그림 조각들을 다시 맞추게 한 뒤 풀로 붙이게 한다.
4. 조별 교사는 '그림 설명표'에 내용을 작성하게 한 뒤 완성된 '주제별 그림'에 붙이게 한다.
5. 각 조별로 활동을 마치면 교회 벽면 또는 게시판에 성경목록 순서대로 그림을 게시한다.

정리

1. 진행교사는 어린이들에게 성경이 다양한 책으로 이루어져 있지만 모두가 같은 하나님의 말씀이라는 사실을 설명하며 함께 동그랗게 손을 잡고 기도로 마친다.

2. 진행교사는 활동 후 '한눈에 보는 성경목록표'와 '성경목록가' 악보를 어린이들에게 나눠주면서 집에서도 익힐 수 있도록 지도한다.

 진행안

성경배우기

3. (PPT를 가리키며) 창세기부터 요한계시록까지 성경목록이 모두 적혀 있어요. 성경은 한 권의 책이지만, 성경 안에는 여러 개의 다양한 책으로 이루어져 있어요. 이것을 비슷한 성격의 내용들로 묶어서 기억할 수 있어요. 한 번 보도록 할까요? 구약은 이렇게 모세오경, 역사서, 시가서, 선지서로 나누어서 볼 수 있고, 신약은 복음서, 역사서(사도행전), 바울서신, 일반서신, 예언서(요한계시록)으로 나누어서 볼 수 있어요.

구약	모세오경	구약성경은 이 세상을 만드신 하나님에 관한 이야기예요. 그 중에서도 가장 먼저 나오는 창세기, 출애굽기, 레위기, 민수기, 신명기는 모세가 쓴 다섯 권의 성경으로, '모세오경'이라는 별명을 갖고 있어요. 모세오경에는 세상이 창조된 이야기와 노아와 큰 방주 이야기, 모세 이야기, 특히 노예로 고통당하던 이스라엘 백성들이 하나님의 인도하심으로 가나안 땅에서 출애굽하는 과정들이 잘 나와 있어요. '율법'을 주요하게 다루고 있어서 '모세오경'이라 하지요.	
	역사서	이스라엘 백성들이 가나안 땅에 들어온 이후, 이스라엘 민족의 역사를 담은 성경이에요. 가나안 땅에 도착한 백성들은 자신들도 왕이 있으면 좋겠다고 생각했어요. 역사서는 우리가 잘 알고 있는 이스라엘의 왕들에 대한 이야기와 역사가 담겨 있고 하나님이 세우신 왕들이 어떻게 살았는지 알 수 있어요. 여호수아, 사사기, 룻기, 사무엘상하, 열왕기상하, 역대상하, 에스라, 느헤미야, 에스더가 포함되어 있어요.	
	시가서	시가서는 말 그대로 시와 노랫말 형식으로 써내려간 성경이에요. 하나님을 믿는 사람들이 기쁘거나 슬플 때, 즐겁거나 외로울 때 하나님을 찬양하고 도움을 구하는 노래들이 많이 있어요. 시가서에는 욥기, 시편, 잠언, 전도서, 아가서의 책이 있어요.	
	선지서	하나님은 이스라엘 백성과 왕들에게 선지자들을 통해 말씀을 전하셨어요. 선지자가 전해주는 하나님의 말씀에 순종하면 평화롭게 살 수 있지만 그렇지 않으면 멸망했어요. 선지서는 심판과 회복에 대한 메시지를 담고 있어요. 이사야부터 말라기까지 이르는 성경이 모두 선지서에 해당이 돼요.	

신약	복음서	신약성경은 예수님에 관한 이야기예요. 복음서는 예수님의 일생을 담은 네 권의 책이에요. 이 말씀을 통해 예수님이 어떻게 자라시고, 어떻게 복음을 전하시고, 어떻게 기적을 베푸셨고, 어떻게 우리를 구원하셨는지를 알 수 있어요. 복음서에 해당하는 책은 마태복음, 마가복음, 누가복음, 요한복음이에요.	
	역사서 (사도행전)	사도행전은 부활하신 예수님을 믿고 따르는 제자들이 성령의 도우심으로 교회를 세우고 예수님을 전한 이야기예요. 교회의 중요한 역사가 담겨있지요. 사도행전을 통해 복음이 어떻게 전파되었는지 알 수 있어요.	
	바울서신	바울서신은 바울이 보낸 13편의 편지를 말해요. 교회와 개인에게 보내는 편지로 나누어서 볼 수도 있어요. 4대서신으로는 로마서, 고린도전후서, 갈라디아서가 있고, 감옥에서 쓴 옥중서신으로 에베소서, 빌립보서, 골로새서, 빌레몬서가 있어요. 또 목회서신으로 불리는 데살로니가전후서, 디모데전후서, 디도서도 있어요.	
	일반서신	바울 외에 다른 이들이 기록한 서신서로, 기록자의 이름을 따라 책 이름이 붙어요. (히브리서는 작자미상이어서 예외예요)예수님을 믿는 사람들이 신앙을 지키도록 격려하는 편지들로, 히브리서, 야고보서, 베드로전후서, 요한1,2,3서, 유다서가 포함되어요.	
	예언서 (요한계시록)	사도 요한이 앞으로 일어날 일들에 대해 환상을 보고 기록한 성경이에요. 예수님이 이 땅에 오시는 사건과 그 이후의 일들을 기록하고 있어요.	

정리

1. 성경은 66권의 각기 다른 책으로 이루어져 있지만, 모두 하나님의 말씀으로 이루어진 책이에요. 디모데후서 3장 16절을 보면 성경은 하나님이 사람에게 감동을 주셔서 쓰인 책이라고 하였어요. 성경을 기록한 사람들은 모두 다르지만 동일하게 하나님께서 알려주신 내용을 기록한 것이지요. 우리가 서로 다른 부분의 성경을 표현하였지만 우리의 작품을 모두 합쳐서 한 권의 책을 완성하였어요. 앞으로 성경을 더욱 사랑하고, 말씀을 더욱 가까이할 것을 다짐하며 기도해요.

 우리 교회 활용PLUS

우리 교회 클래스는 그림을 잘 그리는 선생님이 '주제별 그림'을 직접 그려서 조별로 나누어 주었어요.

MEMO

바울, 같이 가!

'바울, 같이 가'는 어린이들에게 친숙한 보드게임으로 바울의 선교여행을 가르칩니다. 먼저 어린이는 사도행전을 읽음으로 바울의 선교여행 여정을 배웁니다. 그리고 바울의 선교여행 여정을 따라 만든 보드게임을 하면서 바울의 선교여행을 더 자세히 배우고 느끼는 시간을 가지게 될 것 입니다. '바울, 같이 가'로 어린이들이 바울과 같은 전도자가 되기로 결단하기를 기대합니다.

진행시간	장소	성격	규모	방법
1시간 20분	부서실	지속	중,소그룹	놀이

연관 주제어

소망마루 개방성 성경 읽기 성경인물 성경퀴즈

⚙ 목표

1. 어린이가 사도행전을 읽어가며 바울의 선교여행의 여정을 배운다.
2. 어린이가 보드게임를 하면서 사도 바울이 가졌던 선교에 대한 열정을 깨닫는다.
3. 어린이가 보드게임을 통해 바울과 같은 전도자의 삶을 살기로 다짐한다.

⚙ 준비물

ibcm.kr 제공 자료 – 이미지: 성경읽기표, '바울, 같이 가!' 보드판, 교회 세우기 미션카드, 선교지 탐
방 미션카드, 미니교회, 어린이 선교사 말, 면제카드

문서: 1차, 2차, 3차, 4차 퀴즈, 미션내용, 서신목록표, '바울, 같이 가!' 설
명서

별도 준비 자료 – 주사위(500㎖ 우유곽, 색종이), 요구르트(50개), 우유 1.5리터(2개), 어린이 선교사
말(종이컵 4개), 미니교회(종이컵 40개 이상)

⚙ 자료보기

| 1. 성경읽기표 ☐ | 2. 교회 세우기 미션카드, 선교지 탐방 미션카드, 면제카드 ☐ |

 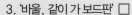   

| 3. '바울, 같이 가 보드판' ☐ | 4. 미니교회, 어린이 선교사 말 ☐ |

프로그램 자료 찾으러 가기!

www.ibcm.kr 홈페이지 접속 ➡ 홈 상단의 BCM Program Class 클릭 ➡ 왼쪽 메뉴 바 어린이교회 PC' 클
릭 ➡ Chapter2. 신앙 Warming-Up의 '바울, 같이 가' 자료 다운

준비과정 및 점검

자료준비

프로그램 3주 전

1. ☐ 교사는 홈페이지에서 '사도행전 성경읽기표'를 다운받아 어린이의 인원 수만큼 출력한 후, 어린이들에게 배포한다.

프로그램 2주 전

1. ☐ 담당교사는 홈페이지에서 '바울, 같이가!' 보드판을 다운받아 A3사이즈로 출력한다. 혹은 업체를 통해 현수막(2m×2m)으로 만든다.
2. ☐ 담당교사는 홈페이지에서 '교회 세우기 미션카드', '선교지 탐방 미션카드', '면제카드'를 다운받아 두꺼운 용지에 출력해서 카드 크기에 맞게 자른다.
3. ☐ 담당교사는 홈페이지에서 '미니교회(40개)'와 '어린이 선교사 말(4개)'을 다운받아 출력한다.
4. ☐ 담당교사는 미션에 사용될 요구르트 50개와 우유 1.5리터 2개를 구입한다.
5. ☐ 담당교사는 홈페이지에서 미션 내용, 서신서 목록표를 다운받아 출력한다.
6. ☐ 담당교사는 500ml 우유곽으로 주사위를 만든다. 주사위 숫자는 1−3으로 한다.
7. ☐ 담당교사는 '어린이 선교사 말'을 종이컵에 부착해서 4개(각 팀에 한 개씩)를 만든다.
8. ☐ 담당교사는 '미니교회'를 오리고 접어 40개(각 팀에 10개씩)를 만든다.

진행준비

프로그램 1주 전

1. ☐ 진행교사는 '바울, 같이 가!'의 게임규칙을 습득한다.

 ## 한눈에 보는 프로그램 진행

프로그램 설명 ➡ 사도행전 읽기 ➡ '바울, 같이 가!' 보드게임 ➡ 정리

진행순서		선포주제	진행장소	소요시간
코너	제목			
프로그램설명		프로그램의 의미, 내용, 방법을 나누기	예배실	10분
1코너	사도행전 읽기	프로그램 시행 전에 사도행전 읽고 체크하기	반별	−

2코너	보드게임	보드게임을 통해 바울의 여행 배우기	예배실	1시간
정리	사상과 나눔	의미를 나누고 우승팀을 시상한 뒤 기도로 마무리하기	예배실	10분

 **진행순서**

프로그램 2주 전: 프로그램 설명

1. 진행교사는 전체 어린이에게 2주 후에 진행되는 '바울, 같이 가!' 프로그램을 설명한다.
2. 진행교사는 전체 어린이에게 '사도행전 성경읽기표'를 나누어준다.
3. 각 어린이는 '사도행전 성경읽기표'를 체크하며 사도행전의 내용을 읽는다.
4. 반교사는 전화심방을 통해 어린이들이 성경을 읽을 수 있도록 독려한다.

프로그램 1주 전: 사도행전 읽기

1. 반교사는 어린이에게 간단한 퀴즈를 통해 '사도행전 성경읽기표'를 체크한다.
2. 한 주 후에 진행되는 '바울, 같이 가!'에 대해 다시 설명하며 준비하도록 권면한다.

'바울, 같이 가!' 보드게임 준비

1. 진행교사는 전체 어린이에게 사도 바울에 대해 설명한다.
2. 진행교사는 전체 어린이에게 '바울, 같이 가!' 보드게임 규칙을 설명한다.
3. 진행교사는 어린이들을 네 개의 팀으로 나눠 앉게 한다.
4. 진행보조교사는 부서실 중앙에 '바울, 같이 가!' 보드판을 놓고, 보드판 가운데에 '교회 세우기 미션카드', '선교지 탐방 미션카드', '면제카드'를 놓는다.
5. 진행교사는 가위바위보로 '바울, 같이 가!'의 순서를 정한다.
6. 진행교사는 각 팀의 대표어린이에게 '선교사 어린이 말'을 나누어준다.
7. 진행교사는 각 팀원들의 주사위 던지기 순서를 정한다.

'바울, 같이 가!' 게임 진행

1. 첫 번째 팀부터 주사위를 던져서 게임을 시작한다. 게임 진행 방법은 일반적인 보드게임과 같으니 교사들은 가능한 한 어린이들이 스스로 게임을 진행할 수 있도록 하고 교사들도 게임에 함께 참여한다.
2. 바울의 선교여행의 한 시대에 해당되는 네 개의 지역에 교회를 세워서 '선교여행 빙고'를 먼저 한

팀이 승리한다.

정리

1. 진행교사는 이긴 팀을 시상하고, 게임을 마무리한다.
2. 교역자 혹은 지도자가 프로그램이 의미를 나눈 뒤 기도로 마무리한다.

학습자가 알아야 할 규칙

1. 출발 칸
   1) 게임을 시작하는 칸이다.
   2) 어린이는 게임을 시작할 때, 이 칸에서 가위바위보를 통해 게임순서를 정한다.
   3) 각 팀에서 순서에 따라 출발 칸에서 주사위를 던져 주사위에 나온 수만큼 각 팀의 말을 이동한다.
   4) 각 팀의 말이 다시 출발 칸으로 돌아오더라도 선교여행 빙고를 하지 못하면 게임이 계속 진행된다.
   5) 선교여행 빙고는 바울의 4차에 걸친 선교여행(1차 전도여행, 2차 전도여행, 3차 전도여행, 4차 전도여행) 중에서 한 개의 선교여행에 해당되는 선교지 4곳에 교회를 세우는 것이다. 선교여행 빙고에 대한 자세한 설명은 규칙 2번 선교지 칸을 참고한다.
2. 선교지 칸
   1) 게임 중에 이 칸에 멈추면 교회를 세울 수 있다.
   2) 교회를 세우기 위해서는 '교회 세우기 미션카드'를 뽑아야 한다. 교회를 세우지 않을 팀은 '교회 세우기 미션카드'를 뽑지 않아도 된다.
   3) '교회 세우기 미션카드'에서 제시하는 미션을 수행한 팀이 해당 선교지 칸에 교회를 세운다.
   4) 이미 교회가 세워진 선교지에 도착한 어린이는 '선교지 탐방 미션카드'를 뽑는다.
   5) '선교지 탐방 미션카드'의 미션을 수행한 팀은 이미 교회가 세워져 있는 선교지에도 또 교회를 세울 수 있다.
   6) 각 선교지는 색깔에 따라 구분된다. 파란색 선교지 칸은 1차 전도여행의 선교지, 초록색 선교지 칸은 2차 전도여행의 선교지, 노란색 선교지 칸은 3차 전도여행의 선교지, 분홍색 선교지 칸은 4차 전도여행의 선교지이다.
   7) 같은 색깔을 가진 선교지 네 곳에 교회를 세우면 '선교여행 빙고'를 외친다.
   8) 가장 먼저 선교여행 빙고를 완성한 팀이 승리한다.

9) 선교여행 빙고가 나오면 게임을 종료한다.

3. 선교보고 칸

1) 게임 중에 이 칸에 멈추면 게임자가 원하는 선교지로 이동할 수 있다.

2) 자신이 원하는 선교지로 이동하기 위해서는 그 선교지에 해당되는 선교여행의 선교보고를 해야 한다.

3) 선교보고는 진행교사가 '하나 둘 셋'을 외칠 때, 팀 전체 어린이들이 가고 싶은 선교지가 해당되는 선교여행을 순서대로 외우는 것이다. 예를 들어서 1차 전도여행의 선교지인 다메섹에 가고 싶다면, 교사가 '하나 둘 셋'을 외칠 때에 한 목소리로 '다메섹, 안디옥, 구브로섬, 루스드라'라고 외쳐야 한다.

4) 한 목소리로 선교보고를 마친 팀은 선교보고 칸에서 주사위를 던지지 않고 팀이 원하는 선교지로 이동한다.

4. 서신서 칸

1) 게임 중에 이 칸에 멈추면 면제카드를 받을 수 있다.

2) 면제카드는 선교지에 도착해서 '교회 세우기 미션카드'의 미션을 수행하지 않아도 교회를 세울 수 있는 카드이다.

3) 면제카드를 획득하기 위해서는 진행교사가 1분 동안 바울의 서신서(로마서, 고린도전서, 고린도후서, 갈라디아서, 에베소서, 빌립보서, 골로새서, 데살로니가전서, 데살로니가후서, 디모데전서, 디모데후서, 디도서, 빌레몬서)가 적힌 '서신서 목록표'를 보여주면, 팀 어린이가 서신목록표를 보지 않고 릴레이로 5개의 서신서를 5초 안에 외쳐야 한다.(시간 조절가능)

4) 면제카드를 획득한 팀은 선교지 칸에서 '교회 세우기 미션카드'를 열어보기 전에 카드 사용여부를 결정해야 하며, 1회만 사용할 수 있다.

5. 감옥 칸

1) 게임 중에 이 칸에 멈춘 팀은 2회 동안 이동이 불가능하다.

2) 감옥에서 팀 순서가 왔을 때에 각 팀에서 대표어린이가 주사위를 두 번 던진다.

3) 주사위를 두 번 던졌을 때, 같은 수가 나오면 팀 순서가 다시 왔을 때에 이동할 수 있게 된다.

6. 교회 세우기 미션카드

1) '교회 세우기 미션카드'는 교회가 세워져 있지 않은 선교지 칸에 도착한 팀이 거기에 교회를 세우기 원할 때에 뽑는다.

2) 각 팀에서 주사위를 던진 어린이가 뒤집어져 있는 '교회 세우기 미션카드' 중에서 하나를 무작위로 뽑는다.

3) 카드를 뽑은 어린이는 자신이 뽑은 카드의 내용을 큰 목소리로 읽는다.

4) 전체 팀은 미션카드의 내용에 따라 미션을 수행해야 하며 미션을 완수한 팀은 선교지에 교회를

세울 수 있다. 팀 이름을 적은 미니교회를 해당 칸에 놓으면 교회를 세운 것이다.

7. 선교지 탐방 미션카드

　　1) '선교지 탐방 미션카드'는 교회가 세워져 있는 선교지 칸에 도착한 팀이 교회를 세우기 원할 때에 뽑는다.

　　2) 각 팀에서 주사위를 던진 어린이가 뒤집어져 있는 '선교지 탐방 미션카드' 중에서 하나를 무작위로 뽑는다.

　　3) 카드를 뽑은 어린이는 자신이 뽑은 카드의 내용을 큰 목소리로 읽는다.

　　4) 전체 팀은 미션카드의 내용에 따라 미션을 수행해야 하며 미션을 완수한 팀은 선교지에 교회를 세울 수 있다. 팀 이름을 적은 미니교회를 해당 칸에 놓으면 교회를 세운 것이다.

 ## 진행안

프로그램 2주 전: 프로그램 설명

1. 여러분, 어린이교회에서 2주 후에 '바울, 같이가!' 보드게임을 네팀으로 나누어서 팀별 대항전으로 함께하게 될 거예요. 이 프로그램을 통해 사도 바울 선생님의 생애를 함께 배우고 재밌는 게임을 하기도 할 텐데요. '바울, 같이 가!' 프로그램을 하기 전에 2주 동안 우리 친구들이 함께 팀별로 해야 할 것이 있어요. 바로 바울 선생님의 생애를 함께 읽는 거예요. 2주 동안 사도행전 9장부터 28장까지에 나온 바울 선생님의 생애를 함께 읽을 거예요. 사도행전을 모두 읽은 팀은 2주 후에 진행될 '바울, 같이 가!'에 즐겁게 참여할 수 있고, 보드게임에서 승리할 수 있을 거예요. 지금 여러분에게 나누어주는 성경읽기표를 팀별로 함께 체크하면서 읽어보아요.

'바울, 같이 가!' 보드게임 준비

1. 오늘 여러분과 함께하게 될 바울 선생님에 대해서 들어본 적이 있나요? 바울 선생님은 성경 13권의 기자이며, 많은 이방인들에게 예수님을 전하고 많은 교회를 세운 사도예요. 그런데 예수님의 이름으로 많은 능력을 행하고 그 이름을 전했던 바울 선생님이 처음부터 예수님을 믿었던 것은 아니었어요. 바울 선생님은 다메섹으로 가는 길에서 예수님을 만나기 전까지는 예수님을 믿는 사람들을 괴롭히고 잡아서 감옥에 가두는 일을 하는 사람이었어요. 그런데 다메섹 도상에서 예수님을 만난 후 회심하고 예수님을 전하기 시작했어요. 그리고 평생을 오직 예수님을 전하는 일에만 전념하여서 살았어요. 이렇게 예수님을 전하는 일에 자신의 힘과 열정을 쏟았던 바울 선생님의 생애를 따라 함께 '바울, 같이 가!' 프로그램을 해보려고 해요.

'바울, 같이 가!' 보드게임 진행

2. '바울, 같이 가!' 프로그램은 앞에 보이는 보드판을 따라서 진행되어요. 주사위를 던져서 각 반의 말을 움직일 수 있어요. 그리고 마블 칸은 출발 칸, 선교지 칸, 선교보고 칸, 서신서 칸, 감옥 칸으로 이루어져 있어요.

선교지 칸은 네 가지 색깔로 이루어져 있는데, 파란색 선교지 칸은 1차 전도여행의 선교지, 초록색 선교지 칸은 2차 전도여행의 선교지, 노란색 선교지 칸은 3차 전도여행의 선교지, 보라색 선교지 칸은 4차 전도여행의 선교지예요. 같은 색깔을 가진 선교지 네 곳에 교회를 세우면 선교여행 빙고가 되는 거예요. 먼저 같은 색깔을 가진 선교지 네 곳에 교회를 세운 팀은 팀 전체가 한 목소리로 '선교여행 빙고'라고 외쳐야 해요. 그런데 주사위를 던져서 선교지에 도착만 하면 교회를 세울 수 있는 것이 아니에요. 각 선교지 칸에 도착해서 교회를 세우려면 '교회 세우기 미션카드'의 미션을 수행해야 해요. 그리고 교회가 이미 세워져 있는 선교지에 교회를 세우기 원하는 팀은 '선교지 탐방 미션카드'를 뽑아서 미션을 수행해야 해요. 선교지 칸은 각 팀에서 가기 원하는 선교지로 이동할 수 있는 칸이에요. 이 칸에 도착해서 가기 원하는 선교지와 같은 색깔, 즉 같은 시대의 선교여행지를 순서대로 이야기하면 그곳에 갈 수 있어요. 단, 진행교사가 '하나 둘 셋'을 외칠 때에 팀 어린이가 한 목소리로 같은 시대의 선교여행지를 순서대로 이야기해야 해요.

선교보고 칸은 선교지 칸에 가서 '교회 세우기 미션카드'의 미션을 수행하지 않고도 교회를 세울 수 있게 돕는 면제카드를 받을 수 있는 칸이에요. 이 칸에 도착해서 바울의 서신서 13개 중 5개를 5초 안에 대답하면 면제카드를 받을 수 있어요. 면제카드는 한 번만 사용할 수 있으며 '교회 세우기 미션카드'를 열어보기 전에 '면제카드'라고 외친 다음 사용할 수 있어요.

감옥 칸은 2회 동안 게임에 참여할 수 없는 곳이에요. 다만 팀에 순서가 왔을 때에 대표 어린이가 주사위를 두 번 던져서 같은 수가 나오면 다음 회에 바로 게임에 참여할 수 있어요. 이렇게 다섯 개의 칸을 지나서 먼저 '선교여행 빙고'를 외치기까지 '바울, 같이 가!' 프로그램이 진행될 거예요. 이 프로그램을 통해서 우리 친구들이 바울 선생님의 생애를 함께 배우는 유익한 시간이 되길 기대해요.

 우리 교회 활용PLUS

우리 교회 클래스는 저학년 어린이들이 많아서 한 주 전에 미리 퀴즈를 푼 다음에 보드게임을 했어요.

신앙 warming-Up

10

어린이교회

사도신경 미술관

사도신경은 오랜 세월을 걸쳐 지금에 이르기까지 그리스도인 공통의 신앙고백입니다. 주일 예배시간에 우리도 한 목소리로 사도신경을 읊음으로써 우리의 신앙을 고백합니다. '사도신경 미술관'은 어린이들이 그동안 고백해 온 사도신경의 한 구절 한 구절을 살펴보고, 묵상한 후, 그림으로 표현해 보는 프로그램입니다. 그리고 각자 그린 사도신경 그림을 한데 모아 우리교회만의 그림 사도신경을 만들어 믿음을 고백할 것입니다. 어린이들이 사도신경을 통해 선조들과 동일한 신앙고백을 함으로 공동체정신을 느끼게 되기를 바랍니다.

진행시간	장소	성격	규모	방법
80분	부서실	단속	중,소그룹	미술

연관 주제어

섬김마루 · 공동체 정신 · 신앙고백 · 그리스도인 · 교회

🔩 목표

1. 어린이가 사도신경의 역사와 의미를 인식한다.
2. 어린이가 사도신경이 그리스도인의 하나된 신앙고백임을 느낀다.
3. 어린이가 사도신경을 묵상하고 그리스도인의 하나된 신앙을 고백한다.

🔩 준비물

ibcm.kr 제공 자료 – 프로그램 포스터, 활동지(고학년/저학년)

별도 준비 자료 – 사도신경문, 그리기 재료(크레파스, 물감, 물통, 붓 등), 코팅기 및 코팅지

🔩 자료보기

1. 프로그램 포스터 ☐

2. 활동지(저학년/고학년) ☐

프로그램 자료 찾으러 가기!

www.ibcm.kr 홈페이지 접속 ➡ 홈 상단의 BCM Program Class 클릭 ➡ 왼쪽 메뉴 바 '어린이교회 PC' 클릭 ➡ Chapter2. 신앙 Warming–Up의 '사도신경 미술관' 자료 다운

준비과정 및 점검

자료준비

프로그램 2주 전

1. ☐ 진행교사는 홈페이지에서 '프로그램 포스터'를 다운받아 출력한 뒤, 게시한다.

프로그램 1주 전

1. ☐ 진행교사는 홈페이지에서 '활동지(고학년/저학년)'를 다운받아 어린이 수만큼 복사한다.

진행준비

프로그램 1주 전

1. ☐ 진행교사는 진행 순서와 진행안의 내용을 숙지 및 숙달한다.

 ### 한눈에 보는 프로그램 진행

프로그램 설명 ➡ 사도신경 그리기 ➡ 정리: 기도 및 완성된 그림 전시

진행순서		선포주제	진행장소	소요시간
코너	제목			
프로그램설명		프로그램의 의미, 내용, 방법을 나누기	예배실	10분
조별코너	사도신경 그리기	사도신경 고백문장을 그리고 그림을 합치기	반별 장소	40분
정리	발표 및 게시	조별로 그린 그림을 설명, 발표하고 게시하기	예배실	30분

진행순서

프로그램 설명

1. 진행교사는 간단하게 사도신경에 대해 설명한다.
2. 기도로 프로그램을 시작한다.

사도신경 그리기

1. 반 교사는 어린이들에게 사도신경문을 한 장씩 나눠주고 각 고백문장 가운데 그릴 장면을 하나씩

정하게 한다.

2. 어린이들에게 활동지를 하나씩 나누어 준 후, 그곳에 그림을 그릴 수 있도록 한다.

3. 어린이들이 주어진 사도신경 구절에 맞게 활동지에 그림을 그릴 수 있도록 지도한다.

4. 어린이의 그림이 완성되면 코팅을 해준다(코팅기가 없으면 그대로 진행해도 무방하다).

5. 반교사는 어린이들이 그린 그림을 사도신경의 순서대로 배열하고 각자의 그림이 의미하는 고백 문장을 외우도록 한다.

정리

1. 한 그룹씩 나와 각자 그린 그림을 모두에게 보여주고 어떤 의미를 담아 그림을 그렸는지 간단하게 설명한다.

2. 어린이의 그림소개가 모두 끝나면 그림을 하나로 합쳐 보관한다.

3. 진행교사는 어린이들과 함께 사도신경을 큰 목소리로 읽고, 함께 기도한다. 사도신경의 신앙고백이 우리의 진실한 고백이 될 수 있도록, 사도신경의 믿음대로 살아갈 수 있도록 기도한 후 활동을 마친다.

4. 교사는 어린이들의 완성된 그림을 이어 붙여서 교회 복도나 예배실 안에 게시한다.

진행안

프로그램 설명

1. 여러분은 사도신경이 무엇인지 알고 있나요? 맞아요. 사도신경은 우리가 예배 중에 한 목소리로 하나님께 우리의 믿음을 고백하는 고백문이에요. 이 사도신경은 오래전 그리스도인들이 세례를 받기 전에 세례응답을 통해 자신의 믿음을 고백했던 고백문인데요, 시간이 지나면서 우리의 신앙에 맞게 조금씩 조정되면서 지금의 사도신경이 생겨나게 되었다고 해요. 이처럼 사도신경은 교회에 다니는 우리 모두가 그리고 예수님을 믿는 모든 사람들이 동일하게 고백할 수 있는 신앙고백이에요. 그래서 우리는 이 믿음의 고백을 잊지 않기 위해서 예배시간마다 하나님께 사도신경으로 믿음을 고백하는 거예요. 그리고 우리 모두가 동일한 믿음을 가진 사람들이라는 것을 다시 한 번 기억하는 것이에요. 우리는 이 사도신경을 통해 고백한 믿음대로 사는 사람들이라는 것을 기억해야 해요. 우리는 예배시간에 한 목소리로 우리의 믿음을 하나님 앞에서 고백하고, 그 믿음대로 살기 위해 노력하는 사람들이에요. 그리고 나와 함께 예배드리는 모든 선생님과 친구들은 그 믿음대로 살아가는 삶을 함께해주고 도와주는 사람들이지요. 이제 우리는 사도신경 한 구절 한 구절을 나눠 읽어보고, 하나님께 함께 기도하는 시간을 가질 거예요. 그리고 소그룹으로 나눠서 사도

신경의 구절들을 그림으로 표현해 볼 거예요. 여러분이 한 구절씩 나눠 그린 사도신경이 하나가 되었을 때 완벽한 사도신경이 되고 우리의 신앙고백이 된다는 것을 잊지 마시고, 사도신경의 의미를 되새겨보면서 그림을 그려보도록 해요.

정리

2. 자, 이렇게 우리는 우리들의 믿음의 고백인 사도신경을 한 구절, 한 구절 그림으로 그렸습니다. 모두 다른 부분의 구절을 그림으로 표현했지만 우리 모두가 나눠 그린 이 그림이 바로 우리의 믿음의 고백입니다. 자, 이제 우리가 그린 그림을 하나로 붙여 하나의 큰 그림으로 완성해 볼까요?

 ## 우리 교회 활용PLUS

우리 교회 클래스는 '활동지'를 O.H.P. 필름에 복사해서 매직으로 색칠했어요.

MEMO

신앙 warming-Up

11
어린이교회

나는야, QT탐정

지금 마리아가 아주 비싼 향유를 깨버린 사건이 발생했습니다! 도대체 무슨 일이 일어난 것일까요? 우리 어린이들이 QT탐정이 되어 사건현장에 달려가 무슨 일이 일어났는지 알아봅시다!

'나는야, QT탐정'은 어린이들이 직접 탐정이 되어 성경말씀을 탐구하고 알아보는 색다른 QT(말씀묵상) 프로그램입니다. 탐정이 된 어린이들은 성경의 사건을 조사하고, 성경말씀을 자신에게 적용하면서 흥미진진한 하나님의 말씀을 깨달아 가게 될 것 입니다.

진행시간	장소	성격	규모	방법
70분	부서실	단속	중,대그룹	학습

연관 주제어: 믿음마루, 응답, Q.T, 성경, 예수님

⚙ 목표

1. 어린이가 성경을 묵상하고 다양한 성경의 사건들을 인식한다.
2. 어린이가 하나님께서 말씀하신 것을 깨닫는다.
3. 어린이가 묵상한 말씀대로 살아가는 영적 습관을 기른다.

⚙ 준비물

ibcm.kr 제공 자료 – 포스터, QT탐정 명찰, QT탐정 신청서, QT탐정 기록파일(QT작성지)
별도 준비 자료 – 펜, 연필, 색연필, 크레파스, 끈 명찰(어린이 수만큼), 성경책

⚙ 자료보기

1. 포스터 ☐

2. QT탐정 명찰 ☐

3. QT탐정 신청서 ☐

4. QT탐정기록파일 ☐

www.ibcm.kr 찾아가는 길!

www.ibcm.kr 홈페이지 접속 ➡ 홈 상단의 BCM Program Class 클릭 ➡ 왼쪽 메뉴 바 '어린이교회 PC' 클릭 ➡ Chapter2. 신앙 Warming-Up의 '나는야, QT탐정' 자료 다운

준비과정 및 점검

자료준비

프로그램 3주 전

1. ☐ 진행교사는 홈페이지에서 '포스터'를 다운받아 출력한 뒤, 게시한다.
2. ☐ 진행교사는 홈페이지에서 'QT탐정 신청서'를 다운받아 어린이 수만큼 복사한다.
3. ☐ 진행교사는 홈페이지에서 'QT탐정 기록파일'을 다운받아 어린이 수만큼 복사한다.
4. ☐ 진행교사는 홈페이지에서 'QT탐정 명찰'을 다운받아 어린이 수만큼 복사해서 끈명찰에 끼워 놓는다.

진행준비

프로그램 2주 전

1. ☐ 진행교사는 어린이들에게 'QT탐정 신청서'를 배부하여 신청자를 모집한다.
2. ☐ 진행교사는 마리아가 향유를 깨뜨린 사건(막 14:3-9, 혹은 마 26:6-13)을 미리 묵상하고 준비한다.

프로그램 1주 전

1. ☐ 진행교사는 1주 전까지 신청서를 받아서 참가자 명단을 정리한다. 신청서에 기재된 연락처로 어린이들에게 한 주 전 혹은 하루 전에 심방전화와 문자로 모임 장소와 시간을 알린다. 장소와 시간은 교회 사정에 따라 교사가 정한다.
2. ☐ 진행교사는 신청한 어린이들에게 성경책을 지참할 것을 알린다.

한눈에 보는 프로그램 진행

프로그램 설명 ➡ 찬양과 말씀묵상(공동) ➡ QT탐정 묵상(개인) ➡ 정리: 묵상 나눔과 결단 및 교제

진행순서		선포주제	진행장소	소요시간
코너	제목			
프로그램설명		프로그램의 의미, 내용, 방법을 나누기	예배실	10분
코너1-1	찬양과 말씀묵상	함께 찬양을 하고 옥합사건을 읽기	예배실	20분
코너1-2	묵상과 소그룹 나눔	개인적으로 묵상하고, 말씀을 함께 나누기	소그룹실	20분
정리	발표와 교제	소그룹별로 정리한 사건목록을 발표하고 교제하기	예배실	20분

 **진행순서**

프로그램 설명

1. 진행교사는 교회에 오는 어린이들에게 준비한 QT탐정 명찰을 걸어주고, QT장소로 입장시킨다.
2. 어린이들에게 말씀 묵상의 중요성과 오늘 프로그램에 대해 설명한다.
3. 기도로 프로그램을 시작한다.

찬양과 말씀읽기

1. 진행교사는 먼저 어린이들과 신나는 찬양의 시간을 갖는다.
2. 진행교사는 미리 선정한 성경의 한 사건, 마리아가 옥합을 깨뜨린 사건의 개요를 설명하고, 막 14장 3-9절의 말씀에 나온 사건을 함께 읽는다.

QT탐정 묵상과 소그룹 나눔

1. 진행교사는 어린이들에게 각자 조용한 위치로 가서 말씀을 읽고 묵상하도록 한다.
2. 그리고 나눠준 기록파일들을 개인적으로 작성하도록 한다.
3. 어린이들은 제시된 방법대로 QT를 진행하고, 개인의 QT를 다 마치면 소그룹으로 모여 자신이 쓴 것을 나눈다.

정리

1. 소그룹 나눔을 마치고 나면 그룹별로 QT탐정 기록파일을 발표하도록 한다.
2. 진행교사의 마무리 기도로 마친 후 함께 간식을 나눈다.

 진행안

프로그램 설명

2. 여러분, 하나님이 우리에게 아주 긴 편지를 남기셨어요. 그 편지에는 하나님이 우리에게 하고 싶어 하시는 모든 이야기들이 적혀 있어요. 그것이 바로 '성경'이에요! 그래서 이번 달에는 우리가 탐정이 되어서 성경을 읽으면서 하나님의 뜻을 알아가는 시간을 가질 거예요. 성경 말씀을 통해서 하나님께서 우리에게 어떤 말씀을 하시는지 기도하며 깨달아가길 바라요. 그리고 마치 탐정이 사건을 해결해 가는 것처럼, 우리도 하나님께서 우리에게 주신 말씀들을 실천하고 행동하기를 바라요! 그럼, 탐정이 되어 하나님의 말씀 속으로 들어가 볼까요?

우리 교회 활용PLUS

우리 교회 클래스는 사순절 기간에 말씀 묵상학교로 진행했어요.

MEMO

기도박람회

우리 믿음의 선조들은 성서와 전통 아래 다양한 방법과 내용으로 하나님께 기도드렸습니다. 지금도 우리는 그 기도의 모습을 따라 하나님께 기도하고 있습니다. '기도박람회'는 신앙의 전통 안에 있는 다양한 기도에 대해 알아보고 함께 경험해보는 프로그램입니다. 이 프로그램을 통해 어린이들은 성서의 전통 안에 있는 기도의 의미를 더욱 분명히 알고 다양한 기도를 경험할 수 있게 될 것입니다.

진행시간	장소	성격	규모	방법
80분	부서실	지속	대그룹	코너

연관 주제어

사랑마루 · 활성 · 기도 · 신앙 · 전통

⚙ 목표

1. 어린이가 성서와 신앙 전통에 근거한 다양한 기도방법을 안다.
2. 어린이가 하나님과 대화하는 기도의 중요성을 느낀다.
3. 어린이가 여러 가지 방법으로 하나님께 기도하기를 실천한다.

⚙ 준비물

ibcm.kr 제공 자료 – 홍보 포스터, 기도박람회 팸플릿

별도 준비 자료 – 볼펜, 간식(식사/금식기도), 음향기기(묵상/회개기도), 쓰레기통(회개기도),
　　　　　　　　　동물도장(5-6개), 스탬프(패드잉크)

⚙ 자료보기

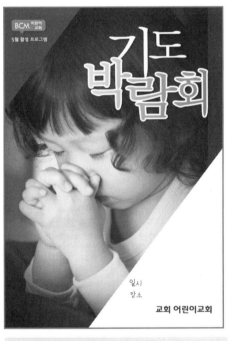

1. 홍보 포스터 ☐

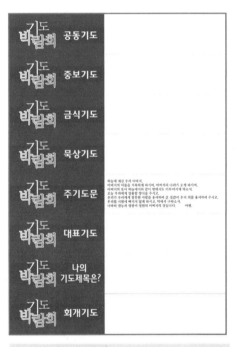

2. 기도박람회 팸플릿 ☐

www.ibcm.kr 찾아가는 길!

www.ibcm.kr 홈페이지 접속 ➡ 홈 상단의 BCM Program Class 클릭 ➡ 왼쪽 메뉴 바 어린이교회 PC' 클릭 ➡ Chapter2. 신앙 Warming-Up의 '기도박람회' 자료 다운

준비과정 및 점검

자료준비

프로그램 2주 전

1. ☐ 진행교사는 홈페이지에서 '포스터'를 다운받아 출력한 뒤, 게시한다.
2. ☐ 진행교사는 홈페이지에서 '기도박람회 팸플릿'을 다운받아 어린이 수보다 조금 많게 준비한다.
3. ☐ 진행교사는 각 코너별 확인도장으로 쓸 동물도장과 스탬프를 준비한다.

진행준비

프로그램 3주 전

1. ☐ 교사회의에서 기도박람회 코스 담당교사를 정한다.
2. ☐ 코스 담당교사는 담당 코스의 내용을 숙지 및 숙달한다.

 한눈에 보는 프로그램 진행

프로그램 설명 ➡ 1주차: 공동기도, 중보기도, 식사기도, 금식기도 ➡ 2주차 : 통성기도, 묵상기도, 회개기도, 주기도문, 대표기도 ➡ 정리

진행순서			내용	진행장소	소요시간
주차	제목				
프로그램설명			프로그램의 의미, 내용, 방법을 나누기	예배실	10분
1주차	1코너	공동	공동기도의 필요성에 대해 설명을 듣고 활동지에 작성하기	코너장소	15분
	2코너	중보	중보기도의 필요성에 대해 설명을 듣고 활동지에 작성하기	코너장소	15분
	3코너	식사	식사기도의 필요성에 대해 설명을 듣고 활동지에 작성하기	코너장소	15분
	4코너	금식	금식기도의 필요성에 대해 설명을 듣고 활동지에 작성하기	코너장소	15분
2주차	1코너	통성	통성기도의 필요성에 대해 설명을 듣고 활동지에 작성하기	코너장소	15분
	2코너	묵상	묵상기도의 필요성에 대해 설명을 듣고 활동지에 작성하기	코너장소	15분
	3코너	회개	회개기도의 필요성에 대해 설명을 듣고 활동지에 작성하기	코너장소	15분
	4코너	주기도	주기도문의 의미에 대해 설명을 듣고 활동지에 작성하기	코너장소	15분
	5코너	대표	대표기도의 필요성에 대해 설명을 듣고 활동지에 작성하기	코너장소	15분
정리			기도의 의미에 대해 정리하고 기도로 마치기	예배실	10분

 **진행순서**

기도박람회 설명

1. 진행교사는 어린이들에게 프로그램을 설명한다. 이때 조용한 배경음악을 사용해서 분위기를 조성한다.
2. 진행교사는 어린이들에게 '기도박람회 팸플릿'을 나눠준 후, 사용방법을 설명한다. '기도박람회 팸플릿'은 프로그램을 진행하는 동안 기도내용을 적거나, 코스에 참가했다는 표시를 할 수 있다.
3. 진행교사는 기도박람회가 진행되는 동안 '기도박람회 팸플릿'에 적은 기도제목들을 매일 기도하고 점검할 것을 설명한다.
4. 진행교사는 개별 어린이들이 각 프로그램에 직접 방문하여 진행하는 코스 프로그램의 형식으로 운영한다. 혹은 대그룹활동으로 어린이들은 고정된 자리에 앉아 있고, 담당교사들이 차례로 나와 순차적으로 진행할 수도 있다. 소그룹 코스 프로그램으로 진행할 경우, 한 코스 당 10~15분 정도로 운영한다.
5. 진행교사는 개별 어린이들이 방문하고 프로그램에 참여하여 다시 떠나는 시간을 정하는 등 타임키퍼 역할을 할 수 있도록 한다.
6. 코너마다 별도의 동물 도장을 만들어 두었다가 코너를 마친 어린이의 팸플릿에 찍어준다. 프로그램을 마칠 때 도장을 모두 받은 어린이들에게 상을 주도록 한다.

1주차: 공동기도, 중보기도, 식사기도, 금식기도

1코너: 공동기도

1. 공동기도 담당교사는 공동기도에 대해 설명한다.
2. 공동기도 담당교사는 어린이들이 '기도박람회 팸플릿'에 한 줄 기도를 작성하게 한다.
3. 공동기도 담당교사는 어린이들이 작성한 한 줄 기도문을 돌아가면서 읽어 기도하게 하고 마지막에 "예수님 이름으로 기도드렸습니다. 아멘"하고 마친다.
4. 팸플릿에 동물 도장을 찍어 준다.

2코너: 중보기도

1. 중보기도 담당교사는 공동기도에 대해 설명한다.
2. 중보기도 담당교사는 어린이들이 2명씩 또는 3명씩 짝을 이루어 앉게 한다.
3. 중보기도 담당교사는 어린이들이 서로의 기도제목을 물어본 후 '기도박람회 팸플릿'에 적게 한다.
4. 중보기도 담당교사는 어린이들이 서로 나누고 적은 기도제목을 가지고 손을 잡고 함께 기도하게 한다.

5. 기도를 마치면 중보기도 담당교사가 어린이 모두를 위해 중보기도를 하고 순서를 마친다.
6. 팸플릿에 동물 도장을 찍어 준다.

3코너: 식사기도

1. 식사기도 담당교사는 간식을 준비한다.
2. 식사기도 담당교사는 어린이들에게 식사기도에 대해 설명한다.
3. 식사기도 담당교사는 어린이들과 함께 천천히 '날마다 우리에게' 찬양을 부른다.
4. 식사기도 담당교사는 어린이들이 돌아가면서 식사기도를 하게 한다.
5. 식사기도 담당교사는 어린이들에게 간식을 나눠주고 먹게 한다.
6. 팸플릿에 동물 도장을 찍어 준다.

4코너: 금식기도

1. 금식기도 담당교사는 금식기도를 진행하는 장소에 중간 중간 음식을 비치해 둔다.
2. 금식기도 담당교사는 어린이들에게 이곳은 금식기도를 체험하는 곳이므로 음식을 볼 수는 있지만 먹을 수는 없다고 말한다.
3. 금식기도 담당교사는 어린이들에게 금식기도에 대해 설명한다.
4. 금식기도 담당교사는 어린이들이 '기도박람회 팸플릿'에 금식기도를 실천할 날짜와 시간을 정해서 적도록 한다.
5. 금식기도 담당교사는 어린이들에게 금식기도는 단순히 식사를 굶는 것이 아니라 식사시간에 기도하는 것이라고 설명한다.
6. 금식기도 담당교사는 어린이들에게 주중에 금식기도를 실천하고 '기도박람회 팸플릿'에 표시하라고 한다.
7. 금식기도 담당교사는 어린이들이 금식기도를 잘 실천할 수 있도록 함께 기도하고 마친다.
8. 팸플릿에 동물 도장을 찍어 준다.

2주차: 통성기도, 묵상기도, 회개기도, 주기도문, 대표기도

1코너: 통성기도

1. 통성기도 담당교사는 어린이들에게 통성기도에 대해 설명한다.
2. 통성기도 담당교사는 어린이들과 함께 '예수님!'을 크게 세 번 외친다.
3. 통성기도 담당교사는 어린이들이 부끄러워 큰소리로 예수님을 외치지 못하더라도 강압적으로 요구하지 말고, 자연스럽게 '예수님'을 불러보도록 돕는다.
4. 통성기도 담당교사는 어린이들과 함께 다시 한 번 '예수님'을 크게 세 번 외치고 마친다.

5. 통성기도 담당교사는 상황에 따라 어린이들과 함께 실제로 목소리를 크게 내어서 통성기도를 해 보는 것도 좋다.
6. 팸플릿에 동물 도장을 찍어 준다.

2코너: 묵상기도

1. 묵상기도 담당교사는 어린이들에게 묵상기도에 대해 설명한다.
2. 묵상기도 담당교사는 조용한 음악을 틀고 조명을 어둡게 한 뒤, 작은 목소리로 성경말씀을 읽는다.
3. 묵상기도 담당교사는 어린이들이 조용히 기도할 수 있도록 주위를 정리한 뒤, 1~3분 정도 어린이들이 묵상기도를 할 수 있도록 돕는다.
4. 묵상기도 담당교사는 묵상기도가 끝나면 어린이들이 '기도박람회 팸플릿'에 하나님께 기도한 내용을 간략하게 적게 한다. 그리고 묵상기도를 하면서 어떤 생각이 들었는지 서로 이야기한 뒤, 묵상기도 담당교사가 기도하고 마친다.
5. 팸플릿에 동물 도장을 찍어 준다.

3코너: 회개기도

1. 회개기도 담당교사는 어린이들에게 회개기도에 대해 설명한다.
2. 회개기도 담당교사는 '보혈' 찬양을 선정하여 어린이들과 함께 찬양한다.
3. 회개기도 담당교사는 어린이들이 '기도박람회 팸플릿'에 회개기도를 작성하게 한다.
4. 회개기도 담당교사는 어린이들이 '기도박람회 팸플릿'에 회개기도를 작성하는 동안 조용한 음악을 틀어 준다.
5. 회개기도 담당교사는 어린이들이 회개기도문을 모두 작성하면 조용히 하나님께 기도문을 읽으며 회개기도를 하게 한다.
6. 회개기도 담당교사는 어린이들에게 '기도박람회 팸플릿'의 회개기도를 적은 부분을 뜯어 내어 쓰레기통에 버리게 한다.
7. 팸플릿에 동물 도장을 찍어 준다.

4코너: 주기도문

1. 주기도문 담당교사는 PPT나 종이에 주기도문을 써서 어린이들이 볼 수 있도록 준비한다.
2. 주기도문 담당교사는 어린이들에게 주기도문에 대해 설명한다.
3. 주기도문 담당교사는 어린이들이 '기도박람회 팸플릿'에 주기도문을 적게 한다.
4. 주기도문 담당교사는 어린이들이 주기도문을 다 적으면, 다함께 큰소리로 주기도문을 읽고 마친다.
5. 팸플릿에 동물 도장을 찍어 준다.

5코너: 대표기도

1. 대표기도 담당교사는 어린이들에게 대표기도에 대해 설명한다.

2. 대표기도 담당교사는 어린이들에게 예배를 위한 기도를 '기도박람회 팸플릿'에 작성하도록 한다.

3. 대표기도 담당교사는 어린이 중 한 명에게 대표로 기도하게 하고 마친다.

4. 팸플릿에 동물 도장을 찍어 준다.

 진행안

프로그램 설명

1. 오늘 기도박람회에 오신 어린이 여러분을 환영합니다! 기도박람회에서는 믿음의 선조들이 하나님께 기도했던 다양한 방법과 내용들을 여러분에게 소개할 것입니다. 지금부터 여러분은 여러 가지기도방법들에 대해 설명을 듣고 난 뒤, 다양한 기도를 함께 체험해 보게 될 것입니다.

1주차: 공동기도, 중보기도, 식사기도, 금식기도

1코너 공동기도 '공동기도'는 우리가 드리는 예배 안에서 한 목소리로 하나님께 드리는 기도입니다. 예배 안에서 모든 사람이 다른 마음, 다른 생각을 가지고 기도할 수도 있습니다. 하지만 예배를 드리고 있는 모든 사람이 같은 기도로, 같은 마음으로 하나님께 한 목소리로 기도하는 것도 굉장히 의미 있는 것입니다. 어린이 친구들도 예배시간에 공동기도문으로 기도하는 것을 기억할 것입니다. 우리가 공동기도를 하는 이유도 하나님께 한 목소리로, 한 뜻으로 기도하기 위함입니다. 자신의 생각들을 내려놓고 하나님의 생각을 구하며, 공동체가 한 목소리를 내어 기도하는 것은 아주 중요한 일입니다.

2코너 중보기도 '중보기도'는 사도행전 12장에 잘 나타나 있습니다. 헤롯왕이 베드로를 잡아 옥에 가두고, 군사 4명씩 4패로 나누어 베드로를 지키게 했습니다. 당연히 베드로는 옥에서 꼼짝달싹할 수 없었겠지요. 그때 옥에 갇힌 베드로를 위해 예루살렘교회 성도들이 열심히 기도하기 시작했습니다. 과연 어떤 일이 일어났을까요? 천사가 베드로에게 나타나 단단히 묶여 있던 쇠사슬을 풀어줬습니다. 그리고 베드로는 천사를 따라서 무사히 옥에서 빠져나올 수 있었습니다. 잡혀간 베드로를 위해 간절히 기도했던 예루살렘교회의 기도처럼, 중보기도라는 것은 나 자신이 아닌 교회 전체, 혹은 다른 사람을 위해 간절히 기도하는 것을 말합니다. 우리는 위기에 처한 베드로를 위해 기도한 예루살렘교회처럼 다른 사람을 위해 기도해야 합니다. 나만을 위해 기도하는 것은 하나님께서 원하시는 기도가 아님니다. 하나님께서는 우리가 서로를 위해 기도하고 중보할 때, 우리 모두를 축복해 주십니다.

3코너 식사기도 여러분, 맛있는 음식을 먹기 전에 무엇을 해야 할까요? 우리가 해야 할 가장 중요한 것은 바로 하나님께 감사기도를 하는 것입니다. 세상만물을 창조하신 하나님, 맛있는 음식을 먹을 수 있게 해주신 하나님, 이 음식을 만드신 분들을 위해, 식사하기 전 하나님께 감사드리는 기도가 바로 '식사기도'입니다. 우리는 날마다 음식을 먹을 때마다 하나님께 식사기도를 드려야 합니다. 오늘 선생님이 여러분을 위해 간식을 준비했습니다. 간식을 먹기 전에 우리가 감사하는 마음으로 하나님을 찬양하고, 식사기도를 하도록 해요.

4코너 금식기도 성경에 보면 예수님께서도 광야에 나가셔서 40일 동안 금식기도를 하셨습니다. 이처럼 음식을 먹지 않고, 그만큼 간절한 마음으로 하나님께 기도드리는 것을 '금식기도'라고 합니다. 밥을 먹지 않으면 배가 많이 고픕니다. 여러분도 그렇지요? 한 끼만 먹지 않아도 배가 고픈데, 예수님께서는 40일 동안 식사를 하지 않으시고 하나님께 기도했습니다. 먹지 않는다는 것은 우리의 생명이 위태롭게 될 수 있다는 것을 말합니다. 그래서 그만큼 금식기도는 하나님께 목숨을 걸고 간절히 드리는 기도입니다. 하나님께 자신의 목숨도 드릴 만큼 순종하는 마음으로 드리는 기도입니다. 우리도 지금 이 시간에 일주일 중 한 끼를 정해서, 금식기도를 해보려고 합니다. 친구들이 정한 대로 금식하면서, "하나님, 밥을 한 끼만 먹지 않아도 나는 이렇게 배가 고픕니다. 하나님께서 지켜주시지 않으면 저는 아주 연약한 어린이입니다. 하나님께서 저를 지켜주시고, 저의 기도를 들어주세요."라고 기도했으면 좋겠습니다.

2주차: 통성기도, 묵상기도, 회개기도, 주기도문, 대표기도

1코너 통성기도 '통성기도'는 하나님께 소리 내어 기도하는 것입니다. 즉 우리 안에 있는 간절한 마음을 하나님께 소리를 내어서 기도하는 것을 말합니다. 이 중에서는 금요철야예배, 혹은 새벽기도 때에 어른들이 큰 소리로 기도하는 것을 본 어린이들이 있을 것입니다. 언뜻 보기에는 시끄럽고 이상해 보이지만, 모두 간절한 마음으로 하나님께 소리 내어 기도드리는 것입니다. 어른들은 통성기도를 시작하기 전에 큰 소리로 '주여!'를 외치기도 합니다. 하나님을 큰 소리로 부름으로써 우리의 기도가 하나님께 전달되기를 간절히 바라는 것입니다. 우리도 어른들처럼 기도를 시작하기 전에 '예수님!'을 크게 세 번 외치고 기도할 수 있습니다. 우리가 지금 통성으로 기도하기는 어려워도 어른들처럼 간절한 마음으로 예수님을 크게 외쳐볼 수는 있지 않을까요? 우리 함께 '예수님'을 크게 세 번 외쳐봅시다.

2코너 묵상기도 '묵상기도'는 크게 소리 내어 기도하는 통성기도와 달리, '하나님, 나에게 어떤 말씀을 하기 원하십니까'라는 마음으로 조용히 기도하는 것을 말합니다. 하나님과 우리 사이에 우리의 말만 하고 하나님의 말씀을 듣지 않는다면 올바른 대화라고 할 수 없습니다. 우리는 하나님이 나에게 하시는 말씀을 들어야 합니다. 그런데 하나님께서는 쩌렁쩌렁한 목소리로 말씀하시기 보다는 성경책을 통해서, 또 목사님과 전도사님의 말씀을 통해서, 선생님과 하는 성경공부를 통해서 더 많이 말씀하십니다. 지금 말씀 한 절을 읽고 조용히 눈을 감고 기도할 것입니다. 하나님께서 말씀을 통해 나에게 어떤 말씀을 하시는지 가만히 귀 기울여 보는 시간을 가져봅시다.

3코너 회개기도 시편 51편은 다윗이 하나님께 아주 큰 죄를 지은 후에 하나님께 용서를 구한 내용입니다. 다윗은 자신의 죄를 뉘우치고 하나님께 자신의 죄를 고백하며 용서를 구했습니다. 하나님께서는 진심으로 용서를 구한 회개기도를 들으시고 다윗의 죄를 용서해 주셨습니다. 이처럼 자신의 죄에 대해 하나님께 용서를 구하는 기도가 바로 '회개기도'입니다. 어린이 여러분도 하나님께 죄를 지은 적이 있지요? 우리는 친구와 싸우거나 나쁜 말을 한 것만 죄라고 생각합니다. 그런데 더 정확히 하면서 하나님께서 싫어하시는 모든 생각이나 행동들이 모두 '죄'입니다. 그리고 하나님보다 다른 것을 더 사랑하는 것도 죄입니다. 하나님께서 싫어하시는 것과 사랑하시는 것은 성경을 통해서 자세히 알 수 있습니다. 혹시 여러분, 하나님께서는 모든 것을 아시고 모든 것을 보시는 분인데 '하나님께서 안 보시겠지?' 하며 지은 잘못이 있나요? 지금 이 시간에는 우리의 마음 깊은 곳까지 다 아시는 하나님께 다윗처럼 회개기도를 해보는 시간을 가져봅시다.

4코너 주기도문 우리는 하나님께 어떤 말들과, 어떤 내용으로 기도해야 할까요? 예수님께서는 우리가 어떻게 기도해야 하는지 잘 모르는 것을 아시고, 우리에게 기도하는 방법을 가르쳐 주셨어요. 그것이 바로 '주기도문'입니다. 우리는 주기도문이 단지 예배시간을 마칠 때 하는 기도라고 생각하지만, 사실은 예수님께서 가르쳐주신, 가장 올바른 기도가 바로 '주기도문'인 것입니다. 그래서 우리는 매 예배시간에 예수님께서 가르쳐주신 주기도문으로 하나님께 기도드리는 것입니다. 여러분은 주기도문을 다 외우고 있나요? 우리는 대부분 주기도문을 아주 잘 외우고 있지만 아주 작은 부분들을 틀리기도 해요. 가능하면 예수님께서 가르쳐주신 기도를 아주 정확하게 외우는 것이 좋아요. 그래서 이번 시간에는 예수님께서 가르쳐주신 기도를 '기도박람회 팸플릿'에 잘 적어 볼 거예요. 외우고 있는 친구는 외워서 적어도 좋고 그렇지 못한 친구는 주기도문을 보면서 써보세요. 다시 한 번 예수님께서 가르쳐주신 기도를 소중히 내 마음속에 새기는 시간이 되었으면 좋겠습니다.

5코너 대표기도 예배시간에 한 사람이 나와서 우리 전체를 대표해서 기도하는 것을 '대표기도'라고 합니다. 앞에 나와서 기도하는 사람을 보면서 우리는 저 사람 혼자만의 기도라고 생각할 수도 있겠지만, 앞에 나와서 기도하는 사람은 우리가 하나님께 기도해야 할 것을 대표로 나와서 기도하는 것입니다. 그래서 대표자의 개인적인 기도보다 어린이교회를 위해서, 오늘 드려지는 예배를 위해서 기도하는 것입니다. 앞에서 대표자가 기도할 때, 그 기도가 우리 모두의 기도인 것을 알고 함께 마음을 모아 기도했으면 좋겠습니다. 대표자의 기도에 "아멘"으로 화답해주는 것도 좋습니다.

 ## 우리 교회 활용PLUS

1. 우리 교회는 작은 교회여서 두 주일에 걸쳐 교사들이 번갈아가며 전체 강의식으로 진행했어요.
2. 우리 교회는 박람회 외에 한 달 동안 기도 도우미 선생님을 운영했어요. 교사들 모두에게 기도 전문가, 혹은 기도코치라는 직책을 주고 가슴에 중보기도, 금식기도 등의 자기 전문분야 패찰을 달고 다니게 했어요. 그래서 어린이들이 언제 어디서나 질문하면 바로 대답해 주고, 또 함께 실습하도록 했어요. 한 달 동안 자유롭게 기도에 대해 배우고 실천할 수 있도록 했어요.

검훈련

말씀은 힘이 있습니다. 하나님은 말씀으로 세상을 창조하시고 세상을 다스리시며 세상을 진리로 인도하십니다. 결국 우리가 세상 가운데 굳건히 설 수 있는 힘은 바로 말씀의 검에서 나옵니다. 우리는 하나님이 주신 말씀의 검을 높이 들고 세상 가운데로 나아가야 합니다. 하나님의 말씀의 능력이 우리와 우리 청소년들을 반드시 승리하는 삶으로 인도할 것입니다.

진행시간	장소	성격	규모	방법
30분	부서실	단속	대그룹	암송

연관 주제어

믿음마루 기억 성구 성경목록 목록가

목표

1. 청소년이 삶을 승리로 인도할 주요 성구들을 암송한다.
2. 청소년이 성경의 순서를 바로 알고 성경을 찾는 데 익숙진다.
3. 청소년이 성경의 소중함을 알고 성경을 늘 지참한다.

준비물

코너	iBCM.kr 제공 자료	별도 준비 자료
프로그램설명		
검훈련1		성경암송카드 2벌
검훈련2		성경암송 예상 범위 안내문
검훈련3		성경퀴즈 PPT
검훈련4	검훈련 암기송 악보	손가락 지시봉
정리		

자료보기

1. 검훈련 암기송 악보 □

www.ibcm.kr 찾아가는 길!

www.ibcm.kr 홈페이지 접속 ➡ 홈 상단의 BCM Program Class 클릭 ➡ 왼쪽 메뉴 바 '청소년교회 PC' 클릭 ➡ Chapter2. 신앙 Warming-Up의 '검훈련' 자료 다운

준비과정 및 점검

자료준비

프로그램 2주 전

1. ☐ '검훈련 암기송 악보'를 교사와 청소년 인원 수만큼 출력한다.
2. ☐ 검훈련(팀암송)에서 활용할 성경암송구절 안내문을 작성한다. 성경구절은 한 절씩으로 된 본문만 선택하여 약 20개를 준비해 둔다.
3. ☐ 검훈련(퀴즈)에서 사용할 성경퀴즈용 본문(성경책의 구약에서 한 권, 신약에서 한 권)을 선택한 후, 약 20개 정도의 문제를 출제해 둔다. 문제는 본문의 내용에 충실한 '센스 질문'과 비상식적인 '넌센스 질문'을 구분하여 준비해 둔다.

예시: 센스질문 1) 하나님께서 창조 일곱째 날 하신 일은?(안식)
　　　　　　 2) 예수님이 태어나실 때, 큰 별을 보고 찾아 온 사람들은?(동방의 박사들)

넌센스 질문 1) 성경인물 중 시험만 치면 모두 100점을 받는 사람은?(미리암)
　　　　　 2) 인류 최초의 동물원은? (노아의 방주)
　　　　　 3) 신구약은 모두 66권입니다. 그렇다면 성경은 모두 몇 자일까요?(두자)

진행준비

프로그램 2주 전

1. ☐ 검훈련(팀암송)에서 사용할 성경암송 안내문을 청소년들에게 미리 나누어 준다.
2. ☐ 개인 또는 반 단위로 검훈련2에 제시된 구절들을 암송할 수 있도록 한다.
3. ☐ 검훈련(팀암송) 진행시 긴 본문의 경우는 반별로 각각 일정 부분을 나누어 릴레이로 암송하도록 하는 것도 재미를 더할 수 있다.
4. ☐ 검훈련(퀴즈)에서 활용할 성경퀴즈 본문을 학생들에게 제시하여 내용을 숙지하도록 한다.
5. ☐ 검훈련(노래)에서 배울 암기송을 다운로드하여 교사들과 임원들이 함께 부르고 외운다.

프로그램 1주 전

1. ☐ 검훈련(개인암송)에서 사용할 성경암송카드를 기독교용품 판매점에서 구입한다.
2. ☐ 검훈련(퀴즈)에서 사용할 성경퀴즈 질문들을 PPT에 입력하여 둔다. 질문의 유형을 구분하여 각 질문 앞에 센스와 넌센스를 구분하여 작성한다.
3. ☐ 문방구에서 손가락 지시봉을 구입한다.

한눈에 보는 프로그램 진행

프로그램 설명 ➡ 검훈련(개인암송) ➡ 검훈련(팀암송) ➡ 검훈련(퀴즈) ➡ 검훈련(노래) ➡ 정리

진행순서

프로그램 설명

1. 검훈련은 기존의 '성구 빨리 찾기'와 유사한 프로그램이다. 진행교사가 성구카드 하나를 뽑으면 청소년들이 성경구절을 찾아 정답이라고 외친 후, 정확하게 읽는 방식으로 게임을 진행한다.

2. 가장 빠르게 찾아 정답을 외치고 구절을 읽은 학생이나 팀에게 진행교사가 가진 성구카드를 주고, 게임을 마친 후 가장 많은 카드를 보유한 팀이나 학생에게 상을 주는 방식이다.

코너1 : 검훈련(개인암송)

1. 진행교사는 성경암송 카드 중 하나를 뽑아서 해당하는 성경본문(장, 절)을 읽는다.

2. 진행교사는 청소년들에게 성경책을 이용해 성경구절을 찾게 한다.

3. 진행교사는 성경구절을 가장 먼저 찾은 학생이 손을 들면 진행교사의 지적 후에 자리에서 일어나 성경본문 말씀을 큰 소리로 정확하게 읽게 한다.

4. 진행교사는 정답을 맞힌 청소년에게 진행교사가 별도의 표시를 해둔 성경암송카드를 준다.

5. 진행교사는 모든 문제를 풀고 난 후 청소년들이 각자 가지고 있는 성경암송카드를 계수하여 가장 많이 가지고 있는 개인 또는 반을 우승자(반)로 정한다.

코너2: 검훈련(팀암송)

1. 진행교사는 청소년들을 학년별로 나누고 학년별 3명의 대표선수들을 앞에 나오게 한다. (인원이 적을 경우 학년별로 한 팀이 되어 암송에 참여한다)

2. 저학년부터 고학년까지 학년별 순서로 교차하여 순번을 정한다. 예를 들면 중1–중2–중3 그리고 다시 중1–중2–중3의 순서이다.

3. 충분한 시간을 주어 암송 순서를 준비하게 한 후, 정해진 순서대로 나와 제시된 암송 구절들을 암송하게 한다. 막힘없이 암송한 경우는 패스를 선언하고, 해당 학년의 암송 구절을 체크해 두어서 암송이 중간에서 끊기거나 틀렸을 경우에는 다음 선수가 그 구절을 다시 암송하게 하여 참여 팀별로 변별력이 발생하도록 한다.

4. 총 10회 이상 순회하여 최종적으로 암송한 절수를 따진 후 우승팀을 정한다.

코너3: 검훈련(퀴즈)

1. 제시된 성경본문의 내용에서 성경퀴즈를 미리 출제하여 PPT로 만들어 둔 것을 이용하여 진행한다.
2. 학년별로 선수 2명씩을 출전하게 한 뒤, 팀 이름을 정하게 한다.
3. 총 20개의 질문을 차례로 던져 성경퀴즈대회를 진행한다. 각 질문당 5점씩 총 100점을 만점으로 한다.
4. 각 질문 항목을 읽기 전에 해당 질문이 센스인지 넌센스인지 미리 밝혀 두어 재미를 더한다.
5. 최종적으로 가장 많은 문항을 맞춘 팀을 우승팀으로 한다.

코너4: 검훈련(노래)

1. 진행교사는 교사와 임원들이 미리 준비한 암기송을 나와서 부르도록 한다.
2. 진행교사는 각 반에 암기송 악보를 나눠주고 노래를 익힐 수 있는 시간을 준다.
3. 10분 정도의 시간이 흐르면 학년별로 자리 잡게 한 후 다같이 노래를 시작한다.
4. 다같이 노래를 부를 때 진행교사는 손가락 지시봉을 이용하여 해당 구절을 어떤 한 개 학년 팀이 부를 수 있도록 한다. 이때 노래를 잘 이어 부른 팀에게 점수를 준다.
5. 노래를 마친 후 가장 많은 점수를 획득한 학년 팀을 우승팀으로 정한다.

정리

1. 암기송을 한 번 더 부르면서 한자리에 모인다.
2. 4개 코너의 팀별 점수를 합산하여 최고점수를 받은 팀을 우승팀으로 정한다.
3. 우승팀에게 적절한 상을 수여한다.
4. 말씀 중심으로 사는 삶의 중요성과 성경을 읽고 암송하는 일의 중요성을 강조한 뒤 기도로 마친다.

 우리 교회 활용PLUS

1. 우리 교회는 성경권별 순서 노래를 암기송으로 했어요.
2. 우리 교회는 한 달 동안 설교 전에 '검훈련(개인암송)'을 진행했어요. 한 달에 이후 성경암송카드를 가장 많이 모은 반과 개인에게 시상했습니다.
3. 우리 교회는 각 코너들을 카메라에 담아 신나는 음악과 함께 편집한 뒤, 간단한 영상파일로 만들어서 학생들에게 배포했어요.

MEMO

영성기초훈련 – 신앙의 토대 세우기

기초 없는 신앙은 무너지기 쉽습니다. 이번 프로그램은 우리 청소년들에게 필요한 8가지 신앙의 요소를 통해 영성의 기초를 세우도록 합니다. 무엇보다 교사들은 이 프로그램을 통해 스스로 생각하는 신앙생활의 여덟 가지 패턴을 정리하고 자기 자신을 돌아보는 시간을 갖습니다. 삶의 진정한 토대를 잃어버리기 쉬운 시절, 우리 청소년들이 믿음, 큐티, 예배, 찬양, 기도, 전도, 성경, 비전 등 8가지 기초적인 영적 삶의 패턴을 배워서 신앙의 토대를 깊고 튼튼하게 세워가기를 소망합니다.

진행시간	장소	성격	규모	방법
각 50분	부서실	지속	대그룹	신앙생활 훈련

연관 주제어 / 믿음마루 / 영성 / 큐티, 예배 / 찬양, 기도 / 전도, 성경, 비전

⚙ 목표

1. 청소년이 영적 성장에 필요한 신앙의 8가지 요소를 배운다.
2. 청소년이 영성기초훈련을 통해 신앙의 기초를 든든하게 하고 그 토대를 세운다.
3. 청소년이 영성기초훈련을 통해 보다 성숙한 신앙생활로 나아갈 것을 결단한다.

⚙ 준비물

ibcm.kr 제공 자료 – 이미지: 영성기초훈련 신청서, 영성기초훈련 포스터, 표지, 수료증
　　　　　　　　　　　문서 : 영성기초훈련 강의안

별도 준비 자료 – 핸드북, 간식, 상장 용지

⚙ 자료보기

1. 신청서 ☐

2. 포스터 ☐

3. 표지 ☐

4. 수료증 ☐

www.ibcm.kr 찾아가는 길!

www.ibcm.kr 홈페이지 접속 ➡ 홈 상단의 BCM Program Class 클릭 ➡ 왼쪽 메뉴 바 '청소년교회 PC' 클릭 ➡ Chapter2. 신앙 Warming-Up의 '영성기초훈련' 자료 다운

 **준비과정 및 점검**

자료준비

프로그램 4주 전

1. ☐ 영성기초훈련 신청서를 청소년 인원 수만큼 출력한다.
2. ☐ 각 강의별 담당을 맡은 교사들은 제공된 영성기초훈련 강의안을 참고하여 해당 주제에 대해 공부하고 자료를 정리하여 2주 전까지 50분 분량의 강의안을 작성한다.
3. ☐ 강의안은 1) 주제에 대한 일반적인 내용 정리, 2) 주제와 관련된 신앙인의 삶, 3) 주제와 관련된 강사 본인의 경험, 4) 참고도서 등으로 정리한다.

프로그램 2주 전

1. ☐ 각 강의별 담당교사들의 강의안을 수령한 뒤 강사교사들끼리 상호교차평가의 시간을 갖게 한다.
2. ☐ 상호평가를 완료한 강의안은 다시 강사들에게 돌려주어 수정 보완 작업을 거치도록 한다.

프로그램 1주 전

1. ☐ 최종 제작된 강의안을 취합하여 핸드북으로 제작한다.
2. ☐ 필요시 각 강의안들과 관련된 PPT를 제작하도록 한다.

프로그램 4주 후

1. ☐ 프로그램 강의안들을 모아서 「○○교회 청소년을 위한 영성훈련기초」라는 책을 만들어 교사들과 학생, 교회의 성도들에게 배포한다.

진행준비

프로그램 4주 전

1. ☐ 영성기초훈련 신청서를 청소년들에게 나눠주고 반별로 신청을 받는다.
2. ☐ 영성기초훈련 프로그램의 자발적인 참여를 고려하여 청소년들에게 소정의 수강료를 받는다.
3. ☐ 교사회의를 통해 각 교사에게 강의를 분배한다.
4. ☐ 아래에 제시된 여러 가지 안을 참고하여 교회의 사정에 맞게 진행일정을 정한다.

1안: 주일예배 후 또는 토요일 오후에 진행한다.

주차	시간	강의명	강의자명
1주차	1교시 (30분)	믿음	
	휴식		
	2교시 (30분)	성경	
2주차	1교시 (30분)	기도	
	휴식		
	2교시 (30분)	찬양	
3주차	1교시 (30분)	예배	
	휴식		
	2교시 (30분)	큐티	
4주차	1교시 (30분)	전도	
	휴식		
	2교시 (30분)	비전	

2안: 토요일 하루를 정하여 집중 훈련으로 진행한다.

시간	일정	강의명	강의자명
09:00	접수		
09:30~09:50	오리엔테이션		
10:00~10:30	1교시	믿음	
10:30~10:40	휴식		
10:40~11:10	2교시	성경	
11:10~11:20	휴식		
11:20~11:50	3교시	기도	
11:50~12:00	휴식		
12:00~12:30	4교시	찬양	
12:30~13:20	점심		
13:20~13:50	5교시	예배	
13:50~14:00	휴식		
14:00~14:30	6교시	큐티	
14:30~14:40	휴식		
14:40~15:10	7교시	전도	
15:10~15:30	휴식		
15:30~16:00	8교시	비전	
다음날 주일			

3안: 매주 토요일 청소년교회 특별 새벽기도회와 함께 진행한다.

주차	시간	강의명	강의자명
첫 번째 토요일	1교시 (30분)	믿음	
	휴식 혹은 아침식사		
	2교시 (30분)	성경	
두 번째 토요일	1교시 (30분)	기도	
	휴식 혹은 아침식사		
	2교시 (30분)	찬양	
세 번째 토요일	1교시 (30분)	예배	
	휴식 혹은 아침식사		
	2교시 (30분)	큐티	
네 번째 토요일	1교시 (30분)	전도	
	휴식 혹은 아침식사		
	2교시 (30분)	비전	

프로그램 3주 전

1. ☐ 부서 광고 시 '영성기초훈련'을 홍보하여 되도록 많은 청소년들이 참여할 수 있도록 한다. 특히 임원단은 먼저 신청서를 내고 주변 친구들과 후배들의 참여를 독려한다.
2. ☐ 장소는 인원에 맞게, 빔 프로젝트와 음향시설이 가능한 장소를 선정한다.
3. ☐ 교회 내 여러 곳에 포스터를 게시하고 교회 각 기관에 광고하여 청년들과 어른들의 참석을 독려한다.

프로그램 2주 전

1. ☐ 광고 시 '영성기초훈련'을 홍보하고 신청한 청소년들에게 장소와 시간을 공지한다.
2. ☐ 강의 담당교사들의 강의안을 1차적으로 취합하여 강의 내용을 상호평가하고 보완한다.

프로그램 1주 전

1. ☐ 최종 강의안을 취합하여 핸드북을 제작한다.
2. ☐ 강의안에 근거하여 강의방법들을 점검하여 보완하고 PPT 등을 만들 수 있도록 지원한다.
3. ☐ 영성기초훈련을 신청한 청소년들에게 개별적으로 문자를 보내거나 전화로 심방한다. 참석여부를 확실하게 체크한다.

프로그램 4주 후

1. □ 「○○교회 청소년을 위한 영성훈련기초」를 제작 교회에 배포하면서 기초가 흔들리기 시운 시대에 기초가 되는 신앙훈련으로 삶의 토대를 바르게 하자는 취지의 작은 캠페인을 벌여 보자.

한눈에 보는 프로그램 진행

프로그램 설명 ➡ 코너1: 믿음 ➡ 코너2: 성경 ➡ 코너3: 기도 ➡ 코너4: 찬양 ➡ 코너5: 예배 ➡ 코너6: 큐티

➡ 코너7: 전도 ➡ 코너8: 비전 ➡ 정리: 수료식

진행순서		내용	진행장소	소요시간
코너	제목			
프로그램설명	오리엔테이션	전체 강의 진행 내용과 방법, 시간 운영에 대한 설명과 기타 운영에 대한 안내	강의장	20분
코너1	믿음	청소년들에게 복음의 메시지를 글 없는 책으로 소개하고 믿음으로 영접하는 시간	강의장	30분
코너2	성경	성경이 어떻게 만들어졌는지와 성경을 읽어야 하는 이유, 목적을 배우는 시간	강의장	30분
코너3	기도	기도의 의미와 기도하는 방법을 배우고 중보자로 결단하는 시간	강의장	30분
코너4	찬양	성경에 나오는 찬양에 대해 배우고 다양한 찬양의 모습을 직접 실천해보는 시간	강의장	30분
코너5	예배	성경에 제시된 예배의 모습과 예배의 의미를 배우고 예배자로 결단하는 시간	강의장	30분
코너6	큐티	성경을 묵상하는 방법을 배우고 큐티를 통해 하나님과 동행하는 삶을 배우는 시간	강의장	30분
코너7	전도	전도의 의미와 목적, 다리예화 전도방법을 배우고 직접 실천해보는 시간	강의장	30분
코너8	비전	영성기초훈련을 통해 자신의 비전을 다시 점검하고 재정립 하는 시간	강의장	30분
정리	수료식	훈련 다음 주일 예배	강의장/예배실	–

 **진행순서**

프로그램 설명: 오리엔테이션

1. 강의가 시작되기 한 시간 전부터 접수를 개시한다. 접수 시에는 가능한 경우 사전 등록한 명부와 참석자의 실제 명단을 확인한다.

2. 접수를 마친 학생들은 간단한 다과와 더불어 친근한 분위기 속에서 교사들과 교제의 시간을 갖도록 안내한다.

3. 첫 강의 40분 전에 오리엔테이션을 시행한다. 오리엔테이션은 1) 영성기초훈련의 취지와 의미, 2) 주요 강의내용에 대한 소개, 3) 영성기초훈련을 마친 뒤의 삶에 대한 제안 등으로 진행한다.

4. 강의를 모두 수료한 학생들에게는 수료증과 더불어 상품을 제공한다는 것을 주지시켜 주고 각 강의마다 출석 체크가 이루어질 것임을 유념하게 한다. 전체 8개 강의 가운데 6개 이상을 충실하게 들은 학생들에게 수료증을 제공한다는 것 역시 유념하게 한다.

5. 각 강의는 30분 정도 진행되지만 다소 지루할 수 있으므로 간단한 다과와 더불어 강의장 밖에 '즐거운 시간과 공간'을 별도로 마련하는 아이디어를 생각해 본다.

강의의 진행

1. 각 청소년들은 순차적으로 진행되는 강의에 참여한다.
2. 강사는 우선 청소년들의 주의를 집중시킨 뒤 강의를 진행한다.
3. 강사는 매 강의 후 청소년들과 함께 배운 것에 대해 실천사항을 꼭 나눈다.
4. 강사는 강의가 끝나면 청소년들에게 강의를 통해 느낀 점을 간단한 메모지에 적어 제출하게 한다. 느낀 점을 나누는 종이로 출석을 체크하는 것이 좋다.
5. 강사는 청소년들이 제출한 느낀 점을 읽고 강의내용을 피드백 받아 자신의 강의를 정리한다.
6. 진행교사는 강의가 진행되는 중에 강사와 학생들의 다양한 모습들을 촬영하여 둔다.

정리: 수료식

1. 수료식은 훈련 1주일 후 주일 부서 예배에서 시행한다.
2. 수료식에서는 촬영해둔 다양한 사진과 영상 자료들을 통해 강의가 얼마나 의미 있고 가치 있었는지에 대해 나눈다.
3. 수료식에서는 미리 준비한 수료증을 나누어 주고, 참석했으나 수료증을 받지 못한 학생들을 격려한다.

우리 교회 활용PLUS

1. 우리 교회 클래스는 강의자들의 충실하고 진지한 자세가 이 프로그램의 질을 좌우한다는 것을 교훈으로 얻었습니다.

2. 우리 교회 클래스는 참석율이 저조했지만 프로그램의 가치를 잘 이해하여 꾸준히 진행했습니다.

신앙 warming-up

15

청소년교회

무한도전! 순례자의 길

한국 기독교 100년을 이어오게 한 원천에는 순교자들의 복음에 대한 열정과 헌신이 있었습니다. 많은 그리스도인들이 믿음의 선진들의 모습을 따라 오늘도 순례자의 길을 걸어갑니다. 안타깝게도 기독교 신앙유적지가 전국에 많이 있음에도 신앙인들의 이해와 관심이 극히 부족합니다. 이 프로그램을 통해 청소년들과 더불어 기독교 100년의 역사 속에 담긴 신앙유적지(기독교 순교지 및 유적지)에 대해 조사하고 탐방하여 신앙의 전통을 보다 적극적으로 계승하도록 합니다. 선배들의 신앙은 오늘 우리의 삶 속에 꾸준히 반복하여 활성화 되어야 합니다.

 진행시간 60분  장소 부서실, 야외(기독교 신앙유적지) 성격 단속 규모 대그룹 방법 체험

연관 주제어 / 사랑마루 / 활성 / 신앙유적지 / 신앙전통 / 순교지

⚙ 목표

1. 청소년이 유적지 탐방을 통해 기독교 역사속 본받을 만한 이야기들을 배운다.
2. 청소년이 유적지 탐방을 통해 한국 기독교에 베푸신 하나님의 사랑을 깨닫는다.
3. 청소년이 생활 속에서 순례자의 여정에 지속적으로 동참하는 삶을 결단한다.

⚙ 준비물

ibcm.kr 제공 자료 – 이미지: 순례의 길 동참 다짐문, 현수막 및 포스터, 공동기도문 샘플
별도 준비 자료 – 신앙유적지 가이드 북 샘플, 헌화할 꽃(개인별), 펜

⚙ 자료보기

1. 순례의 길 동참 다짐문 ☐

2. 현수막, 포스터 ☐

3. 공동기도문 샘플 ☐

www.ibcm.kr 찾아가는 길!

www.ibcm.kr 홈페이지 접속 ➡ 홈 상단의 BCM Program Class 클릭 ➡ 왼쪽 메뉴 바 청소년교회 PC' 클릭 ➡ Chapter2. 신앙 Warming-Up의 '무한도전! 순례자의 길' 자료 다운

 **준비과정 및 점검**

자료준비

프로그램 4주 전

1. ☐ 청소년들과 더불어 탐방할 역사 유적지를 선정한다.

프로그램 3주 전

1. ☐ 순례의 길 동참 다짐문과 공동기도문을 참여하는 청소년의 인원 수만큼 출력한다.
2. ☐ 홍보 포스터를 출력하여 교회의 각 게시판에 부착한다.
3. ☐ 현수막을 출력하여 교회의 적절한 위치에 게시한다.

프로그램 1주 전

1. ☐ 유적지 탐방 일정, 유적지 관련 자료와 주의사항, 기도문, 다짐문 등을 담아 가이드북을 만든다(교사, 청소년 인원 수만큼).
2. ☐ 유적지는 가능한 한 멀지 않은 곳 예를 들면 서울지역의 경우 양화진 선교사 묘역 등을 선택한다.

진행준비

프로그램 4주 전

1. ☐ 청소년들과 더불어 탐방할 역사 유적지를 선정하여 사전 답사를 시행하고 사진과 영상을 준비한다.

프로그램 3주 전

1. ☐ 부서 광고 시간에 사전답사에서 마련한 사진과 영상을 보여주어 탐방할 신앙유적지 대한 기대감과 더불어 탐방 행사를 기도로 준비할 수 있도록 한다.
2. ☐ 교회내 다른 기관이나 공동체에 홍보하여 유적지 탐방 행사에 함께할 수 있도록 권면한다.

프로그램 2주 전

1. ☐ 광고시간에 청소년들이 방문할 신앙유적지에 대해 안내를 한 후, 주 중에 청소년들 스스로 해당 신앙유적지에 대해서 조사를 해보게 한다.
2. ☐ 교사회의 시 신앙유적지에 대한 자료를 함께 나누고 선교사들의 이름, 선교의 이유, 유적지에 대한 이야기 들을 정리해서 사전에 미리 숙지할 수 있도록 준비한다.
3. ☐ 신앙유적지를 탐방하는 동안 진행할 미션을 미리 제시하여 돌아와서 결과를 함께 나눌 수 있

도록 계획한다.

　미션의 예 : 방문한 신앙유적지에서 유적지를 관리하시는 분과 단체사진 찍기

　　　　　　　방문한 곳의 선교사 이름과 기록 외워오기

　　　　　　　선교유적에 관한 이야기나 사건을 토대로 역할극 만들기 등

프로그램 1주전

1. ☐ 교역자와 교사들은 마지막으로 선교지 탐방에 필요한 세부 사항을 점검한다.

　　(인원점검 및 조 나누기, 차량 준비, 신앙유적지 방문시 유의사항 등)

2. ☐ 프로그램의 진행과 유적지 관련 내용, 자료, 간단한 찬양 등이 담긴 핸드북을 제작한다.

2. ☐ 교사들은 신앙유적지에서의 유의사항을 숙지한다.

　1) 신앙유적지에서는 정숙을 기본으로 한다. 청소년들이 뛰어다니거나 묘역을 넘어 다니거나 소리를 치지 않도록 세심한 주의와 사전 교육이 필요하다.

　2) 신앙유적지 내에서는 가급적 취식을 삼간다. 간식도 가능한 한 삼간다.

　3) 신앙유적지 방문의 목적은 순교자들의 발자취와 그 역사를 탐방하는 데 있지 부서의 야외활동에 있는 것이 아니므로 헌화 이외의 다른 활동을 자제한다.

　4) 사진 촬영이나 기록에 대한 촬영에 있어서도 사전 신앙유적지 관계자들의 안내와 협조를 구하도록 하고 촬영 시에 장난 어린 행동이나 소란한 모습을 삼간다.

 한눈에 보는 프로그램 진행

　프로그램 설명: 오리테이션 ➡ 신앙유적지 방문 ➡ 정리: 귀가 및 발표

 진행순서

프로그램 설명: 오리엔테이션

1. 진행교사는 출발 전 청소년들이 모이는 시간 동안 간단한 게임(신앙유적지에 대한 퀴즈)을 진행한다. 퀴즈를 통해 출발 순서나 간식의 질 등을 정할 수 있다.

2. 진행교사는 청소년들에게 해당되는 신앙유적지의 설명이 담긴 가이드북을 나눠준다.

3. 진행교사는 출발 전 신앙 유적지에서 유의해야 할 사항을 알려준다.

4. 마지막으로 미리 준비한 지령을 그룹별로 선택하게 한 다음, 주어진 미션을 수행하면서 신앙유

적지로 출발하도록 한다.

신앙 유적지 방문

1. 담임교역자 혹은 선임교역자의 기도 후에 출발한다.
2. 신앙 유적지에 도착하면, 먼저 청소년들과 함께 공동기도문을 낭독한다.
3. 미리 준비해 간 꽃을 유적지에 두고 함께 조용히 묵상의 기도를 드리도록 한다.
4. 유적지와 관련된 역사적인 사건과 그 의미에 대해 간단한 가이드 활동을 나눈다.
5. 반별로 유적지 주변을 다니면서 새로운 사실이나 흥미로운 게시물 등을 살피도록 한다.
6. 반별로 신앙의 순례의 여정에 동참하고자 하는 마음으로 다짐문을 작성하도록 한다.
7. 다같이 모여 반별로 정리한 내용을 발표하도록 한다.
8. 기도로 모든 순서를 마치고 귀가한다.

정리: 귀가 및 발표

1. 탐방에 참여하지 못한 청소년들을 위해 탐방 후기를 준비하여 다음 주일에 나눈다. (예: 신앙유적지 사진 전시, 신앙유적지에 관한 미션 퀴즈대회, 다짐문 전시, 신앙유적지 방문 후기 간증 등)

*신앙유적지 탐방 자료

1. 양화진 외국인 묘지 탐방 준비 및 진행
   1) 서울 합정동에 위치
   2) 양화진 외국인 묘지(이하 양화진)는 주일을 제외한 월~토요일(오전 9시 30분~오후 5시)에 자원 봉사자들이 있어서 가이드를 해준다.
   3) 양화진의 경우 체계적으로 관리가 이루어지고 있는 대표적인 신앙유적지이다. 양화진에 대한 자료와 정보를 원한다면 양화진 넷 (http://www.yanghwajin.net/)을 참고하도록 한다. 단, 양화진도 주일에는 100주년 기념교회 예배로 인해 참배를 지양하고 있으니 이 점을 유의하도록 한다.
   4) 양화진에 도착하면 정문 우측 교육관에서 양화진 조성에 대한 영상(20분)을 상영한다.
   5) 영상 상영이 끝나면 가이드와 함께 묘역을 참배하게 된다(약 50분 소요).
   6) 가이드는 대표적인 인물들을 위주로 설명을 해준다.
   7) 양화진의 경우 우리가 잘 알고 있는 선교사들을 비롯해 많은 순교자들의 묘역이 있는 곳으로, 반별로 미션을 주고 선교사를 선정하여서 자료를 수집하게 하여 이를 토대로 교회에 돌아와 선교

사 를 소개하는 프로그램을 진행을 할 수 있다.

2. 국내 신앙유적지에 대한 안내

국내 신앙유적지에 대한 자료(영상 및 사진)는 한국 기독교 100주년 기념 사업협의회에서 찾을 수 있다. 홈페이지 http://www.100thcouncil.com: 한국기독교 100년사

* 서울

1) 양화진외국인선교사묘원: 서울특별시 마포구 합정동 145-8

2) 언더우드 사택 터: 서울특별시 중구 정동

3) 주기철 목사 순교비: 서울특별시 광진구 광장동 장로회 신학대학 내

4) 숭실대 기독교 박물관: 서울특별시 동작구 상도동 1-1

5) 성공회 서울 주교좌 성당: 서울특별시 중구 정동 3번지

* 인천/경기

1) 주안감리교회 국제성서 박물관: 인천광역시 남구 주안1동 193-3

2) 용인 순교자 기념관: 031-336-2825~6, 02-521-0282 / 소재지 : 경기도 용인시

3) 화성 제암리교회: 경기도 화성군 향남면 제암리

4) 한국 선교역사 기념관: 인천광역시 부평구 갈산동 5-12 / http://www.cmmk.or.kr/

5) 성공회 강화성당: 인천광역시 강화군 강화읍 관청리 250

* 충청도

1) 류관순 생가, 매봉교회: 충남 천안시 병천면 용두리

2) 병촌교회: 충남 논산시 성동면 병촌리(삼재)

3) 강경성결교회: 충청남도 논산시 강경읍 홍교리 129 / 우리나라 최초로 신사참배거부운동

* 전라도

1) 김제금산교회: 전북 김제시 금산면 금산리 금산교회

2) 목포와 북교동교회: 목포시 북교동 160-1

3) 애양원 손양원 목사 순교지: 전남 여천군 율촌면 신풍리1, 애양원 성산교회 기념관

4) 전주 서문교회: 전북 전주시 완산구 다가동 3가 123번지

5) 문준경 전도사 순교 기념관, 증동리교회: 전라남도 신안군 증도면 증동리 1817번지

6) 두암교회: 전라북도 정읍시 소성면 애당리 361

7) 임자진리교회: 전라남도 신안군 임자면 진리 256-1

8) 하리교회: 전라남도 완주군 삼례읍 하리 250

* 강원/황해도

1) 홍천 무궁화 마을: 강원도 홍천 모곡마을

2) 소래교회: 황해도 장연, 현재는 총신대 캠퍼스에 재현

3) 철원평화교회: 강원도 철원군 동송읍 이평1리

 우리 교회 활용PLUS

우리 교회 클래스는 청소년들이 용돈을 아끼고 모아서 순교에 동참하는 의미로 헌금을 드렸습니다.

MEMO

크리스천 청소년이 지켜야 할 다섯 가지 청지기 정신

우리는 하나님의 부름 받은 청지기로서 하나님께서 우리에게 주신 사명을 성실하고 책임 있게 지켜야 합니다. 그렇다면 크리스천 청소년으로서 세상에서 지켜야 할 청지기 정신은 무엇이 있을까요? 이 프로그램에서는 기본적인 청지기 정신을 다섯 가지로 정리하고자 합니다. 그리고 청소년들로 하여금 그 정신을 가지고 세상 가운데서 신실한 삶을 살아가도록 안내하고자 합니다.

진행시간	장소	성격	규모	방법
90분	부서실	단속	대그룹	학습

연관 주제어

새김마루 · 기독교윤리 · 가치관 · 청지기 · 실천

⚙ 목표

1. 청소년이 그리스도인의 다섯 가지 청지기 정신을 잘 이해한다.
2. 청소년이 청지기로서 지켜야 할 다섯 가지 항목 중 자신의 부족한 부분을 깨닫는다.
3. 청소년이 다섯 가지 덕목 중 한 가지를 선정하여 삶에서 적용하고 실천하기로 결단한다.

⚙ 준비물

ibcm.kr 제공 자료 – 이미지: 홍보 포스터, 심사위원 평가지, 포트폴리오 예시 이미지 1~3
　　　　　　　　　문서: 청지기 테스트지(PDF, 한글 파일)
별도 준비 자료 – 하드보드지 또는 우드락(반별로 1개씩), 잡지, 신문, 풀, 가위, 매직, 크레파스 등,
　　　　　　　　　반별 시상품

⚙ 자료보기

| 1. 홍보 포스터 ☐ | 2. 심사위원 평가지 ☐ | 3. 청지기 테스트 지 ☐ |

www.ibcm.kr 찾아가는 길!

www.ibcm.kr 홈페이지 접속 ➡ 홈 상단의 BCM Program Class 클릭 ➡ 왼쪽 메뉴 바 청소년교회 PC' 클릭 ➡ Chapter2. 신앙 Warming-Up의 '청소년들이 지켜야 할 5가지 청지기 정신' 자료 다운

준비과정 및 점검

자료준비

프로그램 1주 전

1. ☐ 청지기 포스터를 출력하여 교회 곳곳에 붙이고 홍보한다.
2. ☐ 청지기 테스트지를 프로그램에 참가하는 청소년 수에 맞추어 출력한다.
3. ☐ 심사위원 평가지를 심사위원 수만큼 출력한다.
4. ☐ 포트폴리오에 필요한 준비물을 구입하고 준비한다.
5. ☐ 반별 혹은 조별 시상품을 준비하고 상 이름을 적어 놓는다.

진행준비

프로그램 1주 전

1. ☐ 담당사역자는 청지기 정신에 관련된 내용으로 설교 또는 강의를 준비한다.
2. ☐ 교사들은 먼저 청지기 테스트를 시행한 후, 교사 모임 때 함께 나눠 본다.
3. ☐ 발표와 심사를 할 심사위원을 정한다. 심사위원은 담당교역자, 부장교사, 총무교사로 배정하는 것이 좋다. 평가기준은 독창성, 실천 가능성, 완성도로 정한다.
4. ☐ 즐거운 시상을 위하여 상 이름과 선물을 정한다. 시상은 '최고 청지기 상', '참신한 아이디어 상', '현실적 고려 상', ' 뽀대 작렬 상' 등 다양하게 한다.

 ## 한눈에 보는 프로그램 진행

프로그램 설명 ➡ 강의: 청지기 정신이란? ➡ 나눔1: 청지기 테스트 ➡ 나눔2 포트폴리오 만들기 ➡ 정리: 발표 및 시상

진행순서		내용	진행장소	소요시간
코너	제목			
프로그램설명		프로그램의 의미, 내용, 방법을 나누기	예배실	10분
코너1	강의	다섯 가지 청지기 사역에 대한 강의	반별장소	30분
코너2	나눔1	반별로 혹은 조별로 청지기의 삶 테스트하기	반별장소	10분
코너3	나눔2	테스트 결과를 나누고 포트폴리오 제작과 발표 준비하기	반별장소	20분
정리	발표 및 시상	조별 발표 및 시상	예배실	20분

1. 프로그램에 참여하는 청소년들에게 청지기된 삶의 의미와 가치를 설명한다.
2. 전체 진행 방식을 알려주고 참여율과 집중도가 높은 개인이나 조, 반에게 시상할 예정임을 알린다.
3. 담당사역자의 기도로 프로그램을 시작한다.

강의: 청지기 정신이란?
1. 담당사역자는 먼저 설교 또는 강의를 통해 청지기 정신에 대해 대략적으로 가르친다.
2. 강의는 아래 다섯 가지 주제 내용으로 진행한다.

구분	주요 강의 내용	비고
시간	시간은 하나님이 주신 것으로, 청지기로서 하나님의 사람들은 시간을 잘 활용해야 할 뿐 아니라 하나님을 위해 시간의 십일조를 드릴 줄 알아야 한다.	
물질	물질 역시 하나님께서 주신 것으로, 청지기로서 하나님의 사람들은 물질이 기본적으로 자신의 것이 아님을 알고 또 물질의 십일조를 드릴 줄 알아야 한다.	
공동체와 이웃	조직과 공동체, 단체, 사회 등은 보다 안정적인 삶을 위해 하나님께서 주신 것이며 청지기로서 하나님의 사람들은 자신이 속한 단체와 공동체, 사회를 위해 기본적으로 충성해야 하며 자기의 이익보다 공동체의 이익을 위해 수고할 줄 알아야 한다.	
자연	하나님께서는 인간 외에도 자연이라 일컫는 세상의 만물들을 창조하셨다. 청지기로서 하나님의 사람들은 이 자연을 잘 돌보고 보호하여 하나님께서 창조하신 원래의 모습이 유지되도록 힘써야 한다.	
재능	하나님께서는 세상과 사회 공동체에서의 삶을 보다 은혜롭고 풍성하도록 하기 위해 재능을 주셨다. 청지기로서 하나님의 사람은 이 재능을 자신의 사리사욕을 위해서가 아니라 하나님과 공동체, 타인, 그리고 자연의 풍요로움을 위해 사용할줄 알아야 한다.	

3. 담당사역자의 강의는 가능한 한 30분을 넘기지 않게 진행하되 역사적인 혹은 주변의 사례들을 중심으로 흥미로운 이야기를 만들어 강의를 진행한다.
4. 단, 각 포인트들의 교훈을 정리하고 다음 포인트로 넘어가야 한다는 것을 잊지 말아야 한다.

나눔1: 청지기 테스트
1. 이제 강의를 마친 담당사역자는 청소년들을 각 반별로 그룹을 지어 모이게 한다.
2. 청소년들에게 시간을 주고 담당사역자의 강의 내용에 대해 생각해 보도록 한다.
3. 반 교사는 반 청소년 전체에게 청지기 테스트 용지와 필기구를 나눠주고 테스트를 실시한다.
4. 용지에서 보는 바와 같이 테스트는 총 5가지 항목으로 제공된다. 청소년은 다섯 가지 항목을 점검함으로써 자신이 성실히 수행하고 있는 청지기 정신이 무엇이고 불성실하게 수행하고 있는 청지기 정신이 무엇인지를 파악할 수 있다.

5. 청소년들이 테스트지를 마무리하면 자신의 점수를 계산하게 하여 자신에게 가장 부족한 청지기 정신을 체크하도록 한다.

6. 각 청소년이 자신이 가장 낮은 점수를 받은 항목이 무엇인지를 파악하게 한다. 그리고 청소년들과 더불어 '지금 우리에게 필요한 청지기 정신'이 무엇인지 토의한다.

7. 반 교사는 함께 토의한 내용을 토대로 청지기로서의 삶을 위한 실천 사항을 최소 1개에서 3개 정도로 정리한다.

나눔2: 포트폴리오 만들기

1. 반 교사와 청소년들은 토의를 통해 정리된 실천 사항을 기반으로 '우리의 청지기 사역'이라는 제목의 포트폴리오를 제작한다.

2. 반 교사는 세 가지 방법을 제시하고 청소년들이 선택하여 진행한다.

   1) 방법1–그림을 그려 제작하기. 협동하여 그린 그림을 통해 메시지를 전달한다. 반 청소년들이 함께 청지기로서의 삶의 모습을 그리게 한다. 예시1을 참조하라.

   2) 방법2–사진을 이용하여 제작하기. 잡지나 신문에 있는 다양한 사진들을 활용하여 청지기로서의 삶과 사역이 어떠해야 하는지 메시지를 만들고 나누는 방법이다. 사진을 골라서 편집하는 방식으로 나타내고 싶은 메시지를 간단하게 적는다. 예시2를 참고하라.

   3) 방법3–텍스트로 제작하기. 표어나 표제어, 주제어, 강령, 구호 등의 텍스트를 만들어 꾸미는 방식으로 메시지를 전달하는 방법이다. 예시3을 참고하라.

3. 청소년들이 위 세 가지 중 한 가지를 선택했으면, 해당하는 재료를 나눠주고 포트폴리오를 만드는 동안 옆에서 도움을 준다.

4. 포트폴리오 제작을 마쳤으면 포트폴리오 발표를 준비한다.(반 소개, 전체 주제, 포트폴리오 제목, 설명, 청지기 정신 실천 아이디어 등)

예시1

예시2

예시3

정리: 발표 및 시상

1. 청소년들이 포트폴리오를 완성하면 전체 모임 장소로 이동한다.

2. 진행교사는 먼저 심사위원을 소개하고 심사기준을 알려준다.

3. 반별로 포트폴리오를 발표하게 한다.

4. 모든 반이 발표를 마치면 진행교사는 심사위원 대표를 모셔서 간단한 평가를 듣는다.

5. 진행교사와 심사위원이 시상식을 진행한다. 시상명은 준비단계에서 제공한 것과 같이 청소년들의 흥미를 끌 만한 주제로 미리 정한다.

6. 완성된 포트폴리오는 부서실에 전시한다. 특별히 입상한 작품은 상명을 붙여서 전시한다. 각 반 교사는 나눈 아이디어를 청소년들이 실천할 수 있도록 지속적으로 상담, 점검한다.

7. 모든 순서를 마친 후 프로그램의 의미를 정리하고 난 뒤 기도로 마친다.

 ## 우리 교회 활용 PLUS

1. 우리 교회 클래스는 반이 너무 많아서 발표에 어려움이 있어 자원하는 반을 우선으로 발표하도록 했어요. 또 나머지 반의 포트폴리오 작품을 전시해서 전시 평가를 통해 시상을 했습니다.

2. 우리 교회 클래스는 반이 인원수가 적어서 학년별로 묶어서 진행했어요.

3. 우리 교회 클래스는 반 교사가 청지기 정신을 가장 성실하게 실천한 청소년에게 깜짝 선물을 준비해서 주었어요. 선물은 막대 사탕, 초콜릿으로 간단하게 했는데 청소년들이 즐거워했어요.

통으로 먹는 말씀

인생을 살면서 중요한 결정이나 선택을 해야 할 상황에 직면했을 때, 하나님께서 응답해 주십니다. 특별히 성경의 말씀을 통해 가야할 길과 선택해야할 바를 알려 주십니다. '통으로 먹는 말씀'을 통해 청소년은 성경을 암송하는 방법을 배우고 특별히 시편 23편을 암송합니다. 말씀을 암송하는 습관은 청소년이 앞으로 삶에서 어렵고 힘든 상황에 직면했을 때 말씀으로 그 상황을 이겨나가도록 도울 것입니다.

진행시간	장소	성격	규모	방법
100분	부서실	단속	대그룹	암송

연관 주제어

믿음마루 · 고유성 · 시편23편 · 성경 · 퀴즈

⚙ 목표

1. 청소년이 시편 23편의 메시지를 이해하고 외운다.
2. 청소년이 시편 23편 암송을 통해 어려운 상황에서 말씀 암송이 갖는 힘을 깨닫는다.
3. 청소년이 삶의 어려운 고비마다 말씀을 암송함으로 그 상황을 이길 것을 결단한다.

⚙ 준비물

ibcm.kr 제공 자료 – 이미지: 시편 23편 암송문

PPT: 암송확인 퀴즈

별도 준비 자료 – Youtube 영상 '정현섭의 시23'

⚙ 자료보기

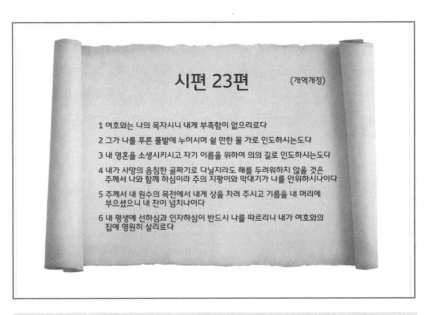

1. 시편 23편 암송문 ☐

www.ibcm.kr 찾아가는 길!

www.ibcm.kr 홈페이지 접속 ➡ 홈 상단의 BCM Program Class 클릭 ➡ 왼쪽 메뉴 바 청소년교회 PC' 클릭 ➡ Chapter2. 신앙 Warming-Up의 '통으로 먹는 말씀' 자료 다운

준비과정 및 점검

자료준비

프로그램 2주 전

1. ☐ '성경암송과 시편 23편' 강의를 준비한다. 강의 내용은 1) 성경 암송의 중요성, 2) 성경 암송으로 승리한 사람들, 3) 성경을 암송하며 사는 삶, 4) 시편 23편의 구조와 이야기 등으로 구성한다. PPT를 활용하여 간단하게 약 30분 정도의 강의를 준비한다.
2. ☐ 시편 23편에서 암송확인 퀴즈를 10개 정도 뽑아 출제해 둔다.

프로그램 1주 전

1. ☐ '시편 23편 암송문'을 청소년 인원 수만큼 출력한다.
2. ☐ '암송확인 퀴즈' PPT를 다운받아 퀴즈 문제집을 만들어 둔다.

진행준비

프로그램 2주 전

1. ☐ 담당교역자 혹은 교사 가운데 한 명은 '성경암송과 시편 23편' 강의를 준비한다. 30분 내에 진행할 만한 분량으로 흥미롭고 진지하며 의미 있는 강의가 되도록 준비한다.
2. ☐ 암송확인 퀴즈 문제집을 만들어 두고 팀별, 개인별 대항 방식의 진행방법을 구상해 둔다.
3. ☐ 각 반별 교사들은 별도로 시편 23편에서 출제가 될 만한 예상문제를 뽑아 둔다.

프로그램 1주 전

1. ☐ 교역자와 교사는 미리 시편 23편을 암송한다.
2. ☐ Youtube 영상 '정현섭의 시23'을 검색하여 재생할 수 있도록 준비한다.

 ## 한눈에 보는 프로그램 진행

프로그램 설명 ➡ '성경암송과 시편 23편' 강의 ➡ 조별 암송 ➡ 암송 및 퀴즈 ➡ 정리

진행순서		내용	진행장소	소요시간
코너	제목			
프로그램설명		프로그램의 의미, 내용, 방법을 나누기	예배실	10분
코너1	강의	성경암송의 의미와 가치에 대한 강의	예배실	30분

코너2	조별 암송	시편 23편 암송하기	반별장소	20분
코너3	암송 및 퀴즈	시편 23편 퀴즈 및 단체 혹은 개인 암송 게임	예배실	30분
정리	시상 및 정리	조별 발표 및 시상	예배실	10분

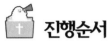 진행순서

프로그램 설명

1. 프로그램에 참여하는 청소년들에게 성경을 암송하는 삶의 의미와 가치를 설명한다.

2. 전체 진행 방식을 알려주고 암송과 퀴즈 결과를 시상할 예정임을 알린다.

3. 담당사역자의 기도로 프로그램을 시작한다.

'성경암송과 시편 23편' 강의

1. 강사는 먼저 청소년에게 시편 23편 노래를 들려준다.

2. 강사는 성경을 암송하는 일의 중요성과 의미, 가치를 설명한다.

3. 강사는 역사나 주변에서 성경을 암송하는 가운데 승리하는 삶을 살았던 예를 찾아 스토리로 들려준다.

4. 강사는 어떻게 하면 성경을 잘 암송할 수 있는지 몇 가지 방법을 제시하여 성경을 암송하는 삶을 권면한다.

5. 성경암송하기에 가장 좋은 구절을 추천하면서 시편 23편을 예로 제시한다. 시편 23편의 구조와 주요 이야기를 들려주고 동시에 이 시편이 애송되는 것이 삶에서 얼마나 중요한 것인지를 알려준다.

조별 암송

1. 반교사는 청소년에게 시편 23편 암송문을 나누어 준다.

2. 정해진 시간 안에 모든 청소년이 시편 23편을 통으로 암송하게 한다.

3. 더불어 반 교사는 시편 23편에 관하여 퀴즈로 나올 만한 내용들을 미리 정리해 두었다가 학생들에게 알려준다.

암송 및 퀴즈

1. 진행 교사는 청소년들을 한자리에 모은 후 암송확인 퀴즈대회를 진행한다.

2. 암송확인 퀴즈대회는 미리 출제해 둔 문제를 PPT를 통해 게시해서 문제를 읽고 빨리 정답을 맞추는 팀에게 점수를 주는 방식으로 진행한다.

3. 시편 23편 암송은 우선 단체별 암송 게임으로 진행한다. 단체가 소리를 맞춰서 틀리지 않고 막히지 않고 완벽하게 암송한 경우 점수를 준다.

4. 개인전의 경우에는 개별적인 암송에 자신이 있는 청소년을 앞으로 나오게 해서 암송하게 한다. 완벽하게 암송한 경우 개인에게는 상을 주고 팀에게는 점수를 준다.

정리

1. 최고 점수를 받은 팀이나 반, 조에게 시상을 하고 개별적으로 암송에 성공한 청소년도 시상한다.

2. 모든 청소년과 교사가 함께 시편 23편을 외우고 기도로 마친다.

 우리 교회 활용PLUS

우리 교회 클래스는 당일 설교의 본문을 시편 23편으로 하고 가장 잘 암송한 반에게 따로 시상했어요.

MEMO

도전! 믿음 기네스북

찬양하는 삶은 그리스도인의 가장 활기찬 모습 가운데 하나입니다. 찬양이 가득한 삶은 언제나 기쁨이 넘치고 활력이 충만합니다. '도전! 믿음 기네스북'은 하나님을 찬양하고 하나님께 영광을 올려드리는 모습을 다양한 게임으로 표현합니다. 청소년들은 신체활동과 게임을 통해 마음을 열고 하나님께 영광을 돌립니다. '도전! 믿음 기네스북'을 통해 일상과 학업에 지친 청소년들이 회복되기를 소망합니다.

진행시간	장소	성격	규모	방법
60분	부서실	단속	대그룹	게임

연관 주제어
신체활동
영성
찬양
공동체
다양한 찬양

⚙️ 목표

1. 청소년이 하나님께 찬양하고 영광을 올려드리는 다양한 방법을 안다.
2. 청소년이 하나님을 찬양하는 기쁨을 체험한다.
3. 청소년이 찬양이 함께하는 삶을 계획하고 결단한다.

⚙️ 준비물

구분	ibcm.kr 제공자료	별도 준비 자료
전체	이미지: 다시다시 쿠폰, 기네스북 도전장 문서: 넌센스 퀴즈	
1. 소리 높여 찬양하라	이미지: '소리 높여 찬양하라' 코스 팻말	스마트폰 데시벨 측정 어플
2. 네 입을 크게 벌려라	이미지: '네 입을 크게 벌려라' 코스 팻말	30cm 자, A4용지, 다른 색 립스틱 3개, 휴지, 물티슈
3. 주께 가까이	이미지: '주께 가까이' 코스 팻말	청 테이프, 십자가
4. 쉬지 말고 기도하라	이미지: '쉬지 말고 기도하라' 코스 팻말	스톱 워치(핸드폰)
5. 날 구원하신 주 감사	이미지: '날 구원하신 주 감사' 코스 팻말	젓가락 10개, 1회용 그릇 4개. 식용유
6. 네 신을 벗어라	이미지: '네 신을 벗어라' 코스 팻말	줄자 2개, 스톱 워치, 슬리퍼 4짝

⚙️ 자료보기

1. 다시다시 쿠폰 □

2. 기네스북 도전장 □

3. 코스팻말들 □

www.ibcm.kr 찾아가는 길!

www.ibcm.kr 홈페이지 접속 ➡ 홈 상단의 BCM Program Class 클릭 ➡ 왼쪽 메뉴 바 청소년교회 PC' 클릭 ➡ Chapter2. 신앙 Warming-Up의 '도전! 믿음 기네스북' 자료 다운

준비과정 및 점검

자료준비

프로그램 1주 전

1. ☐ '도전장'을 청소년 수만큼 출력하여 오린다.
2. ☐ '다시다시 쿠폰'을 넌센스 퀴즈 수만큼 출력한다.
3. ☐ 코스별 팻말을 출력하여 우드락에 붙여 둔다.
4. ☐ 각 코스에 맞는 준비물을 구입한다.

프로그램 시행일

1. ☐ '날 구원하신 주께 감사' 코스에서 쓸 콩을 3개의 접시에 담아 준비해 놓고, 한 접시에는 '천국'
   이라는 메모를, 다른 한 접시에는 '지옥'이라는 메모를 표시해 놓는다. 그리고 나머지 한 접시
   의 콩에는 식용유를 부어 준비해 놓는다.

진행준비

프로그램 1주 전

1. ☐ 코너별 교사들을 선정하여 각 코너의 게임 진행 방법을 미리 익히도록 한다.

한눈에 보는 프로그램 진행

프로그램 설명과 넌센스 퀴즈 ➡ 코너1: 소리 높여 찬양하라 ➡ 코너2: 네 입을 크게 벌려라 ➡ 코너3: 주께 가

까이 ➡ 코너4: 쉬지 말고 기도하라 ➡ 코너5: 날 구원하신 주 감사 ➡ 코너6: 네 신을 벗으라 ➡ 정리: 시상

진행순서		내용	진행장소	소요시간
코너	제목			
프로그램설명				10분
코너1	소리 높여 찬양하라	목소리 크기 측정 게임	코너별별도장소	각 코너별 10분씩 한 시간
코너2	네 입을 크게 벌려라	입 크기 측정 게임		
코너3	주께 가까이	제자리 멀리 뛰기 측정 게임		
코너4	쉬지 말고 기도하라	호흡 길이 측정 게임		
코너5	날 구원하신 주 감사	물건 옮기기 측정 게임		
코너6	네 신을 벗으라	멀리 날리기 측정 게임		
정리	시상	최고 기록 학생에게 시상하기		10분

 **진행순서**

프로그램 설명

1. '도전! 믿음 기네스북'은 청소년 개개인이 코스를 돌아다니면서 각 코너의 게임에 도전하여 기록을 세우는 프로그램임을 알려준다.
2. 진행교사는 청소년에게 '기네스북 도전장'을 한 장씩 나눠준다.
3. 진행교사는 청소년들이 각 코스를 돌아다니면서 게임에 도전하고 코스 담당 교사에게서 '기네스북 도전장'에 자신의 기록을 받아오는 것임을 주지시킨다.
4. 이어서 진행교사는 간단한 넌센스 퀴즈 시간을 갖는다. 퀴즈를 맞히는 청소년에게 준비한 '다시 다시 쿠폰'을 지급한다.
5. 마지막으로 진행교사는 청소년에게 코스게임의 위치를 알려주고, 각자 자유롭게 도전하다가 다시 모여야 하는 최종시간을 알려준다.

코너1 : 소리 높여 찬양하라

1. 담당교사는 청소년에게 10초 동안 "할렐루야"를 반복하여 큰 소리로 외치게 한다.
2. 담당교사는 청소년의 "할렐루야" 목소리를 '스마트폰 데시벨 어플'로 측정한다.
3. 담당교사는 청소년의 도전장에 데시벨 기록을 적어준다.
4. 담당교사는 코너 팻말에 청소년의 이름과 기록, 코너별 순위를 적어둔다.

코너2: 네 입을 크게 벌려라

1. 담당교사는 청소년에게 스스로 입에 립스틱을 바른 후 입을 벌려 A4용지에 가장 큰 입술도장을 찍게 한다.
2. 담당교사는 윗입술선과 아랫 입술선의 길이를 기준으로 하여 청소년의 입술 크기를 측정한다.
3. 담당교사는 청소년의 도전장에 기록을 적어준다.
4. 담당교사는 코너 팻말에 청소년의 이름과 기록, 코너별 순위를 적어둔다.

코너3: 주께 가까이

1. 담당교사는 점프로 닿을 수 없는 만큼의 거리에 십자가를 놓아 둔다.
2. 담당교사는 청소년에게 출발선에서 "지금 갑니다!"를 외치면서 제자리뛰기를 해서 앞에 세워진 십자가와 최대한 가까워지도록 단번 점프를 하게 한다.
3. 담당교사는 출발선에서 점프한 곳 신발 뒤축까지의 거리를 측정한다.
4. 담당교사는 청소년의 도전장에 기록을 적어준다.

5. 담당교사는 코너 팻말에 청소년의 이름과 기록, 코너별 순위를 적어둔다.

코너4: 쉬지 말고 기도하라

1. 담당교사는 청소년에게 숨을 들이마신 뒤 한 호흡으로 소리가 끊어지지 않게 "아멘~~~"을 길게 말하게 한다.
2. 담당교사는 청소년이 "아멘~~~"을 말하는 시간을 측정한다.
3. 담당교사는 청소년의 도전장에 기록을 적어준다.
4. 담당교사는 코너 팻말에 청소년의 이름과 기록, 코너별 순위를 적어둔다.

코너5: 날 구원하신 주 감사

1. 담당교사는 청소년에게 30초 동안 젓가락으로 '지옥'이라고 쓰인 그릇에 있는 콩을 '천국'이라고 쓰인 그릇에 옮기게 한다.
2. 담당 교사는 식용유가 묻은 콩을 옮길 경우 옮긴 콩 숫자의 2배 점수를 카운트한다고 설명한다.
3. 담당교사는 청소년이 옮긴 콩의 개수를 센다.
4. 담당교사는 청소년의 도전장에 기록을 적어준다.
5. 담당교사는 코너 팻말에 청소년의 이름과 기록, 코너별 순위를 적어둔다.

코너6: 네 신을 벗으라

1. 담당교사는 청소년에게 발에 낀 슬리퍼를 날리도록 하되, 뒤로 돌아선 채로 어깨나 머리를 넘어 멀리 날리게 한다.
2. 담당교사는 청소년에서부터 날아간 슬리퍼의 거리를 측정한다.
3. 청소년의 도전장에 기록을 적어준다.
4. 담당교사는 코너 팻말에 청소년의 이름과 기록, 코너별 순위를 적어둔다.

정리

1. 진행교사는 청소년들이 모두 모이면 각 코스게임별 최고 기록 우승자에게 시상을 한다.
2. 지도자의 정리 멘트와 더불어 기도로 프로그램을 마친다.

학습자가 알아야 할 규칙

1. 청소년은 코스담당 교사를 통해 자신이 세운 기록을 기네스 북 도전장에 반드시 기록해야 한다.

2. 청소년은 한 코스에서 게임에 도전했으면 '다시다시 쿠폰'을 사용하는 경우를 제외하고 대기자가
   있는 경우 바로 재도전할 수 없고 다른 게임을 한 후에 재도전을 할 수 있다.

 ## 우리 교회 활용PLUS

우리 교회 클래스는 '주께 가까이' 게임에 필요한 십자가 모양을 따로 만들어 사용했어요.

MEMO

BCM
프로그램
클래스
Program Class

Chapter 3.

신앙
Growing-Up

신앙 Growing-Up

1

유아교회

우리교회 이야기

우리교회의 신앙 전통은 우리교회 다음 세대에 전수되어 현재 신앙의 모습으로 나타납니다. 유아들도 교회 구성원으로서 그 신앙적 전통과 공동체정신을 배우고 익혀야 합니다. 유아는 우리교회의 옛 이야기와 현재의 모습에 대해 배우며 교회를 소중히 여기게 되고, 소속감을 느낄 수 있게 됩니다. 또 유아들은 교회 곳곳을 돌아보고 청소하면서 사도행전에 기록된 일곱 집사처럼 우리교회를 섬기고 사랑하는 방법을 배우게 될 것입니다.

진행시간	장소	성격	규모	방법
70분	부서실	단속	소그룹	코너학습, 꾸미기 미술활동, 이야기듣기, 역할극

연관 주제어 — 새김마루, 공동체정신, 신앙전수, 교회, 일곱집사

⚙ 목표

1. 유아가 우리교회의 이름과 역사를 안다.
2. 유아가 우리교회의 일원으로 소속감을 느낀다.
3. 유아가 교회의 성도로서 교회를 아끼고 섬길 것을 약속한다.

⚙ 준비물

	ibcm.kr 제공 자료	별도 준비 자료
전체	이미지 / 코너확인표, 코너확인 스티커	A4용지(180g), 리본 끈, A4라벨지(전지)
1코너 : 들어봐! 우리 교회 옛이야기		우리교회 설립사진 또는 과거사진, 빔프로젝트, 노트북, 디지털카메라, 간식
2코너 : 만들자! 우리 교회 이름표	이미지 / 교회이름표	우드락, 색연필, 사인펜, 풀, 양면테이프, 가위, 자석, 다양한 스티커
3코너 : 신난다! 우리 교회 탐방하기		물티슈, 탐방할 장소 이름표, 제비뽑기 상자
4코너 : 약속해! 나도 일곱 집사	이미지 / '나도 일곱 집사' 현수막, '나도 일곱 집사' 임명장	두꺼운 A4용지(180g), 필기도구, 디지털카메라, 스탬프잉크, 물티슈

⚙ 자료보기

□ 4. 나도 일곱집사 현수막

□ 1. 코너 확인표   □ 2. 코너확인 스티커   □ 3. 교회이름표   □ 5. 나도 일곱집사 임명장

www.ibcm.kr 찾아가는 길!

www.ibcm.kr 홈페이지 접속 ➡ 홈 상단의 BCM Program Class 클릭 ➡ 왼쪽 메뉴 바 '유아교회 PC' 클릭
➡ Chapter3. 신앙 Growing-Up의 '우리교회 이야기' 자료 다운

 **준비과정 및 점검**

자료준비
프로그램 1주 전
1. ☐ 코너확인표를 A4용지(180g)에 유아의 인원 수만큼 출력한 후, 윗부분에 구멍을 뚫고 리본 끈을 연결하여 목걸이를 만든다.
2. ☐ 코너확인 스티커를 유아의 인원 수만큼 A4라벨지(전지)에 출력한다.

1코너 : 들어봐! 우리교회 옛이야기
프로그램 3주 전
1. ☐ 담당교사는 우리교회의 설립 당시 사진이나 과거 사진을 수집하고, 교회의 역사를 잘 알고 계시는 성도님을 섭외하여 교회의 설립일과 설립 이야기, 설립 당시 가장 기뻤던 일과 힘들었던 일 등 구체적인 내용을 인터뷰한다. 인터뷰를 녹화하고, 녹화하기가 어려운 경우에는 수집된 사진자료를 5~7분 분량의 PPT로 구성한다. 사진자료는 카메라로 재촬영하거나 스캐너를 사용하여 그림파일로 변환한 후 활용한다.

프로그램 1주 전
1. ☐ 담당교사는 유아가 서로 나누어 먹을 수 있는 종류로 간식을 준비한다.

2코너 : 만들자! 우리교회 이름표
프로그램 1주 전
1. ☐ 담당교사는 교회이름표를 유아의 인원 수 만큼 출력한다.
2. ☐ 담당교사는 교회이름표보다 가로, 세로 5cm씩 넓게 자른 우드락을 유아의 인원 수만큼 준비해 둔다.
3. ☐ 담당교사는 교회이름표 안내문을 유아의 인원 수만큼 출력한다.

3코너 : 신난다! 우리교회 탐방하기
프로그램 2주 전
1. ☐ 담당교사는 교회 내 각 장소 중에서 탐방할 곳을 정하고, 미리 양해를 구한다.
2. ☐ 담당교사는 종이에 각 장소의 이름을 적어서, 유아들이 탐방장소를 선택할 수 있도록 제비뽑기 상자에 넣어둔다.

프로그램 1일 전

1. ☐ 담당교사는 탐방장소의 이름표를 만들어 탐방장소에 부착한다(방송실, 예배실, 사무실, 목회실 등).

4코너 : 약속해! 나도 일곱 집사

프로그램 2주 전

1. ☐ 담당교사는 '나도 일곱 집사' 현수막을 주문, 제작한다.
2. ☐ 담당교사는 '나도 일곱 집사' 임명장을 A4용지(180g)에 유아의 인원 수만큼 출력한다.

프로그램 1일 전

1. ☐ 담당교사는 활동 전에 '나도 일곱 집사'현수막 그림을 코너방 전면에 붙인다.

진행준비

프로그램 1주 전

1. ☐ 담당사역자는 각 코너를 진행할 담당교사와 인솔교사, 역할극교사를 정하고, 유아들을 4조로 나눈다.
2. ☐ 역할극교사는 '일곱 집사의 이야기(2인극)' 을 연습한다.

🐑 한눈에 보는 프로그램 진행

프로그램 설명(전체진행) ➡ 1코너 : 들어봐! 우리교회 옛이야기 ➡ 2코너 : 만들자! 우리교회 이름표 ➡

3코너 : 신난다! 우리교회 탐방하기 ➡ 4코너 : 약속해! 나도 일곱 집사 ➡ 프로그램 정리(전체진행)

코너	활동내용	장소	시간
프로그램 설명	프로그램 내용, 의미 소개	부서실	12분
1코너 : 들어봐! 우리교회 옛이야기	교회의 옛 이야기 듣기	소그룹실	12분
2코너 : 만들자! 우리교회 이름표	교회 이름 알고, 이름표 꾸미기	소그룹실	12분
3코너 : 신난다! 우리교회 탐방하기	교회 탐방 및 장소 익히기	교회 내 각 예배실 또는 봉사실 등	12분
4코너 : 약속해! 나도 일곱 집사	일곱집사 이야기 역할극과 집사 선서	소그룹실 혹은 예배실	12분
프로그램 정리	정리 및 마침기도	부서실	10분

 **진행순서**

프로그램 설명

1. 진행교사는 유아들에게 프로그램의 목적을 설명한다.

3. 인솔교사는 유아에게 '코너확인표' 목걸이를 걸어준다.

4. 각 조는 정해진 순서대로 이동해도 좋고 제비뽑기로 순서를 정해도 좋다.

   예) 1팀: 1코너→2코너→3코너→4코너 / 2팀: 2코너→3코너→4코너→1코너

      3팀: 3코너→4코너→1코너→2코너 / 4팀: 4코너→1코너→2코너→3코너

1코너 : 들어봐! 우리교회 옛이야기

1. 담당교사는 유아에게 활동을 설명하고 제작한 영상이나 PPT를 보여주면서 교회의 옛이야기를 들려준다.

2. 담당교사는 들려준 우리교회의 옛이야기 가운데 2~3개 정도로 문제를 낸다.

   예) 우리교회를 처음 세운 사람은 누구일까요?, 우리교회 이름의 뜻은 무엇일까요?

3. 담당교사는 바르게 답한 유아에게 간식을 주고 조원들과 나누어 먹을 수 있도록 한다.

4. 담당교사는 유아의 코너확인표에 코너확인 스티커를 붙여준다.

2코너 : 만들자! 우리교회 이름표

1. 담당교사는 우리교회 이름에 대해 이야기한다.

2. 담당교사는 유아에게 교회이름표를 나누어주어 교회이름을 쓰고 색칠하도록 한다.

3. 담당교사는 유아에게 우드락을 나누어주어 우드락에 유아 각자가 쓰고 색칠한 교회이름표를 붙이게 한다. 또 스티커로 장식하게 한다.

4. 담당교사는 유아가 교회이름표 뒷면에 유아의 이름을 쓰게 하고, 뒷면에 양면테이프로 자석을 붙여 고정하도록 돕는다.

5. 담당교사는 유아들과 함께 '우리는 ○○교회 친구들!'이라고 외치고 유아의 코너확인표에 코너확인 스티커를 붙여준다.

6. 담당교사는 코너 활동을 마치면, 유아가 만든 교회이름표와 교회이름표 안내문을 가정으로 가져갈 수 있도록 준비한다.

3코너 : 신난다! 우리교회 탐방하기

1. 담당교사는 활동을 설명하고, 유아 중 한 명에게 탐방할 장소가 적힌 종이를 상자에서 제비뽑게 한다.

2. 담당교사는 종이에 적힌 장소로 유아를 안내한다.

3. 담당교사는 교회의 각 장소에서 어떤 일을 하는지 누가 봉사하는지 설명한다.

4. 담당교사는 우리교회를 사랑하고 아껴야 함을 이야기하고, 물티슈 탐방한 장소를 간단하게 청소한다.

5. 담당교사는 유아의 코너확인표에 코너확인 스티커를 붙여준다.

4코너 : 약속해! 나도 일곱 집사

1. 담당교사는 유아에게 '집사'에 대해 이야기하고, 역할극을 진행한다.

2. 담당교사는 '나도 일곱 집사' 현수막 앞에서 일곱 집사를 소개하며 설명한다.

3. 담당교사는 유아에게 '나도 일곱 집사' 임명장을 한 장씩 나누어준 후, 임명장에 자신의 이름을 적고 스탬프잉크를 사용해서 손도장을 찍도록 한다.

4. 담당교사는 유아의 손을 물티슈로 닦아준다.

5. 담당교사는 유아 한 명씩 '나도 일곱 집사' 현수막 앞에 세워 집사로 임명하고, 한 명씩 임명장을 들고 사진을 찍어 준다.

6. 담당교사는 유아의 코너확인표에 코너확인 스티커를 붙여준다.

7. 담당교사는 유아의 사진을 인화하여 다음 주에 나누어준다.

프로그램 정리

1. 코너학습을 마친 유아를 대그룹으로 모아 앉게 한다.

2. 담당교사는 유아들에게 각 코스에서 배운 내용을 토대로 교회에 대해 여러 가지 질문을 하여, 우리교회에 관한 내용을 기억하게 한다.

3. 그리스도가 머리 되시고 우리교회가 그 몸이 되게 하신 하나님께 감사하며, 교회를 통해 배우는 신앙을 잘 받아들여 신앙을 잘 이어가는 유아가 되게 해 달라고 기도한 후 마친다.

4. 반교사는 유아의 가정에 전화심방을 하여서 교회이름표를 집 문앞에 부착할 수 있게 한다.

 진행안

프로그램 설명

1. 오늘은 우리 친구들과 우리교회에 대해 알아보는 시간을 가져보려고 해요. 우리교회는 누가 세웠는지, 또 어떻게 세워졌는지, 또 어떤 일을 하고 있는지 알아볼 거예요. 왜냐하면 우리 친구들은 ○○교회의 공동체이기 때문이에요. 공동체라는 말은 함께 일하고, 함께 공부하고, 함께 밥을 먹

는 것처럼 무엇이든지 함께하는 사람들이 모여 있는 것을 말해요. 우리 가족은 가족공동체이고, 같은 유치원을 다니는 친구들은 유치원 공동체예요. 그러면 교회도 공동체일까요?(유아의 대답을 듣고) 맞아요! 우리교회에 모인 사람들도 함께 예배드리고 함께 봉사하고 함께 음식을 먹고 함께 하나님을 믿기 때문에 우리는 모두 ○○교회 공동체예요. 이제부터 우리교회의 옛이야기를 들으면서 우리교회가 어떻게 세워졌는지 알아볼 거예요. 또 교회의 곳곳을 둘러보고 청소도 하고 교회의 이름표도 만들어서 우리가 ○○교회 공동체라는 것을 함께 경험해 보아요.

1코너 : 들어봐! 우리교회 옛이야기

1. 안녕하세요! 이 방은 우리교회의 옛이야기를 들려주는 곳이에요. 우리교회는 언제부터 사람들이 모여서 예배드리게 되었을까요? 또 누가 우리교회를 세웠을까요? 오늘 우리 친구들에게 우리교회의 옛이야기를 들려주려고 해요~! 이제부터 잘 들어보세요!

[옛이야기 예시] 우리교회는 ○○○목사님과 ○○○장로님이 지금으로부터 40년 전에 목사님의 집에 모여 처음 예배를 드렸어요. ○○○목사님과 ○○○장로님은 아침마다 동네에서 전도지를 전하며 사람들에게 예수님을 전했어요. 그리고 오후에는 전도한 사람들을 목사님 집으로 초대해서 예배를 드렸어요. 사람들이 점점 더 많아지게 되어서 목사님과 장로님은 넓은 장소를 얻어 예배를 드렸어요. 그런데 시간이 조금 지나자 사람들이 더 많아져서 더 이상 앉을 수가 없었어요. 그래서 사람들은 모두 함께 예배드릴 수 있는 교회를 세우기로 결정했어요. 그런데 교회를 새로 지으려면 많은 돈이 필요했어요. 그래서 교회를 사랑한 많은 사람들이 조금씩 돈을 모아 헌금을 드리기도 하고, 자신이 가지고 있는 소중한 것을 내어 헌금으로 드리기도 했어요. 이렇게 우리교회는 많은 사람들의 노력이 모여서 지어진 교회라고 해요. 이렇게 많은 사람들이 함께 수고해서 세운 우리교회를 사랑하고 아끼기로 약속해요.

2. 자! 이제 우리 친구들이 지금까지 설명한 이야기를 얼마나 잘 듣고 기억하고 있는지 확인해보는 시간을 가져볼게요. 선생님이 하는 질문에 답해 보도록 해요!

[우리교회 옛이야기 관련 질문 예] 우리교회를 처음 세운 사람은 누구일까요? 우리교회 이름의 뜻은 무엇일까요?

2코너 : 만들자! 우리교회 이름표

1. 안녕하세요! 이 방은 우리교회의 이름표를 만들어 보는 곳이에요. 혹시 친구들은 우리교회의 이름을 알고 있나요? (네) 우리교회의 이름이 무엇이죠? (○○교회요!) 맞아요! 우리교회의 이름은 ○○교회예요. 우리 친구들도 이름이 있고, 유치원이나 어린이집도 이름이 있듯이 우리교회에도 이름이 있어요. 내 이름은 내가 누구인지 다른 사람들에게 알려줄 수 있는 것이에요. 또 유치원이나 어린이집 이름표는 그곳을 찾아가야 하는 사람들에게 그곳이 어디인지, 무엇을 하는 곳인지

알려주어요. 우리교회의 이름도 우리교회가 어떤 곳인지, 또 어떻게 찾아올 수 있는지 알려준답니다. 이제부터 우리교회 이름표를 만들어서 우리 집 문 앞에 붙일 거예요. 우리가 만든 이름표는 내가 OO교회를 다니는 것을 다른 사람들에게 알려주는 것이에요. 이제부터 우리교회 이름을 이름표에 적고 스티커로 예쁘게 꾸며보도록 해요.

3코너 : 신난다! 우리교회 탐방하기

1. 안녕하세요! 이 방은 우리교회의 여러 장소를 둘러보는 곳이에요. 교회에 예배드리는 곳 외에도 다양한 장소가 있어요. 오늘 우리는 그 중에 한 곳을 직접 찾아가 볼 거예요. 우리가 찾아간 곳이 어떠한 일을 하는지, 어떤 분들이 사용하고 있는지 알아보도록 해요.

3. 예시) 이곳은 대예배실이에요. 이곳에서는 우리들이 예배드리는 같은 시간에 어른들이 모여서 예배를 드린답니다. 목사님께서 이곳에서 어른들에게 하나님 말씀을 전해주세요. 다같이 하나님 말씀을 듣기도 하고 기도도 하고 찬양도 하는 곳이지요.

4. 우리는 많은 사람들이 함께 예배드리는 (또는 함께 기도하는, 함께 밥을 먹는… 등) 우리교회를 사랑하고 아껴야 해요. 우리가 교회를 사랑하고 아끼려면 어떻게 해야 할까요?(유아의 대답을 듣고) 우리가 교회를 사랑하는 방법이 많이 있지만 그중 한 가지는 교회를 깨끗하게 사용하고 소중히 여기는 것이에요. 우리가 사랑하고 좋아하는 것은 아끼고 소중히 여기듯이, 교회를 아끼고 사랑하는 마음으로 오늘 둘러본 곳을 깨끗하게 하는 시간을 가져보도록 해요.

4코너 : 약속해! 나도 일곱 집사

1. 안녕하세요! 이 방은 '약속해! 나도 일곱 집사' 방이에요. 여러분은 혹시 '집사'가 무슨 뜻인지 알고 있나요? 교회를 다니는 어른들을 집사님이라고 부르죠? '집사'는 '돕는 사람'이란 뜻을 가지고 있대요. 그런데 성경에도 '집사님'의 이야기가 나온다고 해요. 그 이야기를 베드로와 요한 아저씨가 들려주려고 오셨대요. 우리 다 같이 베드로와 요한 아저씨를 박수로 환영해 볼까요!

일곱 집사의 이야기(2인극, 역할극)

베드로: 안녕하세요! 저는 예수님의 열두 제자 중 한 명인 베드로랍니다. 요즘 저에게는 걱정이 있어요. 그게 뭐냐고요? 너무 많은 사람들이 교회로 와서 그 사람들을 도와주느라 사람들에게 하나님 말씀을 가르쳐줄 시간이 없어요! 우리교회는 가난한 사람들을 도와주고 있는데, 그 사람들을 도와주느라 저와 다른 제자들이 너무너무 바쁘답니다. 그래서 요즘에 저는 하나님께 기도도 못하고 사람들에게 예수님의 말씀도 들려주지 못하고 있답니다(걱정스러운 얼굴로 의자에 앉는다).

요한: (그때 요한이 등장한다) 이봐, 베드로! 무엇을 그렇게 걱정하고 있나? 얼굴에 걱정이 가득하군! 무슨 안 좋은 일이 생겼나?

베드로: (한숨을 내쉬며)자네도 알다시피 교회에 많은 사람들이 몰려오는데 일을 도와줄 사람은 부족하고, 정말 걱정이네. 요즘엔 너무 바빠서 기도도 못하고 있다네. 요즘 이게 나의 가장 큰 고민이라네.

요한: 저런~! 큰일이군! 일이 바빠서 기도를 못하면 안 되지~!

베드로: 무슨 좋은 방법이 없을까?

요한: 그러게(골똘히 고민하는 표정을 짓는다) … (무릎을 치며) 아해 좋은 방법이 생각났네! 우리와 함께 교회의 일을 도와줄 사람을 새로 뽑으면 어떻겠는가?

베드로: 그래! 그거 좋은 생각일세. (요한의 두 손을 잡으며) 우리교회에 있는 사람들 중에 믿음이 좋고 지혜로운 사람 일곱 명을 뽑아서 교회 일을 돕도록 하세!

요한: 그리고 그 사람들을 '집사'라고 부르자!

베드로: '집사'는 '돕는 사람'이란 뜻을 가지고 있으니 그것 좋겠네! 어서 일곱 집사를 뽑아서 우리를 도와 교회 일을 섬기게 하세!

(베드로와 요한은 손을 잡고 퇴장한다)

2. 베드로와 요한은 그 후 (일곱 집사 현수막 그림을 가리키며) 스데반, 빌립, 바메나, 니가노르, 니골라, 디몬, 브로고로를 초대교회 집사님으로 임명했답니다. 그 뒤로 초대교회는 하나님의 말씀을 더 열심히 전해서 예수님의 말씀을 믿는 사람들이 더욱 많아지고 사람들 모두가 행복해졌답니다. 우리 친구들 중에서도 일곱 집사처럼 교회를 사랑하고 교회를 섬기고 싶은 친구가 있나요? 오늘 그 친구들을 ○○교회 일곱 집사로 임명하려고 합니다.

5. 이제부터 우리교회 일곱 집사 임명식을 가지려고 합니다. 한사람씩 일곱 집사(현수막 그림) 옆에 서보기로 해요. 선생님이 '○○교회는 ○○○을(를)집사로 임명하려고 합니다. ○○○ 집사는 우리교회를 아끼고 사랑할 것을 약속합니까?'라고 말하면 우리 친구들은 '아멘'이라고 대답해 주세요.

 ## 우리 교회 활용PLUS

1. 우리 교회 클래스는 인원이 많지 않아서 전체활동으로 진행했어요.
2. 우리 교회 클래스는 '4코너: 약속해! 나도 일곱 집사'에서 폴라로이드 사진기로 사진을 찍어서 바로 나누어 주었어요.

MEMO

아나바다 마을

자연을 아끼고 보호하는 자연지킴이! 이웃을 사랑하고 섬기는 이웃섬김이! 하나님께서는 우리들을 자연지킴이와 이웃섬김이로 세워주셨습니다. '아나바다 마을'은 유아들이 자연지킴이와 이웃섬김이로서 사회에 참여하는 여러 가지 방법을 알려주는 프로그램입니다. 여러분을 '아나바다 마을'로 초대합니다!

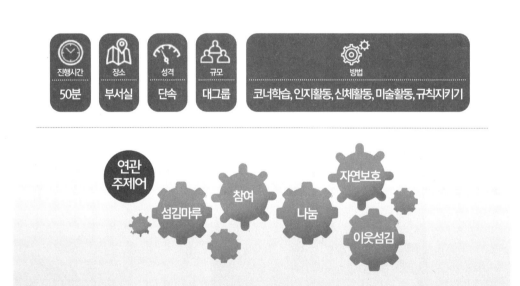

진행시간	장소	성격	규모	방법
50분	부서실	단속	대그룹	코너학습, 인지활동, 신체활동, 미술활동, 규칙지키기

연관 주제어

섬김마루 / 참여 / 나눔 / 자연보호 / 이웃섬김

⚙ 목표

1. 유아가 하나님께서 주신 자연과 이웃을 소중히 여겨야 함을 안다.
2. 유아가 자신이 하나님께서 세워주신 자연지킴이와 이웃섬김이라는 것을 깨닫는다.
3. 유아가 자연지킴이와 이웃섬김이로서 사회를 섬기는 일에 참여한다.

⚙ 준비물

	ibcm.kr 제공 자료	별도 준비 자료
전체	이미지 / 마을 표지판, 아나바다 목걸이, 아나바다 스티커	보면대, 리본 끈, A4 라벨지(전지)
1코너:(자연지킴이) 자연보호, '아' 마을	이미지 / 자연보호, 아껴쓰기 집, 절약 스티커	A4 라벨지(전지), 스티커
2코너:(이웃섬김이) 줄서서 가기, '나' 마을	이미지 / 우측통행 표지판, 도움 스티커	보면대, 세계지도, 도움이 필요한 나라 사진자료, A4 라벨지(40칸), 스티커
3코너:(이웃섬김이) 신호등 지키기, '바' 마을	이미지 / 신호등 그림(빨간불, 초록불), '바꿔써요' 색칠하기	보면대, 크레파스, 스티커
4코너:(자연지킴이) 쓰레기 줍기, '다' 마을		쓰레기봉투, 쓰레기(종이, 종이컵, 종이접시, 우유통, 병, 캔 등), 상자 또는 하드보드지, 재활용품, 스티커, 크레파스, 셀로판테이프, 가위, 색종이

⚙ 자료보기

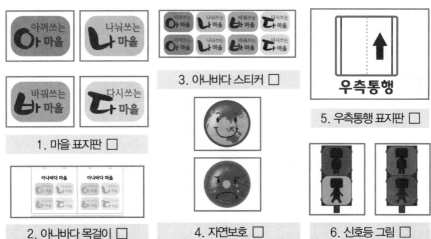

1. 마을 표지판 ☐
2. 아나바다 목걸이 ☐
3. 아나바다 스티커 ☐
4. 자연보호 ☐
5. 우측통행 표지판 ☐
6. 신호등 그림 ☐

www.ibcm.kr 찾아가는 길!

www.ibcm.kr 홈페이지 접속 ➡ 홈 상단의 BCM Program Class 클릭 ➡ 왼쪽 메뉴 바 '유아교회 PC' 클릭
➡ Chapter3. 신앙 Growing-Up의 '아나바다 마을' 자료 다운

준비과정 및 점검

자료준비
프로그램 1주 전

1. ☐ 마을 표지판을 출력하고 보면대를 활용하여 표지판을 세운다.
2. ☐ 아나바다 목걸이를 유아의 인원 수만큼 출력한 뒤, 윗부분에 구멍을 뚫고 리본 끈을 연결하여 목걸이를 만든다.
3. ☐ 아나바다 스티커를 유아의 인원 수만큼 A4라벨지(전지)에 출력해서 오린다.
4. ☐ 아래표를 참고하여 각 마을별로 필요한 소품을 준비한다.

	준비
자연보호	☐ 자연보호 그림자료를 출력하여 징검다리 모양으로 움직이지 않도록 바닥에 고정한다.
'아' 마을	☐ 아껴쓰기 집 그림자료를 출력한다. ☐ 절약 스티커를 유아의 인원 수만큼 A4 라벨지에 출력한 뒤에 하나씩 떼어서 쓸 수 있도록 스티커에 칼집을 낸다.
줄서서 가기	☐ 우측통행 표지판 그림자료를 출력하고 보면대를 활용하여 표지판을 세운다.
'나' 마을	☐ 세계지도를 준비한다. ☐ 인터넷에서 다양한 도움이 필요한 나라의 사진자료를 5가지 찾아 4부씩 출력한다. ☐ 도움이 필요한 나라의 사진 자료를 참고하여 도움 스티커를 선정하고 한 유아가 5개의 스티커를 받을 수 있도록 A4 라벨지(40칸)에 출력한다.
신호등 지키기	☐ 신호등 그림을 출력해서 보면대를 활용하여 표지판을 세운다. 이 때 빨간불 신호등이 보이도록 세운다.
'바' 마을	☐ '바꿔써요' 색칠하기 그림자료를 유아의 인원 수만큼 출력한다. ☐ 낱개 크레파스를 한 조의 유아 인원 수 만큼 각각 다른 색으로 준비한다.
쓰레기 줍기	☐ 쓰레기 봉투, 종이, 종이컵, 종이접시, 깨끗이 씻은 우유통, 병, 캔 등을 준비한다.
'다' 마을	☐ 재활용품으로 만들기를 할 때 필요한 스티커, 크레파스, 셀로판테이프, 가위, 색종이 등을 준비한다.

5. ☐ '다' 마을 담당교사는 유아들이 참고할 수 있도록 미리 재활용품으로 만들기를 해 놓는다. (예 –연필꽂이, 보석함, 장난감 등)

진행준비
프로그램 2주 전

1. □ 진행교사는 코너 담당교사와 인솔교사를 선정하고, 각 담당교사는 진행안을 숙지한다.

프로그램 1주전

1. □ 진행교사는 유아의 연령을 고려하여 4조로 나눈다.
2. □ 진행교사는 진행순서 〈프로그램 설명〉의 코스도안을 참고로 하여, 부서실에 각 코스를 배치하고 준비물을 배정해 놓는다.
3. □ 각 코너교사들에게 유아들에게 붙여줄 스티커를 나누어 준다.

 한눈에 보는 프로그램 진행

프로그램 설명(전체진행) ➡ 1코너(자연지킴이) ➡ 2코너(이웃섬김이) ➡ 3코너(이웃섬김이) ➡ 4코너

(자연지킴이) ➡ 프로그램 정리(전체진행)

코너		활동내용	시간	장소
1코너 (자연 지킴이)	자연보호	자연보호 징검다리 건너기	10분	부서실
	'아' 마을 (아껴쓰기)	집에서 아껴 쓸 수 있는 것 찾아보기		
2코너 (이웃 섬김이)	줄서서 가기	차례를 지켜서 줄서서 우측으로 걸어가기	10분	
	'나' 마을 (나눠쓰기)	힘들어하는 사람들에게 도움의 손길 전해주기		
3코너 (이웃 섬김이)	신호등 지키기	횡단보도 앞에서 초록불로 바뀌면 손들고 걸어가기	10분	
	'바' 마을 (바꿔쓰기)	크레파스를 친구와 바꿔가며 그림그리기		
4코너 (자연 지킴이)	쓰레기 줍기	길에 떨어져 있는 여러 가지 쓰레기 줍기	10분	
	'다' 마을 (다시쓰기)	주어온 재활용품으로 장난감 만들기		

진행순서

프로그램 설명

1. 진행교사는 유아에게 프로그램의 목적을 설명한다.

2. 진행교사는 유아에게 아나바다 목걸이를 걸어주며, 목걸이를 걸고 코너에 참여하게 한다.

3. 진행교사는 유아 전체 인원을 4조로 나누어 코너를 순서대로 참여하게 한다.

　예) 1조: 1코너→2코너→3코너→4코너 / 2조: 2코너→3코너→4코너→1코너

　　3조: 3코너→4코너→1코너→2코너 / 4조: 4코너→1코너→2코너→3코너

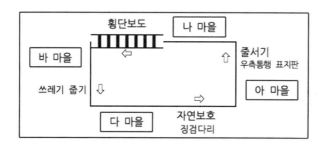

1코너: 자연지킴이–자연보호, '아' 마을

1. 인솔교사는 자연보호구역에서 자연보호에 대해 설명하고 유아가 자연을 지키는 내용의 그림만 밟으면서 지나가도록 한다.

2. 담당교사는 '아' 마을에 대해 설명한다.

3. 담당교사는 아껴쓰기 집 그림을 보면서 자원이 낭비되고 있는 부분이 어디인지 찾아보고 아껴쓰지 않으면 어떻게 되는지 이야기한다.

4. 담당교사는 유아들에게 절약 스티커를 나누어 주고 사용방법을 설명한다.

5. 담당교사는 자연지킴이로서 아껴쓰기를 다짐하고 약속한 유아의 목걸이에 스티커를 붙여준다.

2코너: 이웃섬김이–줄서서 가기, '나' 마을

1. 인솔교사는 줄서기 구역에서 우측통행으로 줄을 맞추어 지나가도록 한다.

2. 담당교사는 '나' 마을에 대해 설명한다.

3. 교사는 세계지도에서 도움이 필요한 나라를 찾아 해당 지명 위에 그 나라의 사진을 올려놓는다. 그리고 도움이 필요한 나라들의 상황을 설명한다.

4. 진행교사는 유아에게 도움 스티커를 나누어주고 각 나라별로 필요한 것을 사진 위에 붙이게 한다.

5. 진행교사는 유아가 교사를 따라서 도움이 필요한 사람들을 위해 기도하도록 한다.

6. 담당교사는 이웃섬김이로서 나눠쓰기를 다짐하고 약속한 유아의 목걸이에 스티커를 붙여준다.

3코너: 이웃지킴이–신호등 지키기, '바' 마을

1. 인솔교사는 신호등 지키기 구역에서 초록불 신호에 길을 지나가도록 한다.

2. 담당교사는 '바' 마을에 대해 설명한다.

3. 담당교사는 유아에게 '색칠하기' 그림자료와 각각 다른 색의 크레파스를 한 개씩 나누어준다. 담당교사는 유아가 친구들과 크레파스를 서로 바꾸어가며 색칠을 완성할 수 있도록 한다.

4. 담당교사는 이웃섬김이로서 바꿔쓰기를 다짐하고 약속한 유아의 목걸이에 스티커를 붙여준다.

4코너: 자연지킴이-쓰레기 줍기, '다' 마을

1. 인솔교사는 쓰레기 줍기 구역에서 유아가 재활용품을 주어서 쓰레기봉투에 담고 지나가도록 한다.

2. 담당교사는 '다' 마을에 대해 설명한다.

3. 담당교사는 미리 재활용품으로 만들어 놓은 작품을 유아에게 보여주고, 유아가 주어온 재활용품으로 각자 만들고 싶은 것을 만들도록 한다.

4. 담당교사는 자연지킴이로서 다시쓰기를 다짐하고 약속한 유아의 목걸이에 스티커를 붙여준다.

프로그램 정리

1. 인솔교사는 모든 코스를 다 마친 후, 유아들을 코스 중앙에 대그룹으로 모여 앉게 한다.

2. 진행교사는 유아들이 참여한 코스의 미션들에 대해 물어보면서 각 코스를 기억하게 한다.

3. 진행교사는 유아들이 자연지킴이와 이웃섬김이로서 하나님께서 주신 자연과 이웃을 소중히 여기는 삶을 살게 해달라고 기도한 후 프로그램을 마친다.

 ## 진행안

프로그램 설명

1. 하나님께서는 이 세상의 모든 것을 말씀으로 창조하셨어요. (그림자료를 보여주며) 높은 하늘, 푸르른 들판, 저 멀리 솟아 있는 산, 넓은 바다는 하나님의 멋진 걸작품이에요. 맛있는 사과가 열리는 사과나무, 깡충깡충 토끼도, 어흥! 호랑이도 모두모두 하나님께서 만드셨어요. 이 모든 자연을 하나님께서 말씀으로 만드셨어요. 그리고 마지막으로 하나님의 형상을 닮은 사람을 만드셨지요.

하나님께서는 사람에게 자연을 다스리고 정복하고 잘 관리하라고 하셨어요. 우리를 자연을 섬기는 '자연지킴이'로 세워주신 거예요. (새끼손가락을 마주 걸며) 이것은 바로 하나님과 사람과의 약속이에요. 우리는 그 약속에 따라서 하나님께서 맡겨주신 자연을 잘 지키고 보호해야 할 책임이 있어요. 그렇게 하면 이 세상의 많은 사람들과 자연이 모두모두 행복하게 살 수 있지요.

그런데 하나님을 믿는 우리들이 또 하나 지켜야 할 약속이 있어요. 바로 우리와 함께 살고 있는 다른 사람들을 사랑하고 섬기는 '이웃섬김이'가 되어야 한다는 거예요. 우리는 '이웃섬김이'로서 내가 가지고 있는 것을 다른 사람에게 나누어 주기도 하고, 양보를 하기도 하고, 또 많은 사람들이 함께 안전하게 살수 있도록 정해놓은 질서도 잘 지켜야 해요.

그래서 오늘은 '아나바다 마을'을 방문해 보려고 해요. 이 마을은 사람과 자연, 우리 모두가 안전하고 행복하게 살아갈 수 있도록 함께 지켜야 할 약속들과 규칙들에 대해서 알려주는 마을이에요. 이제 우리 모두 자연지킴이, 이웃섬김이로서 자연과 이웃을 사랑하는 방법을 배우고 실천하는 시간을 가져보도록 해요.

1코너: 자연지킴이-자연보호, '아' 마을

1. 우리는 하나님께서 주신 아름다운 자연을 잘 지키고 보호해야 하는 자연지킴이예요. 자연을 지키기 위해서 우리는 무엇을 할 수 있을까요? (유아의 대답을 듣는다) 그래요. 우리는 물을 아껴 쓰고, 쓰레기를 아무데나 버리지 않는 것과 같은 여러 가지 방법으로 자연을 지킬 수 있어요. 아래에 있는 그림을 잘 보고 웃고 있는 지구의 그림을 선택해서 건너가세요.

2. 안녕하세요. 여기는 '아' 마을이에요. 무엇이든 아껴 쓰는 마을이죠. 하나님께서는 우리가 행복하게 살아갈 수 있도록 많은 선물을 주셨어요. 밭에 나는 채소와 과일들을 주셔서 맛있게 먹을 수 있게 하셨고, 나무를 주셔서 집을 짓게도 하셨고, 책상을 만들게도 하셨어요. 또 나무로 종이를 만들어서 사용할 수도 있게 하셨어요. 이밖에도 우리에게 주신 것이 정말 많아요. 그런데 하나님께서 주신 이 선물을 아끼지 않고 함부로 사용한다면 아마 하나도 남지 않게 될 거예요. 그래서 우리는 자연지킴이로서 하나님께서 주신 이 아름다운 자연을 아끼고 보호해줘야 해요. 오늘은 하나님께서 우리에게 주신 자연을 보호하기 위해서 집에서 아껴써야 할 것들을 찾아보고 아껴쓰지 않으면 어떻게 되는지 배워보도록 해요.

3. (아껴쓰기 집 그림을 보여주며)

-방 : 마구 버려져 있는 종이

누가 이렇게 종이를 함부로 사용했네요. 여러분은 종이가 어떻게 만들어지는지 아나요? 종이는 나무로 만들어요. 우리 주변에 나무가 많은 것처럼 보이지만 우리가 종이를 아껴쓰지 않고 함부로 사용하면 아마도 이 세상에 있는 나무들이 모두 없어지게 될 거예요. 특히 종이는 재활용도 가능하기 때문에 아껴쓰기도 하고, 재활용 쓰레기통에 버리는 것도 잊지 말아야 해요.

-부엌 : 식탁 위의 남겨진 음식

부엌을 보니까 식탁 위에 남은 음식이 가득해요. 먹다가 만 과자도 보이네요. 이 음식들은 하나님께서 우리에게 주신 소중한 곡식, 채소, 과일들로 만들어진 것이에요. 그런데 우리가 음식을 아껴먹지 않으면 어떻게 될까요? 논밭의 곡식들과 채소 과일들이 모두 사라지게 될 거예요. 그래서 먹을 만큼만 적당히 사고, 적당히 덜어서 먹어야 해요.

—거실 : 켜 있는 텔레비전

  거실에 아무도 없는데 텔레비전이 켜져 있네요. 이렇게 하면 전기가 낭비되는 거예요. 전기는 발전소를 통해서 우리집으로 전달되는 거예요. 그런데 전기를 아껴쓰지 않아서 전기가 없어지면 우리는 깜깜한 밤에 불을 켤 수 없고, TV나 컴퓨터를 할 수 없게 될 거예요. 밝은 낮에 안 쓰는 불은 끄고, 보지 않는 텔레비전을 꼭 꺼두는 것이 좋아요.

—화장실 : 세면대에 틀어져 있는 물

  세면대를 보니까 물이 계속 흐르고 있네요. 지금은 수도꼭지를 틀면 언제나 물을 사용 할 수 있고게 될 슈퍼에 가면 먹는 물을 살 수도 있지만, 우리가 물을 아껴쓰지 않으면 어떻게 되는지 볼까요? 우리가 물을 아껴쓰지 않으면 이렇게 물이 말라버릴 거예요. 목이 말라도 물을 마실 수 없고, 세수도, 빨래도 할 수 없게 될 거예요. 물은 꼭 필요한 만큼만 쓰도록 해요.

4. 자연지킴이로서 집에서도 아껴쓰기를 잘 실천했으면 좋겠어요. 그래서 여기에 있는 네 가지 절약 스티커를 나누어 줄 거예요. 이 스티커를 집에 가져가서 우리가 집 모형을 보면서 함께 알아본 것처럼 아껴 쓸 수 있는 물건에 붙이는 거예요. 이 스티커를 볼 때마다 아껴쓰기를 다짐하고 잘 실천할 수 있을 거예요.

2코너: 이웃섬김이—줄서서 가기, '나' 마을

1. 이제는 '나' 마을로 우리가 이동할 거예요. 선생님이 한 가지 규칙을 가르쳐 주려고 해요. 우리가 길을 걸어갈 때나 계단을 오르고 내릴 때 어느 방향으로 걸어가야 할까요? (유아의 이야기를 듣는다) 오른쪽으로 걸어가야 해요. 특히 많은 사람들이 있는 곳에서 오른쪽으로 걸어가면 서로 부딪히지 않고 안전하게 움직일 수 있을 거예요. 지금부터 걸어갈 때 줄을 잘 맞춰서 오른쪽으로 걸어가도록 해요.

2. 안녕하세요. 여기는 '나' 마을이에요. 바로 이웃섬김이가 되어서 다른 사람들에게 나의 것을 나누어주는 마을이죠. 내가 가지고 있는 것 중에서 많이 있거나, 더 이상 나에게 필요 없는 것들을 필요한 사람들에게 나누어주는 거예요.

  (세계지도를 보여주며) 이것은 우리가 살고 있는 지구의 여러나라들을 한 눈에 볼 수 있는 세계지도예요. 우리나라가 어디에 있는지 찾아볼까요? 이 세상에는 우리나라 말고도 많은 나라들이 있어요. 그리고 그 나라에도 많은 사람들이 함께 모여 행복하게 살고 있지요. 그런데 이 세상에는 아파하고 힘들어하는 사람들도 함께 살고 있어요. 그 사람들은 도움이 많이 필요한 사람들이에요. 여기에서는 그렇게 아파하고 힘들어하는 사람들에게 우리가 무엇을 나누어 줄 수 있을지

함께 알아보는 시간을 가져보도록 해요.

3. 예) −일본 : 지진으로 인해 집을 잃은 사람들 (도움 스티커 : 옷, 장난감, 책 등)

　　−북한 : 정치적 억압으로 인해 하나님을 믿을 수 없는 사람들, 먹을 것이 없어 굶고 있는 아이들
　　　　　(도움 스티커 : 성경책, 물, 사람 등)

　　−아프리카 : 먹을 것이 없어 굶고 있는 아이들 (도움 스티커 : 병원, 물, 음식 등)

　　−이란 : 전쟁으로 인해 부모님을 잃은 아이들 (도움 스티커 : 병원, 기도 등)

5. 선생님을 따라서 함께 기도할게요. 하나님, 이 세상에는 우리들의 도움이 필요한 사람들이 많이 있다는 것을 알았어요. 도움이 필요한 곳에 우리의 것을 나누어 줄 수 있는 이웃섬김이가 될 수 있도록 우리를 도와주세요. 예수님의 이름으로 기도드립니다. 아멘.

3코너: 이웃지킴이−신호등 지키기, '바' 마을

1. 어? 여기가 어디죠? (유아들의 대답을 듣는다) 맞아요. 여기는 횡단보도예요. 횡단보도에는 신호등이 있어요. 신호등은 사고가 나는 것을 막기 위해서 사람들끼리 정해놓은 약속 중에 하나에요. '빨간불이 들어 왔을 때는 멈추고, 초록불이 들어 왔을 때는 길을 지나갑시다'라고 약속을 한 거예요. 이 약속을 잘 지키지 않으면 어떻게 될까요? 맞아요. 사고가 날 수도 있어요. 우리 다함께 초록불이 들어오면 손을 번쩍 들고 건너볼까요? (교사는 그림 자료를 초록불 신호등으로 바꾼 후 유아들이 손을 들고 지나가도록 한다)

2. 안녕하세요. 여기는 '바' 마을이에요. 각자가 가지고 있는 물건들을 바꿔 쓰는 마을이에요. 우리는 가지고 싶다고 해서 모든 것을 가지고 있을 수 없어요. 가끔은 내가 가지고 싶어 하는 것을 친구가 가지고 있는 경우도 있고, 친구가 가지고 싶어 하는 것을 내가 가지고 있을 때도 있어요. 이럴 때 좋은 것이 바로 '바꿔쓰기'예요. 서로서로 필요한 것을 바꿔 쓰는 거예요. '내꺼니까 나만 써야 해!', '엄마한테 새 것 사달라고 해야지!' 하는 것이 아니라 이웃섬김이로서 내가 가지고 있는 것을 친구에게 먼저 바꾸어 쓰자고 이야기할 수 있었으면 좋겠어요.

4코너: 자연지킴이−쓰레기 줍기, '다' 마을

1. 어? 누가 길에 쓰레기를 버렸나 봐요. 쓰레기는 어디에 버려야 할까요? (유아들의 대답을 듣는다) 맞아요. 쓰레기통에 버려야 해요. 길은 많은 사람들이 오고가는 곳이기 때문에 이렇게 길에 쓰레기가 있으면 보기에도 좋지 않고, 잘못해서 밟으면 넘어질 수도 있어요. 그리고 이렇게 유리 같은 것은 너무 위험해요. 우리 다같이 쓰레기를 주워볼까요?

2. 안녕하세요. 여기는 '다' 마을이에요. 바로 다시 쓰는 마을이죠. 이 세상에는 한 번밖에 쓸 수 없는 것도 하지만 다시 쓸 수 있는 것들도 있어요. 물건을 다시 사용할 수 있게 되면 쓰레기가 많이 줄어들 거예요. 그렇게 되면 하나님이 주신 우리의 자연이 아름답게 보존될 수 있을 거예요.

여러분이 '다' 마을에 오면서 쓰레기를 주워왔는데 쓰레기는 다시 쓸 수 있는 것일까요, 없는 것일까요? 쓰레기 중에는 또 쓸 수 없는 것들도 있고, 다시 쓰면 더 멋지게 사용할 수 있는 것도 있어요. 다시 사용할 수 있는 것을 우리는 '재활용품'이라고 해요. 이제 우리 모두 자연지킴이로서 이 재활용품을 다시 사용할 수 있는 방법을 함께 생각해보고 재활용품 작품을 만들어 보기로 해요.

 ## 우리 교회 활용PLUS

1. 우리 교회 클래스는 4주 동안 한 주에 한 코너씩 진행했어요.
2. 우리 교회 클래스는 부서실이 넓지 않아서 4개의 부서실을 사용해서 진행했어요.

신앙 Growing-Up

3

유아교회

한 발 두 발 예수님 따라가기

'한 발 두 발 예수님 따라가기'는 성경에 기록된 예수님의 희생과 섬김을 배우는 프로그램입니다. 유아는 가르치고, 병을 고치고, 복음전도의 사역으로 세상을 섬기신 예수님의 모습을 통해 섬김의 영성을 배웁니다. 각 코너별 놀이와 활동을 하면서 친구들과 협동함으로 예수님의 섬김과 희생의 영성을 한 발 두 발 따라가는 유아들이 되길 바랍니다.

진행시간	장소	성격	규모	방법
60분	부서실	단속	소그룹	코너학습, 신체놀이, 장애물 게임, 블록놀이

연관 주제어

믿음마루 · 영성 · 섬김 · 예수님 · 복음

⚙ 목표

1. 유아가 각 코너의 놀이를 통해 예수님의 섬김과 희생이 무엇인지를 안다.
2. 유아가 조별활동을 통해 다른 사람들을 섬기고 협동을 경험한다.
3. 유아가 예수님처럼 다른 사람을 섬기고 도와줄 것을 다짐한다.

⚙ 준비물

	ibcm.kr 제공 자료	별도 준비 자료
전체	이미지 / 각 코너제목, 코너 확인표	A3용지, 스티커
1코너 복음을 전달 전달		신문지, 초콜릿 또는 사탕
2코너 기도의 발자국	이미지 / 주사위 도안, 예수님 말	A4색지(180g), 4절지, 초콜릿
3코너 영차! 예수님께로		예수님 그림, 풍선, 보자기, 바구니(풍선을 담을 만한 그릇), 장애물게임 물품(훌라후프, 림보, 책, 허들, 베개, 방석, 의자 등)
4코너 예수님을 도와요	이미지 / 활용그림 4종	블록 (도미노 또는 젠가와 같은 사각블록)

⚙ 자료보기

1. 각 코너 제목 ☐   2. 코너 확인표 ☐   3. 주사위 도안 ☐

4. 예수님 말 ☐   5. 활용그림 ☐

www.ibcm.kr 찾아가는 길!

www.ibcm.kr 홈페이지 접속 ➡ 홈 상단의 BCM Program Class 클릭 ➡ 왼쪽 메뉴 바 '유아교회 PC' 클릭
➡ Chapter3. 신앙 Growing-Up의 '한 발 두 발 예수님 따라가기' 자료 다운

준비과정 및 점검

자료준비

프로그램 1주 전

1. ☐ 코너 확인표를 유아의 인원 수만큼 출력한다.
2. ☐ 유아가 손에 잡기 좋은 크기로 신문지를 말아 풀로 붙여 막대를 만든 후, 흰색종이에 '복음'이라고 적어서 깃발처럼 붙인다.
3. ☐ 주사위 도안, 예수님 말을 A4 색지(180g)에 출력하여 주사위를 만든다.
4. ☐ 4절지에 매직으로 게임판을 그린다.
5. ☐ 각 코너제목 이미지를 A3용지에 출력한다.

33	34	35 배고파! (휴식)	36	37 선생님 사랑 해요! 크게 고백해봐요!	38	39	40 도착!
32	31 힘내서 기도 (한번 더)	30	29	28	27	26 오른쪽에 있 는 친구를 칭 찬합시다!	25
17 달콤한 유 혹! (선생님 이 주시는 간 식을 옆친구 에게 나눠주 기)	18	19	20 힘내서 기도 (한번 더)	21	22 배고파! (휴식)	23	24
16	15	14 힘내서 기도 (한번 더)	13	12	11	10 피곤한 어깨 를 주물러줘 요!	9
1 출발!	2	3	4	5 배고파! (휴식)	6	7	8

〈게임판 도안 예시〉

6. ☐ 4절지에 '예수님 말'이미지를 참고하여 예수님을 그림으로 그리거나 '예수님'이라고 크게 적는다.
7. ☐ '활용그림 4종'을 유아 인원 수의 절반만큼 출력한다.

진행준비

프로그램 1주 전

1. ☐ 진행교사는 전체 유아를 4조로 편성하고, 4명의 인솔교사를 선정한다.

프로그램 1일 전

1. ☐ 각 코너제목 우드락 판을 정해진 구역에 붙인다.
2. ☐ 각 코너별 준비물을 준비하여 정해진 구역에 배치한다.

 한눈에 보는 프로그램 진행

프로그램 설명 ➡ 1코너: 복음을 전달 전달 ➡ 2코너: 기도의 발자국 ➡ 3코너: 영차! 예수님께로 ➡ 4코너: 예수님을 도와요! ➡ 프로그램 정리

코너	활동내용	시간	장소
프로그램 설명	프로그램 내용, 의미 소개	10분	부서실 혹은 소그룹실
1코너: 복음을 전달 전달	신문지 깃발로 복음을 전하는 게임	10분	
2코너: 기도의 발자국	게임판의 미션을 수행하며 예수님의 기도를 따라가는 게임	10분	
3코너: 영차! 예수님께로	장애물을 통과하며 예수님의 치유사역을 배우는 게임	10분	
4코너: 예수님을 도와요!	블록을 채워 넣으며 예수님의 사역에 참여해 보는 게임	10분	
프로그램 정리	정리 및 마침기도	5분	

진행순서

프로그램 설명

1. 진행교사는 대그룹으로 모인 유아에게 '한 발 두 발 예수님 따라가기' 코너학습을 통해, 주어진 활동을 수행하며 성경에 나온 예수님의 사역을 따라감으로 예수님의 섬김과 희생의 모습을 배울 것을 설명한다.
2. 진행교사는 유아들에게 코너확인표를 나누어 주고, 각 코너별로 활동을 마치면 코너 확인표에 스티커를 붙여줄 것임을 설명한다.
3. 진행교사는 유아들을 4조로 나누고, 유아는 조별 인솔교사를 따라 조별 순서대로 코너를 이동하며 활동에 참여한다. (각 코너별 소요시간: 7분, 이동시간 :3분 이내)

1조 : 1코너 → 2코너 → 3코너 → 4코너

2조 : 2코너 → 3코너 → 4코너 → 1코너

3조 : 3코너 → 4코너 → 1코너 → 2코너

4조 : 4코너 → 1코너 → 2코너 → 3코너

1코너: 복음을 전달 전달 '신문지 깃발 게임'

1. 진행교사는 유아들을 동그랗게 앉게 한 후, 예수님이 우리를 복음 전도로 섬기셨기에, 우리도 예수님처럼 복음을 전해야 한다는 것을 이야기한다.

2. 진행교사는 게임방법을 설명하고, 게임을 시작한다.

3. 진행교사는 유아가 전도에 관련된 찬양(예 : "천국복음" 2010 BCM여름찬양, "가자 가자 꼬마제자" BCM 맑은소리 찬양집 2번 곡 등)을 부르며 복음 신문지 깃발을 옆 친구에게 전달하게 한다. 노래가 끝날 때 복음 신문지 깃발을 가지고 있는 유아가 자리에서 일어나 "복음을 전파하자!"라고 구호를 외치고 자리에 앉는다. 진행교사는 구호를 외친 유아의 입에 초콜릿을 넣어준다.

4. 진행교사는 찬양의 빠르기 · 강약을 조절하여 부르거나, 신문지 깃발 던지고 받기, 위로 높이 던지고 받기 등 제스처를 다양하게 시도하여 게임을 반복한다.

5. 진행교사는 게임이 끝나면 유아들이 가지고 있는 코너확인표에 스티커를 붙여주고 다음코너로 이동하도록 지도한다.

2코너: 기도의 발자국 '주사위 게임'

1. 진행교사는 게임판을 중심으로 유아들을 동그랗게 앉게 한 후, 예수님께서 복음 사역을 하시기 전에 40일 금식기도로 섬기셨다는 것을 이야기한다.

2. 진행교사는 게임방법을 설명하고, 게임을 시작한다.

3. 진행교사는 유아가 한 명씩 돌아가며 주사위를 던져서 나온 수 만큼 예수님 말을 이동시키게 한다. 그리고 예수님 말이 멈춘 자리에 적혀 있는 미션이나 모션을 수행하게 한다. 진행교사는 예수님 말이 40일 기도가 끝나는 자리에 도달했을 때, 마지막으로 주사위를 던진 유아에게 초콜릿을 준다.

4. 진행교사는 게임이 끝나면 코너확인표에 스티커를 붙여주고 다음코너로 이동하도록 지도한다.

3코너: 영차! 예수님께로 '장애물 통과 게임'

1. 진행교사는 유아들을 동그랗게 앉게 한 후, 예수님은 병을 고쳐주시며 우리를 섬기셨기에 우리도 중풍병자와 네 명의 친구들처럼 협동하여 친구를 도와줘야 한다는 것을 이야기한다.

2. 진행교사는 유아를 2인 1조로 나눈 후 게임방법에 대해서 설명하고, 활동을 진행한다.

3. 유아는 친구와 함께 풍선이 담긴 보자기의 양 끝을 잡고 풍선이 떨어지지 않도록 애쓰면서 장애물을 지나 예수님 그림이 있는 바구니에 풍선을 놓는다. 그리고 친구와 손을 잡고 출발지점으로 돌아온다.

4. 진행교사는 모든 유아가 게임을 마치면 코너확인표에 스티커를 붙여주고 다음코너로 이동하도록 지도한다.

4코너: 예수님을 도와요! '상상하여 블록 만들기 활동'

1. 진행교사는 유아들을 동그랗게 앉게 한 후, 활용그림 4종을 보여주면서 예수님의 섬김을 받은 우리가 예수님을 어떻게 도울 수 있을지 이야기한다.

2. 진행교사는 유아를 2인 1조로 나눈 후, 그림을 한 장씩 나누어준다.

3. 유아는 예수님을 도울 수 있는 방법을 상상하여 활용그림에 블록으로 표현한다.

4. 진행교사는 게임이 끝나면 코너확인표에 스티커를 붙여주고 다음코너로 이동하도록 지도한다.

프로그램 정리

1. 진행교사는 유아들의 코너확인표에 붙은 활동 스티커를 보면서 어떤 활동을 했는지 간단하게 이야기를 나누고, 기도로 마친다.

진행안

1코너: 복음을 전달 전달 '신문지 깃발 게임'

1. 교회를 다니지 않는 친구들에게 하나님의 나라와 예수님을 알리는 것을 무엇이라고 할까요? 바로 전도라고 해요. 2,000년 전 예수님께서도 하나님나라를 알려주기 위해 노력하셨어요. 전해주지 않으면 사람들이 하나님나라와 예수님에 대해 알 수가 없기 때문이에요. 뿐만 아니라 예수님께서는 생명을 주셔서 우리가 하나님나라에 갈 수 있게 해주셨어요. 예수님의 이러한 섬김으로 우리가 하나님나라에 갈 수 있고 구원을 받게 된 것처럼, 우리 친구들도 복음을 전달해야 해요.

2. (신문지 깃발을 보여주면서) 신문지 깃발에 뭐라고 쓰여 있는지 함께 읽어볼까요? '복음'이라고 쓰여 있죠. 함께 찬양을 부르면서 옆에 있는 친구에게 이 복음을 전달하는 게임을 해보아요. 찬양이 끝났을 때 복음을 가지고 있는 친구는 자리에서 일어나서 "복음을 전파하자!"라고 힘차게 구호를 외치는 거예요. 구호를 외친 친구에게는 선생님이 달콤한 초콜릿을 입에 넣어줄게요. 복음을 전하는 것은 우리가 좋아하는 초콜릿보다 더욱더 달콤하고 즐거운 하나님의 일이에요. 자, 이

제 게임을 시작할까요?

5. 우리도 이 찬양의 가사처럼, 그리고 우리를 복음으로 섬겨주신 예수님처럼 가족과 친구들에게 복음을 전하기로 약속해요.

2코너: 기도의 발자국 '주사위 게임'

1. 이 게임판은 무엇일까요? 숫자가 쓰여 있군요. 이것은 예수님이 무엇인가를 하신 날짜의 숫자인 것 같아요. 어떤 숫자인지 함께 들어봐요. 예수님은 이 땅에서 3년 동안 사람들을 섬기기 위해서 가르치시고, 병을 고치시고, 복음을 전파하셨어요. 그런데 3년간 이러한 활동하시기 전에 하신 중요한 행동이 있었어요. 그건 바로 중요한 행동을 하기 전에 40일 동안 밥을 드시지 않고 기도로 준비하신 것이에요. 그러니까 이 날짜들은 예수님이 금식하시며 기도하셨던 날이에요. 게임을 통해서 예수님의 40일 여정을 함께 경험해 보도록 해요.

2. (말을 보여주며) 이것은 예수님을 표현하는 말이에요. 이 예수님 말 한 개를 가지고 여러분이 주사위를 던져서 40일 목적지까지 도착하게 하는 게임이에요. 주사위를 던져서 말이 게임판의 미션에 걸리게 되면 그 미션을 수행해야 다음에 주사위를 던질 수 있어요. 게임을 시작할까요?

4. 드디어 40일 여정에 도착했네요. 예수님이 섬김의 사역을 하시기 전에 기도로 준비한 것처럼, 여러분도 다른 사람을 돕거나 섬길 때 예수님처럼 기도로 준비하는 친구들이 되어요.

3코너: 영차! 예수님께로 '장애물 통과 게임'

1. 예수님께서 이 땅에서 많은 일을 하셨어요. 그 중에서도 놀라운 일은 아픈 사람들을 고치시고, 죽은 사람을 살리신 일이에요. 예수님께서 병 고치신다는 소문을 듣고, 많은 사람들이 예수님께 나아갔어요. 소문대로 예수님은 병자들을 고쳐주셨어요.

　예수님의 소식을 들은 많은 사람들 중, 네 명의 사이좋은 친구들이 있었어요. 네 명의 친구들에게는 몸을 움직일 수 없는 심각한 병에 걸린 또 다른 친구가 있었어요. 네 명의 친구들은 함께 힘을 모아서 아픈 친구를 들것에 태워 예수님께로 데려갔어요. 그런데 예수님이 계신 곳에 이미 많은 사람들이 모여 있어서 예수님께로 가기가 쉽지 않았어요. 하지만 이 친구들은 포기하지 않았어요. 친구들은 지붕위로 올라가서 지붕을 뚫고 들것에 끈을 매달아 내려서 예수님께 친구를 데리고 갔어요. 그리고 예수님께 고침을 받았어요.

2. 우리도 네 명의 친구들처럼 아픈 친구를 예수님께 데려가는 게임을 할 거에요. 두 명이 한 조가 되어서 보자기의 양쪽을 잡고 이 풍선을 아픈 친구라고 생각하고 예수님이 있는 바구니에 내려놓는 거예요. 그리고 두 친구가 함께 손을 잡고 다시 출발점으로 돌아오는 게임이에요. 어려운 장애물을 통과해서 친구를 예수님께 데려다 주고 사이좋게 돌아오는 여러분이 되기를 기대할게요.

4. 예수님은 아픈 사람들을 고쳐주며 우리를 섬기셨어요. 여러분도 예수님의 섬김을 본받아 아픈 사람들을 돌보아주고, 그들을 위해 기도로 섬기는 친구들이 되어요.

4코너: 예수님을 도와요! '상상하여 블록 만들기 활동'

1. 예수님은 이 땅에서 3년간 가르치시고, 병을 고치시고, 복음을 전파하시면서 많은 사람들을 도와 주시고 사랑으로 섬기셨어요. 우리도 예수님의 오심으로 큰 사랑과 섬김을 받은 사람들이에요. 그렇다면 예수님의 사랑과 섬김에 우리는 무엇으로 도움이 될 수 있을까요? 두명 씩 팀을 이루어 서 블록으로 그림을 표현해 볼까요?

   1-1) 예수님이 야외에서 사람들을 가르치고 계신데 비가 오고 있는 그림이네요. 예수님께 무엇이 필요할까요? 블록을 이용하여 예수님께서 비를 맞지 않도록 지붕을 만들어 주세요.

   1-2) 아픈 친구가 누워 있어요. 이 친구를 예수님께 데리고 가야 하는데 들것이 없어요. 예수님께 갈 수 있도록 블록으로 들것을 만들어요. 친구들이 이 친구를 도와주세요.

   1-3) 예수님은 제자들과 함께 마을을 다니시면서 가르쳐주시고, 병을 고쳐주시고, 전도하셨어요. 피곤하신 예수님께 무엇이 필요할까요? 의자지요. 선을 따라서 블록으로 의자를 만들어 보세요.

   1-4) 단어가 잘 보이지 않아요. 블록을 이용해서 어떤 단어인지 잘 보일 수 있도록 해주세요. 무슨 단어일까요? 바로 '전도'이지요.

4. 우리도 예수님의 사랑과 섬김에 감사한 마음을 가지고 이웃을 섬기는 친구들이 되어요.

 우리 교회 활용PLUS

우리 교회 클래스는 장소가 부족하여 진행교사만 바뀌면서 부서실에서 대그룹 활동으로 진행했어요.

신앙 Growing-Up

4

유아교회

복음 파워레인저

복음을 모르는 사람들에게 복음을 전하여 전도하는 일은 예수님의 명령이자, 그리스도인의 당연한 의무입니다. 유아 역시 예수님의 작은 제자로서 전도의 중요성을 알아야 합니다. '복음 파워레인저'는 유아가 좋아하는 캐릭터 역할극과 캐릭터 아이템 수집 활동으로 즐겁게 복음을 전하도록 합니다. 이 프로그램을 통해 유아는 복음이 어려운 것이 아닌 즐겁고 기쁜 소식임을 깨닫고, 친구들에게 즐겁게 복음을 전하게 될 것입니다.

진행시간	장소	성격	규모	방법
60분	부서실	단속	소그룹	코너학습, 만들기, 전도연습, 신체놀이

연관 주제어

소망마루 · 개방성 · 전도 · 복음 · 제자

⚙ 목표

1. 유아가 통해 친구들에게 복음(예수님)을 전하는 방법을 배운다.
2. 유아가 친구에게 복음을 전해야 함을 느낀다.
3. 유아가 복음파워레인저 아이템을 이용하여 친구에게 예수님을 전할 것을 결단한다.

⚙ 준비물

	ibcm.kr 제공 자료	별도 준비 자료
전체	이미지 / 파워레인저 가면 세트(흰색, 빨간색, 초록색, 노란색, 파란색), 파란배지	A4용지(180g), 복음 파워레인저 담당교사 복장(망토 등), 빨강, 초록, 노란, 파란, 흰색 마스킹 테이프(동선표시), 우드락
1코너 하얀 하트봉		흰색 하트풍선, 풍선용 컵스틱, 풍선 막대기
2코너 빨간시계	이미지 / 빨간시계	두꺼운도화지, 벨크로테이프 (보슬이, 까슬이), 풀
3코너 초록메달	이미지 / 초록메달	끈(메달 줄), 코팅기 및 코팅지(손 코팅지), 펀치
4코너 노란카드	이미지 / 노란카드	필기도구 , 다양한 스티커

⚙ 자료보기

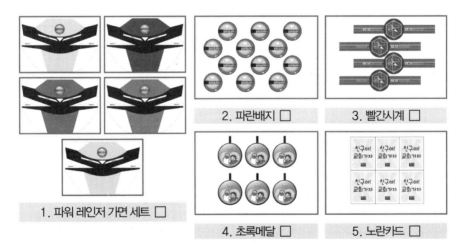

2. 파란배지 ☐

3. 빨간시계 ☐

1. 파워 레인저 가면 세트 ☐

4. 초록메달 ☐

5. 노란카드 ☐

www.ibcm.kr 찾아가는 길!

www.ibcm.kr 홈페이지 접속 ➡ 홈 상단의 BCM Program Class 클릭 ➡ 왼쪽 메뉴 바 '유아교회 PC' 클릭
➡ Chapter3. 신앙 Growing-Up의 '복음 파워레인저' 자료 다운

준비과정 및 점검

자료준비

프로그램 1주 전

1. ☐ 파워레인저 가면 세트(흰색, 빨간색, 초록색, 노란색, 파란색)를 유아의 인원 수만큼 A4용지 (180g)에 출력한다.
2. ☐ 빨간시계, 노란카드를 유아의 인원 수만큼 출력한다.
3. ☐ 복음 파워레인저 임명식 때 수여할 파란배지를 유아의 인원 수만큼 출력하여 우드락에 붙이고, 뒷면에 옷핀을 붙여 배지로 제작한다.
4. ☐ 초록메달을 유아의 인원 수만큼 출력해서 코팅하여 오린다. 메달의 윗부분을 펀치로 뚫는다.
5. ☐ 흰색 하트풍선, 풍선용 컵스틱, 풍선 막대기를 유아의 인원 수만큼 준비한다.
6. ☐ 코너 담당교사는 '복음 파워레인저' 복장(가면과 망토)을 준비하고, 악당역할교사는 유아가 무서워하지 않도록 재미있는 분장을 준비한다.
7. ☐ 기타 별도 준비자료에 표시된 준비물을 준비한다.

진행준비

프로그램 2주 전

1. ☐ 코너 담당교사와 보조교사, 악당역할교사를 정하고, 진행을 연습한다.

프로그램 1주 전

1. ☐ 부서실 안에 무인도와 각 코너별 활동을 할 수 있는 구역을 정한다.
2. ☐ 각 코너별 이동을 할 때 유아들이 따라갈 수 있도록 색깔 마스킹 테이프를 이용해 동선을 바닥에 표시한다.
3. ☐ 각 코너별 이동 시 유아들이 수행할 미션을 A4용지에 적어 이동 동선의 시작 지점에 붙여 놓는다. (예: 1코스–오리걸음, 2코스–벽에 붙어있는 끈 잡고 이동, 3코스–눈 감고 한줄 기차, 4코스–한발 뛰기)

〈코너 배치의 예〉

한눈에 보는 프로그램 진행

프로그램 설명 및 전체 진행 ➡ 1코너: 하얀 하트봉 ➡ 2코너: 빨간시계 ➡ 3코너: 초록메달 ➡ 4코너: 노란 카드 ➡ '복음 파워레인저' 임명식 및 정리

코너	활동내용	시간	장소
프로그램 설명 및 전체진행	프로그램 내용, 의미 소개	10분	부서실
1코너: 하얀 하트봉	"예수님이 너를 사랑하셔!"	10분	부서실 혹은 소그룹실
2코너: 빨간시계	"예수님을 믿어야 해!"	10분	
3코너: 초록메달	"우리는 하나님의 자녀"	10분	
4코너: 노란카드	"예수님의 사랑을 전하는 복음 파워레인저"	10분	
'복음 파워레인저' 임명식 및 정리	임명식 및 마침기도	10분	부서실

 # 진행순서

프로그램 설명 및 전체 진행

1. 진행교사는 파란 가면을 착용하고, 유아에게 전체 활동에 대해 설명한다.
2. 진행교사는 유아를 4조로 나눈 후, 각 코너로 이동하게 한다.

* 코너학습 진행순서

1조 / 1코너: 하얀 하트봉 → 2코너: 빨간시계 → 3코너: 초록메달 → 4코너: 노란카드

2조 / 2코너: 빨간시계 → 3코너: 초록메달 → 4코너: 노란카드 → 1코너: 하얀 하트봉

3조 / 3코너: 초록메달 → 4코너: 노란카드 → 1코너: 하얀 하트봉 → 2코너: 빨간시계

4조 / 4코너: 노란카드 → 1코너: 하얀 하트봉 → 2코너: 빨간시계 → 3코너: 초록메달

3. 악당역할교사는 활동을 살펴보다가 코스별 이동 시 이탈하거나 활동에 방해가 되는 유아를 무인 도로 데리고 간다. 무인도에서 간단한 미션(구호 외치기, 간단한 찬양 부르기 등)을 수행하게 한 후, 다시 원래의 조로 되돌려 보낸다.

1코너: 하얀 하트봉

1. 진행교사는 유아에게 '복음 파워레인저' 아이템 중 하나인 '하얀 하트봉'에 대해 설명한다.

2. 진행교사는 유아가 흰색 하트풍선을 분 다음 풍선용 컵스틱에 고정해서 하얀 하트봉을 만들도록 한다.
3. 보조교사는 유아들에게 하트봉 재료를 나누어 주고 만드는 것을 돕는다.
4. 만들기를 마치면 유아들이 하트봉을 들고 친구에게 예수님의 사랑을 전할 수 있는 멘트를 연습한 후, 다음코너로 이동한다.

2코너: 빨간시계

1. 진행교사는 유아들에게 '복음 파워레인저' 아이템 중 하나인 '빨간시계'에 대해 설명한다.
2. 진행교사는 유아가 두꺼운도화지에 빨간시계 이미지를 붙이고 시계 모양으로 오린 후, 시계 줄 양 끝에 벨트로테이프를 붙여, 빨간시계를 만들도록 한다.
3. 보조교사는 유아들에게 재료를 나누어 주고 만드는 것을 돕는다.
4. 만들기를 마치면 유아들이 빨간시계를 손목에 차고 예수님을 전할 수 있는 멘트를 연습한 후, 다음 코너로 이동한다.

3코너: 초록메달

1. 진행교사는 유아들에게 '복음 파워레인저' 아이템 중 하나인 '초록메달'에 대해 설명한다.
2. 진행교사는 유아가 초록메달에 끈(메달 줄)을 연결하여 메달을 완성하도록 한다.
3. 보조교사는 유아들에게 재료를 나누어 주고 만드는 것을 돕는다.
4. 진행교사와 유아는 완성된 메달을 목에 걸고, 파이팅 자세로 손을 모으고 '우리는 하나님의 자녀!' 라고 구호를 외친 후, 다음 코너로 이동한다.

4코너: 노란카드

1. 진행교사는 유아들에게 '복음 파워레인저' 아이템 중 하나인 '노란카드'에 대해 설명한다.
2. 진행교사는 유아가 노란카드를 스티커 등으로 꾸미도록 한다.
3. 보조교사는 유아들에게 재료를 나누어 주고 만드는 것을 돕는다.
4. 유아들은 카드를 완성한 후, 교사를 따라 기도하고 다음 코너로 이동한다.

'복음 파워레인저' 임명식 및 정리

1. 전체 진행교사는 코너 활동을 모두 마친 후, 유아를 대그룹으로 모이게 하여 '파란배지' 수여식을 진행하고 '복음 파워레인저'로 임명한다. 임명식 때에는 코너학습에서 배운 구호를 차례로 외침으로 복음 파워레인저 미션을 되새겨본다.

1코너: 하얀 하트봉 "예수님이 너를 사랑하셔!"

2코너: 빨간시계 "예수님을 믿어야 해!"

3코너: 초록메달 "우리는 하나님의 자녀!"

4코너: 노란카드 "예수님의 사랑을 전하는 복음 파워레인저!"

2. 코너 활동에서 만든 노란카드(친구 초청카드)를 친구에게 주면서 복음 파워레인저 미션으로 복음을 전하겠다고 결단하게 한 후, 교사가 기도하고 마친다.

 ## 학습자가 알아야 할 규칙

1. 다음 코너로 이동할 때에는 반드시 동선을 밟으면서 이동한다.
2. 조별활동에서 이탈하는 유아는 악당에 의해 무인도에 갇힌다.
3. 조원이 활동을 열심히 하면 무인도에 갇힌 유아를 구할 수 있다.

 ## 진행안

프로그램 설명 및 전체 진행

1. 빠바바밤! 친구들! 나는 '복음 파워레인저'예요. 나는 악당을 무찌르고, 지구를 안전하게 지키는 일을 하고 있어요. 그런데 친구들이 모르는 진짜 중요한 일도 하고 있어요! 그것은 바로 (손으로 하트를 만들어 유아들에게 보여주며) 사랑을 전하는 일이에요. 하하하! 우리 꼬마 친구들, 복음 파워레인저가 사랑을 전한다고 하니 무슨 이야기인지 매우 궁금한 표정이군요! 나는 이 세상에서 가장 아름답고 감동적인 사랑! 바로 우리들을 향한 예수님의 사랑을 전하는 일을 하고 있답니다! (유아들에게 다가가서) 여러분! 예수님이 어떤 분인지 알고 있나요? (유아들의 이야기를 듣는다) 그래요! 친구들이 이야기한 것처럼 예수님은 우리를 목숨보다 더 사랑하셔서 우리를 위해 십자가에 달리신 분이세요. 이런 예수님의 사랑을 전하는 일은 매우 행복한 일이랍니다. 그런데 세상에는 아직도 예수님의 사랑을 모르는 사람들이 많이 있어요. 이것은 예수님의 사랑을 전해줄 '복음 파워레인저' 친구들이 많지 않다는 뜻이에요. 친구들! 나와 같이 '복음 파워레인저'가 되어보겠어요? (유아의 대답을 유도한다) 그렇다면 이제 우리 모두 '복음 파워레인저'가 되기 위한 아이템을 모아 보도록 해요. 지금부터 4개의 코너를 돌면서 아이템을 모으게 될텐데, 모든 아이템을 모은 친구들은 마지막으로 '복음 파워레인저'로서 임명을 받고 파란배지를 받게 될 거예요! 아이템 모을 준비가 되었나요? 좋아요! 함께 출발해요!

1코너: 하얀 하트봉

1. (하얀 하트봉을 보여주며) '복음 파워레인저' 아이템인 이 하트봉에는 놀라운 예수님의 사랑이 담겨 있어요! 하트봉의 하얀색은 우리 마음에 가득했던 새까만 죄가 예수님의 십자가 사랑으로 하얗게 용서되는 것을 의미해요.(하트풍선을 가리키며) 이 하트가 바로 예수님의 사랑을 나타내는 것이지요! 이 시간에는 하얀 하트봉을 만들어 볼 거예요. 하트봉을 멋지게 만들고, 친구에게 하트봉을 주며 예수님의 사랑을 전해요.

4. 와우~! 우리 친구들이 하트봉을 잘 만들었군요! (하트봉을 가리키며) 이 하트가 무엇을 의미한다고 했죠? 바로 우리의 까맣고 더러운 죄를 풍선처럼 하얗게 씻어주시고 용서하시는 '예수님의 사랑'이죠. 이제 친구에게 '예수님이 너를 사랑하셔.'라고 이야기해 주고 선물로 하트봉을 전해줄 거예요. 친구에게 하트봉을 주면서 이렇게 이야기해 볼까요? '예수님이 너를 사랑하셔!' 함께 연습해볼까요? '예수님이 너를 사랑하셔!'라고 외치며 다음코너로 이동하세요.

2코너: 빨간시계

1. 똑딱! 똑딱! 시간이 점점 줄어들고 있어요! 예수님께서 오시기 전에 우리가 친구들에게 빨리 예수님을 전해야 해요. 우리 친구들이 서둘러야겠어요. 예수님께서는 하루라도 빨리 많은 친구들이 예수님의 사랑을 듣게 되기를 원하신답니다. 여러분, 이제 예수님의 십자가 사랑을 뜻하는 빨간시계를 만들어서 손목에 차고 예수님의 사랑을 전하도록 해요!

4. 시계를 다 만들었나요? 완성된 빨간시계를 모두 손목에 차보도록 해요. 똑딱! 똑딱! 전도할 시간이 그리 많지 않은 것 같군요. 친구들을 만나면 빨리 이렇게 외쳐볼까요? '예수님을 믿어야 해!' 함께 연습해 볼까요? '예수님을 믿어야해!'를 외치며 다음코너로 이동하세요.

3코너: 초록메달

1. 빰빠바밤~(메달을 목에 걸며) 메달은 어떤 사람에게 주는 걸까요? (유아들의 이야기를 듣는다) 메달은 경기에서 우승한 사람들의 목에 걸어주는 것이지요. 이번 코너에서는 여러분의 목에 이렇게 영광스러운 메달을 걸어줄 거예요. 그 이유는 우리 친구들이 바로 하나님의 자녀이기 때문이에요. 이 메달은 여러분이 하나님의 자녀라는 것을 인정해 주는 메달이에요. 경기에서 우승한 선수들에게 우승했다는 것을 인정해주는 의미로 목에 메달을 걸어주듯이 우리 친구들도 하나님의 자녀라는 것을 알려주는 표시로 메달을 받을 거예요. (메달을 보여주며) 여러분은 이 메달을 목에 걸고 친구들에게 가서 '우리는 모두 하나님의 자녀!'라고 이야기해 주도록 해요.

4. 메달을 다 완성하였나요? 그럼, 메달을 목에 걸어볼까요? 운동선수들이 메달을 보며 자랑스러워하듯, 우리도 메달을 볼 때마다 하나님의 자녀라는 것을 기억하며 당당하게 살아가야 해요. '우리는 하나님의 자녀!'라고 구호를 외치면서 다같이 손을 모으며 파이팅을 해보도록 해요. 선생님

이 '우리는'이라고 외치면 여러분은 '하나님의 자녀!'라고 외쳐 봐요. 외친 구호를 기억하고 친구들과 한줄기차를 하면서 다음코너로 이동하세요.

4코너: 노란카드

1. 이번 코너에서는 (노란카드를 보여주며) 노란카드를 만들어 보아요. 이 카드는 여러분이 가지고 있다가 교회에 함께 오고 싶은 친구에게 전해주는 카드예요. 하나님나라는 이 노란카드처럼 황금길로 된 아름답고 행복한 곳이에요. 하나님의 자녀는 누구나 하나님나라에 갈 수 있어요. 이러한 하나님 나라에 대해서 다른 친구들에게도 이야기해 주세요. 그리고 친구들에게 이 노란카드를 주며 교회로 초대해보세요. 그럼, 지금부터 친구에게 전해줄 노란카드를 만들어보도록 해요. 카드에 스티커를 붙여 꾸며보고, 교회로 초대하고 싶은 친구의 이름을 적어보세요!

4. 카드를 꾸미고, 전도하고 싶은 친구의 이름을 적었나요? 이제 친구의 이름이 적힌 이 카드를 가슴에 대고 선생님을 따라 기도하도록 해요. "하나님(하나님) 제가(제가) 이 카드에(이 카드에) 친구의 이름을(친구의 이름을) 적었어요(적었어요). 이 친구가(이 친구가) 교회에(교회에) 올 수 있도록(올 수 있도록) 도와주세요(도와주세요). 예수님의 이름으로 (예수님의 이름으로) 기도드렸습니다(기도드렸습니다). 아멘(아멘). 카드를 잘 간직했다가 친구에게 꼭 전해줄 것이지요? 약속! 이제 다음코너로 이동하세요.

'복음 파워레인저' 임명식 및 정리

1. 이제 여러분 모두 진정한 '복음 파워레인저'가 되었어요! 이제 여러분에게 마지막 아이템인 '파란배지'를 달아줄 거예요. 이 배지는 여러분이 어딜 가든 예수님의 사랑을 전하는 '복음 파워레인저'라는 뜻이에요. 여러분은 이제 다시 오실 예수님을 기다리며 예수님이 오실 때까지 열심히 예수님의 사랑을 전하는 '복음 파워레인저'가 되었어요! 지금까지 모든 코너에서 연습했던 것을 생각하면서 파워레인저 구호를 외쳐볼까요?

1코너: 하얀 하트봉 "예수님이 너를 사랑하셔!"
2코너: 빨간시계 "예수님을 믿어야 해!"
3코너: 초록메달 "우리는 하나님의 자녀!"
4코너: 노란카드 "예수님의 사랑을 전하는 복음 파워레인저!"

2. 자! 이제 우리 모두 복음 파워레인저! 예수님의 사랑이 담긴 노란카드를 친구에게 꼭 전달하면서 예수님의 사랑을 전하는 '복음 파워레인저'들이 되길 바라요.

우리 교회 활용PLUS

우리 교회 클래스는 복음 파워레인저를 진행하고 다음 주에 친구초청잔치를 진행하였어요.

MEMO

신앙 Growing-Up

5

유아교회

나는야, 섬김맨!

유아는 자신의 유익을 가장 우선시하는 세상의 문화풍토 속에서도 예수님을 따라 섬기는 그리스도인으로 살아야 합니다. 이 프로그램에서 유아는 이야기를 듣고 말씀 손유희를 배우며 섬기는 훈련을 받습니다. 유아는 '나는야, 섬김맨'을 통해 예수님께서 자신을 섬기는 사람으로 부르셨음을 배웁니다.

진행시간	장소	성격	규모	방법
30분	부서실	단속	소그룹	퀴즈, 이야기, 손유희, 암송

연관 주제어: 섬김마루, 문화풍토, 말씀 손유희, 섬김, 제자의 삶

⚙ 목표

1. 유아가 예수님께서 섬기는 삶을 살라고 하신 것을 안다.
2. 유아가 섬김을 위해 오신 예수님의 말씀을 기억한다.
3. 유아가 올바른 섬김의 행동을 배우고 섬기는 삶을 살기로 약속한다.

⚙ 준비물

ibcm.kr 제공 자료 – 이미지 / '나는야, 섬김맨!' 이야기용 그림, 퀴즈봉투 도안(12개), 섬김맨 마크
문서 / 손유희 도안

별도 준비 자료 – 라벨지(A4 전지), A4용지(180g)

⚙ 자료보기

1. '나는야 섬김맨!' 이야기용 그림 ☐   2. 섬김맨 마크 ☐

3. 퀴즈봉투 도안 ☐

www.ibcm.kr 찾아가는 길!

www.ibcm.kr 홈페이지 접속 ➡ 홈 상단의 BCM Program Class 클릭 ➡ 왼쪽 메뉴 바 유아교회 PC' 클릭
➡ Chapter3. 신앙 Growing-Up의 '나는 야, 섬김 맨!' 자료 다운

준비과정 및 점검

자료준비

프로그램 1주 전

1. ☐ 교사는 '나는야, 섬김맨!' 이야기용 그림을 A4용지(180g)에 출력한다.
2. ☐ 교사는 '섬김맨 마크'를 유아 1인당 6개씩 제공할 수 있는 만큼 A4라벨지(전체면)에 출력하여 오린다.
3. ☐ 교사는 '퀴즈봉투 도안' 12개를 출력해서 아래와 같이 만든다.

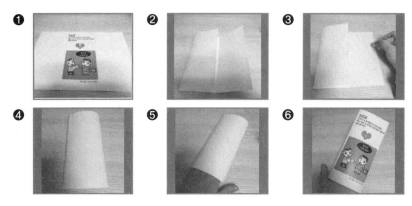

〈퀴즈 봉투 만드는 방법〉

진행준비

프로그램 1주 전

1. ☐ 교사는 손유희 도안을 참고하여 손유희를 연습한다.
2. ☐ 교사는 퀴즈봉투를 능숙하게 사용할 수 있도록 미리 연습한다.

 ## 한눈에 보는 프로그램 진행

프로그램 설명 ➡ '나는야, 섬김맨' 이야기 ➡ 손유희 배우기 ➡ 섬김맨 퀴즈 ➡ 프로그램 정리

진행순서

1. 교사는 유아에게 '나는야 섬김맨!'의 이야기를 듣고 퀴즈를 맞히며, 예수님처럼 섬김맨으로 살 수 있는 방법에 대해 배울 것을 설명해 준다.
2. 교사는 유아에게 '나는야 섬김맨!' 이야기를 들려준다.
3. 교사는 유아에게 손유희로 마태복음 20장 28절 말씀을 가르친다.
4. 교사는 반 유아에게 6개의 섬김맨 퀴즈를 내고 유아가 맞히게 한다.
   1) 교사는 각 문제의 보기 (1), (2)번에 해당하는 퀴즈봉투를 손에 끼운다.
   2) 교사는 유아에게 각 문제를 읽어준다.
   3) 교사는 유아가 한 명씩 나와서 정답이라고 생각하는 퀴즈봉투에 하이파이브를 하게 한다.
   4) 교사는 정답을 맞힌 유아의 가슴에 '섬기맨 마크' 스티커를 붙여준다. 단, 정답을 맞추지 못한 유아에게는 기회를 다시 줘서 정답을 맞힐 수 있게 한다.
5. 퀴즈활동을 마친 뒤 교사는 유아가 섬기며 살 수 있도록 격려하고 기도로 마친다.

 학습자가 알아야 할 규칙

1. 퀴즈시간에는 일어나거나 다른 친구를 방해하지 않는다.

 **진행안**

2. '나는야, 섬김맨!' 이야기

그 림	대 본
	성결이는 예수님이 좋아요. 어느 날 아침, 성결이는 이렇게 기도했어요. "예수님! 저도 예수님을 닮고 싶어요."
	그때였어요. 예수님께서 성결이 앞에 나타나신 거예요! "어! 예수님!" 성결이의 눈이 동그래졌어요. "사랑하는 성결아! 나를 닮은 어린이가 되고 싶다고? 그렇다면 섬김맨이 되어주어야겠구나" "네? 섬김맨이요?" "그래, 섬김맨! 나는 사람들을 섬기기 위해서 이 세상에 온 거란다."

	"내 제자들은 나를 닮아서 모두 섬김맨이 되었어. 나의 제자 베드로를 기억하고 있니? 베드로는 아픈 사람을 보고 절대 그냥 지나치지 않았고, 도르가는 가난한 사람들을 위해서 옷을 만들어 주었지. 또 바나바는 외톨이였던 바울에게 친구가 되어주었단다. 이렇게 내 제자들은 모두 섬김맨이 되었지. 도움이 필요한 사람을 돕고 친구가 되어주는 섬김맨 말이다."
	"성결아! 너도 내 제자들처럼 섬김맨이 되어 줄 수 있겠니?" "제...제가요?" "너에게 섬김맨 마크를 줄게. 꼭 섬김맨이 되어주렴! 내 작은 제자 성결아, 축복한다!" "네! 예수님." 성결이가 대답했어요.
	"성결아! 성결아!" "네! 섬김~맨!" "뭐라고? 섬김맨? 호호호!" "어? 엄마! 예수님은요? 예수님이 저에게 섬김맨이 되어달라고 하셨단 말이에요." "성결이가 꿈을 꿨나보구나. 이러다 유치원 늦겠어!"
	성결이는 마음속으로 다짐했어요. '예수님! 저는 예수님의 말씀 다 기억나요. 꼭! 예수님을 닮은 섬김맨이 되겠어요. 지켜봐주세요, 예수님!' 과연 성결이는 친구들을 돕고 섬기는 섬김맨이 될 수 있을까요?

3. 섬김이란 무엇일까요? 오늘 이야기에서 배운 것처럼 섬김은 나만 생각하는 것이 아니라 이웃을 생각하고 친구를 생각하는 마음이에요. 아까 이야기에서 이런 섬김의 마음으로 아픈 사람, 가난한 사람, 혼자 있는 친구를 도와준 사람들이 있었지요? 맞아요. 예수님의 제자들이었어요. 제자들은 섬김의 마음을 가지고 예수님을 닮은 섬김맨이 되었어요. 예수님께서도 "나는 하나님의 아들이니까 너희는 나를 섬겨야 한다!"라고 말씀하지 않고 "나는 섬기러 이 세상에 왔단다."라고 말씀하셨어요. 선생님이 예수님이 하신 말씀을 성경에서 찾아 읽어줄게요. "인자가 온 것은 섬김을 받으려 함이 아니라 도리어 섬기려 하고... 마태복음 20장 28절 말씀 아멘." 이 말씀은 우리들이 예수님처럼 섬김의 사람이 되라고 우리에게 주신 예수님의 말씀이에요. 제자들도 이 말씀을 기억하고 섬김맨이 되었어요. 이 말씀을 기억할 때 우리도 섬김맨이 될 수 있어요. 그런데 말씀이 너무 어려워요! 걱정 마세요. 선생님이 쉽게 외울 수 있도록 동작을 가르쳐줄 거예요. 선생님과 함

께 이 말씀을 몸으로 외워볼까요?

인자가	온 것은	섬김을	받으려
왼손 손바닥을 가슴 앞에 펼친다	오른 손 엄지를 세워 왼손 손바닥 위에 놓는다	두 손으로 머리를 두 번 쓰다듬는다	두 손으로 어깨를 두 번 톡톡 두드린다

함이	아니라	도리어	섬기려
왼손을 크로스모양으로 하고	오른손을 왼손에 포개어 엑스를 만든다	가슴에 두 손을 포갠다	주먹을 쥐고 왼쪽으로 쭉 뻗는다

하고	마태	복음	20장
주먹을 쥐고 오른 쪽으로 쭉 뻗는다	손바닥을 마주쳤다가 펼친다		손가락 2개를 편다

20	8절	말	씀	아멘
손가락 2개를 편다 (반복)	손가락 8개를 펼친다	손바닥을 마주쳤다가 펼친다		기도손

〈마태복음 20장 28절 손유희〉

4. 예수님께서 주신 말씀을 기억할 때 우리는 예수님을 닮은 섬김맨이 될 수 있어요. 우리 친구들이 오늘 말씀을 잘 배워서 섬김맨이 될 준비가 된 것 같아요. 섬김맨이 된 친구들은 어떻게 행동해야 하는지 선생님이 퀴즈를 낼 거예요. 선생님이 그림을 보여주면 정답을 골라서 '짠~' 하고 하이파이브를 해주세요. 퀴즈를 맞히는 친구에게는 선생님이 준비한 멋진 '섬김맨 마크'를 붙여줄 거예요. 우리 모두 '섬김맨 마크'를 붙이고 섬김을 실천하는 멋진 섬김맨이 되어 보아요.

(문제 1의 퀴즈봉투 도안 (1), (2)를 손에 끼우고)
문제 1. 친구가 내 과자를 먹고 싶어 해요. 배가 고픈 것 같아요. 섬김맨은 어떻게 할까요? (답 1번)

(1) 과자를 나누어줘요. (2) "안 돼, 내 과자야." 하고 뒤로 감추어요.

(문제 2의 퀴즈봉투 도안 (1), (2)를 손에 끼우고)
문제 2. 내가 싫어하는 친구가 나한테 놀자고 해요. 섬김맨은 어떻게 할까요?(답 2번)

(1) 모르는 척해요. (2) "그래 같이 놀자"라고 해요.

(문제 3의 퀴즈봉투 도안 (1), (2)를 손에 끼우고)
문제 3. 화장실에 가다가 친구와 부딪혔어요. 섬김맨은 어떻게 할까요?(답 2번)

(1) "야, 내가 먼저 가려고 했잖아 비켜!"라고 말해요.
(2) "미안해! 괜찮니?"라고 친구를 살펴줘요.

(문제 4의 퀴즈봉투 도안 (1), (2)를 손에 끼우고)
문제 4. 유아교회 예배실에 누가 물을 흘렸나 봐요. 섬김맨은 어떻게 할까요?(답 1번)

(1) 다른 사람이 밟지 않도록 휴지나 걸레를 가져다가 닦아요.
(2) "누가 이렇게 물을 엎질렀어!" 하고 불평하면서 엎지른 사람을 찾아요.

(문제 5의 퀴즈봉투 도안 (1), (2)를 손에 끼우고)
문제 5. 어떤 친구가 놀이터에서 넘어져서 피가 났어요. 섬김맨은 어떻게 할까요?(답 2번)

(1) 모르는 친구니까 놔두고 아는 친구들과 놀아요.
(2) 친구에게 가서 "괜찮니?"라고 물어보고 일으켜 주어요.

(문제 6의 퀴즈봉투 도안 (1), (2)를 손에 끼우고)
문제 6. 엘리베이터에 같은 아파트 아줌마가 타셨어요. 섬김맨은 어떻게 할까요? (답 1번)

(1) "안녕하세요" 하고 먼저 인사드려요.
(2) 고개를 숙이고 노래를 불러요.

---

4. "사랑의 하나님, 저희들을 섬겨주셔서 감사합니다. 세상을 섬기기 위해 이 땅에 오신 예수님처럼 저희들도 세상에서 예수님의 제자답게, 섬김맨이 되어 살게 해주세요. 그리고 저희들이 섬김맨으로 살 수 있도록 지혜와 용기를 주세요. 예수님의 이름으로 기도합니다. 아멘."

 ## 우리 교회 활용PLUS

우리 교회 클래스는 프로그램 1주 전에 손유희 도안을 출력해서 가정에 전달하여 유아가 말씀과 손유희를 암송할 수 있도록 했어요.

신앙 Growing-Up

6

유아교회

데굴데굴 믿음볼링

그리스도인은 말씀을 기준으로 해서 믿음의 행동과 그렇지 않은 행동을 구분할 수 있어야 합니다. 이 프로그램에서 유아는 볼링 핀에 믿음의 행동이 아닌 것을 붙인 다음, 쓰러뜨리는 볼링 놀이를 합니다. 재미있는 볼링 게임을 통해 유아들은 자신의 모습 중 올바르지 않은 모습들을 버리기로 결심하고 승리하는 기쁨을 누리게 됩니다.

진행시간	장소	성격	규모	방법
30분	부서실	단속	대그룹	신체놀이, 볼링, 이야기

연관 주제어

소망마루 · 개혁 · 죄 · 믿음 · 마틴루터

⚙ 목표

1. 유아가 하나님께서 기뻐하시지 않는 죄의 모습이 무엇인지 안다.
2. 유아가 하나님의 도우심을 믿음으로 죄를 이길 수 있음을 깨닫는다.
3. 유아가 실제 생활에서도 죄의 모습을 버리고 믿음으로 승리할 것을 다짐한다.

⚙ 준비물

ibcm.kr 제공 자료 – 이미지 / 죄의 모습(6개)

PPT / 마틴 루터와 볼링 이야기

별도 준비 자료 – A4용지, 매직, 벨크로테이프, 마스킹테이프, 페트병 6개 또는 장난감 볼링핀 6개,

크기가 다른 고무공 2개

⚙ 자료보기

1. 죄의 모습(6개) □

2. 마틴루터와 볼링이야기 PPT □

www.ibcm.kr 찾아가는 길!

www.ibcm.kr 홈페이지 접속 ➡ 홈 상단의 BCM Program Class 클릭 ➡ 왼쪽 메뉴 바 유아교회 PC' 클릭

➡ Chapter3. 신앙 Growing-Up의 '데굴데굴 믿음볼링' 자료 다운

준비과정 및 점검

자료준비

프로그램 1주 전

1. ☐ A4 용지에 '믿음'이라고 글씨를 쓰고 오린 뒤 준비한 고무공에 붙여 '믿음공'을 만든다.
2. ☐ 볼링핀으로 사용할 페트병 또는 장난감 볼링핀을 준비한다.
3. ☐ '죄의 모습' 이미지를 출력하여 오린다. 볼링핀으로 사용할 페트병 또는 장난감 볼링핀에 붙일 수 있도록 크기를 조절한다.
4. ☐ 볼링핀으로 사용할 페트병에 벨크로테이프의 까슬이를 붙이고 '죄의 모습' 뒷면에 보슬이를 붙여서 페트병에 '죄의 모습' 이미지를 붙일 수 있도록 만든다.

진행준비

프로그램 1주 전

1. ☐ 진행교사는 '마틴 루터와 볼링 이야기'를 들려줄 수 있도록 진행안을 숙지한다.
2. ☐ 진행교사는 믿음볼링 게임을 진행할 수 있도록 준비한다.

프로그램 하루 전

1. ☐ 진행교사는 대형에 맞게 볼링핀을 미리 세워놓고, 바닥에 마스킹테이프로 삼각형 모양을 그리며 붙여서 핀을 세울 자리를 표시한다.
2. ☐ 진행교사는 마스킹테이프로 유아들이 공을 던질 지점을 표시한다.
3. ☐ 진행교사는 '마틴 루터와 볼링 이야기 PPT'를 다운받고, 영상으로 보여줄 수 있도록 준비한다. 영상을 보여줄 수 없는 소그룹 활동에서는 그림을 출력하여 보여주면서 진행할 수 있도록 준비한다.

 한눈에 보는 프로그램 진행

프로그램 설명 ➡ 마틴 루터와 볼링 이야기 ➡ 믿음볼링 ➡ 프로그램 정리

 진행순서

프로그램 설명

1. 진행교사는 어린이들을 대그룹으로 모여 앉게 한 다음, 데굴데굴 믿음볼링 프로그램을 통해 즐거운 볼링게임을하고, 우리가 가진 죄의 모습을 예수님의 도움으로 버리는 경험도 해 볼 것임을 알려준다.

마틴 루터와 볼링 이야기
1. 진행교사는 PPT를 보여주며 '마틴 루터와 볼링 이야기'를 들려준다.
2. 진행교사는 '죄의 모습' 그림을 설명한 다음, 볼링핀에 붙이고 볼링게임을 시작한다.

믿음볼링
1. 진행교사는 삼각형자리에 미리 준비한 볼링핀을 세워놓고, 반교사는 유아들을 공을 던질 위치에 서게 한다.
2. 진행교사는 유아가 순서대로 돌아가면서 믿음공을 던져서 볼링핀을 쓰러뜨리게 한다.
3. 진행교사는 핀을 쓰러뜨리지 못했을 때 구호를 외치면 도움을 받을 수 있음을 유아에게 설명하고, 핀을 한 개도 쓰러뜨리지 못했을 경우 도움을 구하는 구호를 외치도록 한다.
   1) 하나님, 도와주세요! (반교사가 대신 던져주기)
   2) 예수님, 도와주세요! (가까이 가서 던지게 해주기)
   3) 성령님, 도와주세요! (큰 공으로 바꿔주기)

프로그램 정리
1. 진행교사는 유아들이 믿음볼링게임을 마치면 '죄의 모습'을 버리고 믿음으로 승리하는 유아교회가 되게 해달라고 기도하고 마친다.

 # 학습자가 알아야 할 규칙

1. 한 명씩 차례차례 줄을 서서 믿음공을 던진다.
2. 볼링핀을 하나도 쓰러뜨리지 못했을 경우 구호를 외쳐서 도움을 요청한다.
3. 핀이 쓰러지지 않았다고 울거나 화내지 않는다.

 **진행안**

〈마틴 루터와 볼링 이야기〉

1. (PPT를 보여주며 이야기한다.)

PPT	그림설명
	여러분! 볼링이라는 게임을 아는 친구 있나요? (유아의 대답을 듣고) 볼링게임을 해 본 친구들도 있고 한 번도 안 해본 친구도 있네요. 볼링은 큰 공으로 이렇게 판을 넘어뜨리는 운동경기예요. 이 볼링을 아주 좋아한 유~명한 선생님이 계셨어요.
종교개혁자 마틴루터 (1483~1546)	이 선생님의 이름은 '마틴 루터'예요. 마틴 루터 선생님은 죄 때문에 하나님이 벌을 주실 것 같아서 늘 무서웠어요. 그래서 죄를 용서받고 천국에 가기 위해서 착한 일도 많이 하고 노력을 많이 했어요. 그런데 성경을 공부하면서 죄를 용서받는 것은 돈이나 착한 행동으로 되는 것이 아니란 것을 알게 되었어요. 그렇다면 여러분! 무엇으로 죄를 용서받고 하나님 나라에 갈수 있을까요? 선생님을 따라해 볼까요? "오직!" "믿음!"
	마틴 루터 선생님은 믿음으로 하나님나라에 가고 믿음으로 죄를 이긴다는 것을 알고, 사람들에게 이 말씀을 전했어요. 선생님은 어느 날, 공으로 병을 쓰러뜨리는 게임을 하면서 이렇게 생각했어요. '흐음~ 이 공으로 이렇게 판을 맞추어서 쓰러뜨리니 정말 통쾌하군! 마치 하나님의 능력으로 죄를 이기는 것처럼 말이야! 하하하' 마틴루터 선생님은 세워진 볼링판을 공으로 쳐서 쓰러뜨리는 게임을 하면서 우리의 마음속에 있는 죄를 쓰러뜨리고 하나님의 힘으로 승리할 것을 믿었어요. 그래서 선생님은 힘든 일을 당하거나 어려운 일이 생길 때마다 볼링게임을 하면서 하나님의 능력을 믿고 힘을 내곤 했어요.
	선생님은 이 게임을 사람들에게 알려주었고, 이 게임이 지금 우리가 하는 볼링게임이 되었어요. 그래서 우리도 이 믿음의 공으로 죄를 이기고 승리하는 볼링게임을 해보려고 해요. 오늘 선생님과 여러분은 마틴 루터 선생님처럼 이 볼링판에 하나님이 싫어하시는 죄들을 붙일 거예요. 그리고 믿음의 공을 데굴데굴 굴려서 이 죄들을 쓰러뜨려 볼 거예요.

2. 그러면 어떤 죄의 모습을 버리고 믿음으로 이겨야 할까요? 선생님이 그림을 보여주면서 설명해
   줄게요.

   첫 번째로 예배드리기를 게을리하는 모습이에요. 하나님께서는 우리에게 하나님을 사랑하라고
말씀하셨어요. 하나님을 사랑하는 방법에는 여러 가지가 있지만 주일에 예배를 드리는 것이 하
나님을 사랑하는 최고의 방법이에요. 그런데 아침에 일어나기 싫다고 귀찮다고 예배를 빠지는 친
구들이 있어요. 하나님을 예배하지 않는 이런 모습은 우리가 버려야할 죄의 모습이에요.

   두 번째로 미움과 다툼의 모습이에요. 하나님께서는 하나님을 사랑하고 친구들을 사랑하라고

하셨어요. 그런데 친구를 사랑하지 못하고 미워하고 때리고 꼬집고 괴롭히는 친구들이 있어요. 때로는 화가 나거나 친구가 미워질 때도 있지만 서로 사랑하라고 하신 하나님 말씀을 기억하면서 미움과 다툼의 죄의 모습을 버려야 해요.

세 번째는 욕심 부리는 모습이에요. 우리 친구들, 내가 좋아하는 것과 먹고 싶은 것들을 다른 친구들에게 나눠주기 싫은 마음이 들 때가 있어요. 하지만 하나님께서는 친구를 사랑하면 서로 나누어 주라고 말씀하세요. "나만 가지고 놀 거야, 나만 먹을 거야." 하는 욕심 부리는 죄의 모습도 버려야 해요.

네 번째는 모르는 척하거나 무시하는 모습이에요. 혹시 이웃집 아저씨를 만났을 때 모르는 척하고 인사하지 않거나 아픈 사람이나 도움이 필요한 친구들을 봐도 모르는 척하지는 않았나요? 친절하게 인사하고 친구들을 잘 돌봐주는 것도 하나님께서 기뻐하시는 일이에요. 우리는 모르는 척 하거나 무시하는 죄의 모습을 버려야 해요.

다섯 번째는 불순종의 모습, 떼쓰는 모습이에요. 부모님께 "싫어요, 안 해요"라고 말하며 순종하지 않고 내가 하고 싶은 것만 해달라고 하는 친구들이 있어요. 먼저 부모님께 순종하면 부모님께서 나의 이야기를 들어주세요. 하나님께서는 부모님께 순종하기 원하세요. 우리는 순종하지 않는 모습, 떼쓰는 죄의 모습을 버려야 해요.

여섯 번째로 나쁜 말을 하는 모습을 버려야 해요. 친구에게 소리를 지르거나 나쁜 말을 하는 것은 죄예요. "너 미워, 못생겼어, 너랑 안 놀아, 너희 집에 가!" 이렇게 말하면 친구의 기분이 나쁘겠지요. 하나님께서는 나의 입으로 다른 사람을 축복하고 사랑하기 원하세요. 여러분의 입으로 나쁜 말을 한 적이 있나요? 나쁜 말을 하는 죄의 모습도 버려야 해요.

여러분, 이것뿐만 아니라 하나님께서 기뻐하시지 않는 행동들은 모두 죄예요. 우리들은 매일매일 너무 많은 잘못된 행동들을 해요. 하지만 걱정 마세요. 하나님께서 우리들이 죄를 이기고 믿음으로 이길 수 있는 힘을 주세요. 마틴 루터 선생님은 하나님께서 도와주심을 믿고 늘 죄를 이길 수 있도록 "하나님 도와주세요!" 하며 항상 기도했답니다.

선생님이 여기 있는 6가지의 죄의 모습들을 볼링핀에 붙일 거예요. 그러면 여러분이 이 믿음의 공으로 죄의 모습을 쓰러뜨려 주세요. 믿음으로 승리한 마틴 루터 선생님처럼 말이에요. 알았지요? (그림을 핀에 붙이고 볼링게임을 시작한다.)

 ## 우리 교회 활용PLUS

우리 교회 클래스는 유아의 인원이 많아서 2팀으로 나누어 동시에 볼링게임을 진행했어요.

복음의 꽃이 피었습니다

예수님을 먼저 믿은 그리스도인들은 예수님을 믿지 않는 사람들에게 복음을 전해야하는 사명이 있습니다. '복음의 꽃이 피었습니다' 프로그램은 복음의 내용을 배우고 복음 꽃을 만들어 전도할 친구에게 복음을 전하는 활동입니다. 이를 통해 전도의 결실을 맺는 어린이교회가 되기를 바랍니다.

진행시간	장소	성격	규모	방법
30분	부서실	단속	소그룹	미술활동

연관
주제어

소망마루 · 변화 · 전도 · 복음 · 구원

⚙ 목표

1. 어린이가 색깔 복음전도방법을 통해 복음의 의미를 안다.
2. 어린이가 복음전도의 도구로 복음꽃을 만든다.
3. 어린이가 복음꽃 이미지를 담아 친구에게 복음을 설명하고 전달한다.

⚙ 준비물

ibcm.kr 제공 자료 – 문서 / 복음꽃 설명지

별도 준비 자료 – 막대 사탕, 색깔 종이컵, 색종이(노랑, 빨강, 검정, 흰색, 초록색), 가위, 셀로판테이프, 칼, 네임펜

⚙ 자료보기

1. 복음 꽃 설명지 □

www.ibcm.kr 찾아가는 길!

www.ibcm.kr 홈페이지 접속 ➡ 홈 상단의 BCM Program Class 클릭 ➡ 왼쪽 메뉴 바 '어린이교회 PC' 클릭 ➡ Chapter3. 신앙 Growing-Up의 '복음의 꽃이 피었습니다' 자료 다운

준비과정 및 점검

자료준비

프로그램 1주 전

1. ☐ 교사는 복음꽃 설명지를 교사와 어린이 인원 수만큼 출력한다.

2. ☐ 교사는 색깔 종이컵을 1인당 2개씩 준비하여 아래와 같이 사전 작업을 해 놓는다.

   1) 종이컵 아랫부분을 4cm 정도 남기고 윗부분만 잘라낸다.

   2) 자른 종이컵을 어린이들이 7등분하여 자를 수 있도록 굵은 펜으로 표시를 해놓는다.

   3) 종이컵 바닥 중앙에 칼집을 내어 사탕을 꽂을 수 있는 홈을 만든다.

 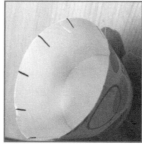 

3. ☐ 교사는 준비한 5색의 색종이를 32등분(가로 4칸, 세로 8칸)으로 접은 후, 오려서 색종이 조각을 만든다. 색종이 조각을 2장씩 나눠줄 경우 색종이 1장당 16명 분을 만들 수 있다.

진행준비

프로그램 1주 전

1. ☐ 반교사는 반모임에서 사용할 복음꽃 샘플을 한 개 만든다.

2. ☐ 반교사는 시범을 보일 '복음꽃 설명지'의 내용을 암기한 다음 복음꽃을 이용하여 복음 전하는 연습을 한다.

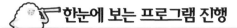
프로그램 설명 ➡ 복음내용 배우기 ➡ 복음꽃 만들기 ➡ 복음제시 연습 ➡ 프로그램 정리

 진행순서

프로그램 설명

1. 반교사는 반 어린이들에게 복음꽃을 보여주며 함께 복음꽃을 만들고, 복음의 내용을 배울 것임을 설명한다.

복음내용 배우기

1. 반교사는 미리 만들어 놓은 '복음꽃'과 '복음꽃 설명지'의 내용을 이용하여 반 어린이에게 꽃잎의 각 색깔이 담고 있는 의미와 복음의 내용을 설명한다.

복음꽃 만들기

1. 반교사는 어린이들에게 복음꽃 재료(종이컵, 5색의 색종이 조각, 가위, 풀, 네임펜)를 나눠준다. 이때 어린이들이 꽃잎 만들기에 집중할 수 있도록 사탕은 나중에 나눠준다.
2. 반교사는 어린이가 표시된 선의 위치를 보고 종이컵을 가위로 잘라 7개의 꽃잎을 펴서 복음꽃을 만들게 한다.
3. 반교사는 어린이가 복음내용의 순서대로 색종이 조각을 종이컵에 붙이게 한다.
4. 반교사는 어린이들에게 사탕을 나눠주고, 어린이는 사탕을 컵에 꽂아 테이프로 고정한다.

복음제시 연습

1. 반교사는 어린이들이 복음꽃을 완성하면 복음꽃을 전달하고 싶은 자신의 친구를 떠올려 보게 한

다음, 네임펜을 이용하여 비어 있는 꽃잎에 우리교회 이름과 전달할 친구의 이름을 적게 한다.

2. 반교사는 '복음꽃 설명지'의 내용으로 어린이들과 복음을 연습한다.

    1) 반교사가 먼저 복음을 전하는 시범을 보인다.

    2) 반교사는 어린이들에게 '복음꽃 설명지'를 한 장씩 나눠준다.

    3) 반교사는 어린이들과 '복음꽃 설명지' 내용을 읽고 따라하도록 하여 내용을 익힌다.

    4) 반교사는 어린이를 두 명씩 짝지어 주어 복음꽃으로 서로에게 복음을 전해 보도록 한다.

3. 반교사는 자신의 친구에게 복음꽃과 복음의 내용을 반드시 나눌 것을 어린이들과 약속한다.

프로그램 정리

1. 반교사는 복음꽃을 받을 친구들이 교회에 와서 예수님을 믿을 수 있게 해 달라고 어린이들과 함께 기도한 후, 프로그램을 마친다.

 # 학습자가 알아야 할 규칙

1. 친구에게 복음꽃을 전달하지 못했다고 해서 실망하지 말고 1, 2주 동안 지속적으로 복음꽃을 나누며 친구에게 복음이 전달되도록 기도한다.

2. 어린이 1인당 2-3개씩 복음꽃을 만들어 친구를 전도할 수 있다.

 # 진행안

복음내용 배우기

1. 복음 설명지 내용

색	의 미	복 음 내 용
노란색	천국	(복음꽃의 노란색 꽃잎을 가리키며) 이 색은 천국을 생각나게 해. 천국은 아픔이나 슬픔, 죽음이 없는 곳이야. 이 천국을 만드신 분이 바로 너도 만드셨어. 그리고 네가 천국에서 하나님과 함께 살기 원하셔. 하지만 네가 천국에 가지 못하도록 하는 것이 있어. 바로 죄야.
검정색	죄	(복음꽃의 검정색 꽃잎을 가리키며) 죄는 하나님이 싫어하시는 말과 행동을 말해. 그리고 하나님을 믿지 않는 것도 죄야. 이 죄를 가진 사람은 하나님의 나라인 천국에 가지 못해. 그런데 하나님은 우리를 너무 사랑하셔서 이 죄를 없애주기 원하셔. 하나님은 이 죄의 문제를 해결하시려고 예수님을 보내주셨어.

빨간색	십자가	(복음꽃의 빨간색 꽃잎을 가리키며) 예수님은 이 세상에 태어나셔서 우리처럼 자라셨지만 죄가 없는 분이셔. 그런데 우리의 죄를 대신해서 벌 받으시고 우리 대신 죽으셨어. 그리고 하나님의 능력으로 3일 만에 다시 살아나셔서 하늘로 올라가시고 지금은 살아서 우리를 위해서 기도하고 계셔. 예수님은 우리들을 천국으로 데려가기 위해 언젠가 다시 오실 거야.
흰 색	영 접	(복음꽃의 흰색 꽃잎을 가리키며) 그런데 이 예수님을 아는 것만으로는 충분하지 않아. 네가 해야 할 일이 있어. 그것은 너의 죄를 예수님께 말씀드리고 예수님께 너의 주인이 되어달라고 말씀드리는 거야. 예수님은 너의 어두운 마음의 죄를 용서해주시기 위해서 대신 벌 받으시고 죽어주셨어. 그 예수님을 지금 너의 마음에 모실 수 있어.
초록색	성 장	(복음꽃의 초록색 꽃잎을 가리키며) 이 초록색은 자라는 것을 의미해. 네가 예수님을 마음에 모시면 너는 하나님의 자녀로 다시 태어나는 것과 같아. 초록색의 나무가 쑥쑥 자라는 것처럼 너도 이제부터 하나님의 자녀로 쑥쑥 자라야 해. 교회에서 예배를 드리고 기도하며, 친구들과 함께할 때 너는 하나님의 자녀로 쑥쑥 자랄 수 있어.
빈칸	교회소개, 친구초청	여기 우리교회의 이름이 적혀 있어. 우리교회는 ○○교회야. 네가 우리교회에 함께 다녔으면 좋겠어. 하나님은 너를 사랑하시고 지금도 너를 기다리고 계셔. 우리교회에 가서 말씀도 배우고 함께 하나님을 알아가지 않을래?

 ## 우리 교회 활용PLUS

1. 우리 교회 클래스는 추가활동으로 꽃을 더 만들어서 태신자 작정을 위한 환경 꾸미기로 활용했어요.

1) 종이컵을 잘라서 꽃잎을 만든 뒤 뒤집어서 꽃을 펼친다.

2) 종이컵의 색이 보이게 하고 가운데 동그란 부분에 나의 이름을 쓴다.

3) 꽃잎에 내가 전도하고 싶은 친구들의 이름을 적는다.

4) 태신자 이름을 적은 어린이들의 꽃을 부서실 벽면에 붙여 꽃밭을 만든다.

좋은 이웃

그리스도인은 예수님의 사랑으로 이웃과 사이좋게 지내야 합니다. 잘 모르거나 서먹한 이웃관계를 화해의 관계로 변화시키기 위해 어린이는 미소와 친절 훈련을 받고 이웃을 찾아가는 연습을 합니다. 이 프로그램을 통해 어린이는 이웃과 화목하는 좋은 이웃으로 살아갈 것입니다.

진행시간	장소	성격	규모	방법
50분	부서실	단속	대그룹	인사 훈련, 웃기 훈련, 나누기 훈련

연관 주제어 · 믿음마루 · 화해 · 섬김 · 그리스도인의 삶 · 이웃사랑

⚙️ 목표

1. 어린이가 예수님께서 우리에게 좋은 이웃이 되어주신 것을 안다.
2. 어린이가 좋은 이웃이 되는 방법을 배운다.
3. 어린이가 자신의 이웃에게 '나눔 선물'을 전달하여 나눔을 실천한다.

⚙️ 준비물

ibcm.kr 제공 자료 – 이미지 / 얼굴 그림, 다짐문
별도 준비 자료 – 손거울, 전신거울 1개, '나눔 선물' 재료 1인당 1세트씩(삶은 달걀, 스티커 등 꾸미기
　　　　　　　　 재료, 작은 사탕이나 초콜릿, OPP 비닐봉투, 빵끈 등), A4용지(180g), 유투브 영상
　　　　　　　　 '단절된 이웃(1987년 공익광고)', '사랑은 참으로 버리는 것' 찬양악보
*youtube 검색 / (1987년 공익광고) 단절된 이웃

⚙️ 자료보기

2. 다짐문 □

1. 얼굴 그림 □

www.ibcm.kr 찾아가는 길!

www.ibcm.kr 홈페이지 접속 ➡ 홈 상단의 BCM Program Class 클릭 ➡ 왼쪽 메뉴 바 '어린이교회 PC' 클릭 ➡ Chapter3. 신앙 Growing-Up의 '좋은 이웃' 자료 다운

준비과정 및 점검

자료준비

프로그램 1주 전

1. ☐ '얼굴그림'을 A4용지에 출력하여 이야기의 순서대로 맞추어 놓는다. (웃는 얼굴 2장, 찡그린 얼굴 2장, 화내는 얼굴, 슬픈 얼굴, 예수님의 웃는 얼굴, 예수님과 어린이가 함께 웃는 얼굴 각 1장씩)

2. ☐ '다짐문'을 PPT에 삽입하여 영상으로 보여줄 수 있도록 준비한다.

3. ☐ 별도 준비 자료에 제시된 손거울을 한 조의 인원 수만큼 준비한다. (예 : 1개조 10명이면 10개 구입)

4. ☐ 손거울 외의 나머지 별도 준비 자료를 구입, 준비한다.

진행준비

프로그램 1주 전

1. ☐ 진행 교사들을 선발하여 업무를 분담하고 진행 준비를 한다.
   1) 진행교사 1명 - 프로그램 전체를 진행한다.
   2) 훈련교사 3명 - 맡은 코너를 인도할 수 있도록 내용을 연습하고 숙지한다.
   3) 조별교사 3명 - 어린이들이 잘 참여할 수 있도록 어린이들을 각 조를 이끌고 코너에 들어가 독려하고 코너를 맡은 훈련교사를 돕는다.

2. ☐ 인터넷 사이트 유투브에서 '단절된 이웃(1987년 공익광고)'을 검색하여, 상영할 수 있도록 준비한다. (https://youtu.be/8R50Tjk8x_U)

프로그램 하루 전

1. ☐ 프로그램을 진행할 장소에 각 코너의 이름을 적은 종이를 붙여놓는다.

2. ☐ 각 코너의 훈련교사는 내용과 준비물을 점검하고 아래의 사항을 숙지한다.
   1) '웃는 얼굴 훈련방'의 훈련교사는 '얼굴 그림'을 넘기면서 이야기를 들려줄 수 있도록 충분히 연습하고 자신의 얼굴을 거울에 비춰보며 '입꼬리 올리기'를 연습한다.
   2) '밝은 인사 훈련방'의 훈련교사는 자신의 몸을 거울에 비춰보며 45도 각도로 인사하는 연습을 한다.
   3) '나눔 선물 훈련방'의 훈련교사는 찬양 '사랑은 참으로 버리는 것' 1절을 부를 수 있도록 연습한다.

한눈에 보는 프로그램 진행

프로그램 설명(전체 활동) ➡ '좋은 이웃' 훈련(코너학습) ➡ '좋은 이웃' 다짐 및 정리(전체 활동)

진행순서	내 용	소요시간	장소	준비물
프로그램 설명	공익광고 영상 : 단절된 이웃	10분	부서실	광고영상
좋은 이웃 훈련	1코너 웃는 얼굴 훈련방	각 15분	소그룹실	얼굴그림, 손거울
	2코너 밝은 인사 훈련방		소그룹실	전신거울
	3코너 나눔 선물 훈련방		소그룹실	'나눔선물' 재료
좋은 이웃 다짐 및 정리	다짐문 선포 이웃을 위한 선물 나누기	5분	부서실	다짐문 PPT

 **진행순서**

프로그램 설명

1. 진행교사는 공익광고 영상 '단절된 이웃'을 보여준 다음, 문제제기를 한다.
2. 진행교사는 성경말씀을 통해 '좋은 이웃'의 모범이 되신 예수님과 '좋은 이웃이 되는 훈련'의 필요성을 설명한다.
3. 진행교사는 어린이를 3개의 조로 나눈 다음 각 조를 담당할 조별교사를 소개한다.
4. 진행교사는 각 조의 이동경로를 알려주고 해당하는 코너로 이동시키고 이동시간을 체크하는 '타임키퍼'의 역할을 한다.

   조별 이동
   1조 / 1코너-2코너-3코너
   2조 / 2코너-3코너-1코너
   3조 / 3코너-1코너-2코너

1코너 웃는 얼굴 훈련방

1. 훈련교사는 어린이에게 '얼굴그림'을 이용하여 이야기를 들려준다.

2. 훈련교사는 어린이들에게 손거울을 한 개씩 나눠주고, 어린이 자신의 얼굴을 보게 한 다음, 자신의 얼굴이 웃는 얼굴인지 찡그린 얼굴인지 말해보게 한다.

3. 훈련교사는 어린이의 얼굴이 웃는 얼굴이 될 수 있도록 '입꼬리 올리기 훈련'을 시킨다.

   1) 훈련교사가 먼저 "창세기~, 출애굽기~, 레위기~, 와이키키~"를 하며 입꼬리를 올리는 시범을 보여준다. 단 마지막의 "와이키키~~~"를 입꼬리가 올라간 상태로 5초간 유지한다.

   2) 훈련교사는 어린이들이 자신의 입꼬리가 올라가는지 거울로 확인하게 하면서 위의 말을 따라 하게 한다.

   3) 훈련교사는 어린이들을 두 명씩 짝을 지어 마주보게 하고 서로의 얼굴을 보며 위의 말을 해보도록 한다.

4. 훈련교사는 어린이에게 웃는 얼굴을 가진 좋은 이웃이 되기 위하여 평소에도 입꼬리 올리기 훈련을 실천할 것을 다짐하게 하고 훈련을 마무리한다.

5. 훈련교사는 어린이들을 다음 코너로 이동시킨다. 이 코너가 마지막 코너일 경우 전체 활동 장소인 '좋은 이웃 다짐' 장소로 이동시킨다.

2코너 밝은 인사 훈련방

1. 어린이들이 훈련방에 들어오면 훈련교사는 허리를 숙여 인사하며 큰 목소리로 "어서 오십시오!"라고 인사한 후 두 손을 양쪽에서 반짝반짝 흔들면서 "만나서 반갑습니다!"라고 인사한다.

2. 훈련교사는 어린이들이 이웃에게 밝게 인사하는 '좋은 이웃'이 되어야 함을 설명한다.

3. 훈련교사는 어린이들에게 예의 바르게 인사하는 방법을 가르쳐준다.

   1) 훈련교사는 정중하게 45도 각도로 인사하는 법을 가르쳐주고 한 명씩 전신거울 앞에서 교정해준다.

   2) 훈련교사는 어린이들에게 '솔'음으로 인사하는 법을 가르쳐주고 어린이가 연습하게 한다.

   3) 훈련교사는 어린이들을 두 명씩 짝지어 마주보게 하고 인사하는 연습을 하게 한다.

4. 훈련교사는 어린이들이 훈련받은 방법대로 인사할 수 있도록 2-3회 반복시키되 진행시간에 맞춰 연습회수를 조절한다.

5. 훈련을 마치면 훈련교사는 어린이들을 다음 코너로 이동시킨다. 이 코너가 마지막 코너일 경우 전체 활동 장소인 '좋은 이웃 다짐' 장소로 이동시킨다.

3코너 나눔 선물 훈련방

1. 훈련교사는 어린이들에게 '사랑은 참으로 버리는 것' 노래를 1절만 불러주고 찬양의 내용과 같이 사랑은 나눠줄 때 더 커지고 풍성해지는 것임을 설명한다.

2. 훈련교사는 어린이들에게 선물 만들 재료를 나눠 주고 '나눔 선물' 만들기를 시작한다.

1) 스티커와 기타 재료로 달걀을 꾸민다.

2) OPP 비닐봉투에 달걀, 초콜릿, 사탕 등을 넣고 빵끈으로 묶어 '나눔 선물'을 완성한다.

3. 훈련교사는 어린이들이 '나눔 선물'을 누구에게 줄지 잠시 생각해보게 한 다음 한 사람씩 말해 보도록 한다.

4. 훈련교사는 어린이들이 친구나 주변 이웃에게 선물을 나눌 때 어떤 말과 행동을 해야 하는지 가르쳐준다.

5. 훈련교사는 두 명씩 짝을 지어 이웃에게 선물을 전달하는 연습을 하고, 선생님을 친구, 또는 이웃으로 설정하여 한명씩 돌아가면서 2-3회 정도 연습한다.

6. 훈련교사는 훈련을 마치면 어린이들을 다음 코너로 이동시킨다. 이 코너가 마지막 코너일 경우 전체 활동 장소인 '좋은 이웃 다짐' 장소로 이동시킨다.

'좋은 이웃' 다짐 및 정리

1. 진행교사는 각 조가 마지막 훈련방을 마치고 돌아오면 자리에 모이는 동안 일찍 온 어린이들의 소감을 듣거나 찬양을 부르며 자리를 정돈한다.

2. 진행교사는 스크린에 다짐문 내용을 띄우고 어린이들과 함께 일어나 다짐문을 읽는다.

3. 진행교사는 오늘 만든 '나눔 선물'을 꼭 이웃에게 나눌 것과 훈련받은 내용을 평소에도 실천하는 좋은 이웃이 될 것을 어린이들과 약속한다.

4. 진행교사, 또는 교역자가 나와서 어린이들이 한 주간 동안 결단한 내용을 실천하고 선물을 전달할 수 있도록 기도함으로 프로그램을 마친다.

 # 학습자가 알아야 할 규칙

1. 어린이는 '나눔 선물'을 꾸밀 때 받는 사람을 생각하면서 예쁘게 꾸미고 장난치지 않는다.

2. 어린이는 '나눔 선물'을 전달하지 못했다고 해서 본인이 먹지 말고 반드시 가까운 가족이나 친구에게 나눈다.

 # 진행안

프로그램 설명

1. 영상을 잘 보았나요? 마지막에 이런 말이 나오지요. '정이 오가면 이웃은 사촌이지만 마음을 닫으

면 옆집도 천리입니다.' 이 말은 서로 얼굴을 알고 인사하고 친하게 지내면 이웃이 내 친척과 같이 가깝지만, 마음을 닫고 서로 모른 채로 살면 옆집에 살지라도 이웃이 될 수 없다는 뜻이에요. 만일 여기에 나오는 주인공이 옆집 아저씨의 얼굴을 알고 있었으면 어땠을까요? 아마도 집에 돌아오는 길이 무섭지 않았을 거예요. 또 집에 가는 길에 이웃 아저씨가 있어서 더 안전하게 갈 수 있었겠지요. 하지만 어땠나요? 이웃의 얼굴을 몰라서 자신을 따라오는 나쁜 아저씨로 오해했어요.

여러분, 이 공익광고 영상은 1987년에 만들어졌어요. 굉장히 오래되었지요. 그런데 아주 오래전에도 이웃과 사이좋게 지내는 것이 어려웠나 봐요. 그런데 더 중요한 사실은 우리들이 살고 있는 요즘에도 이 광고처럼 많은 사람들이 실제로 이웃을 잘 모르거나 서로에게 이웃사촌이 되어 주지 못하고 있다는 사실이에요.

2. 성경에서는 이웃에 대해서 이렇게 말해요. '네 이웃을 네 자신과 같이 사랑하라.' 이웃을 친척, 가족, 그리고 나를 사랑하듯이 똑같이 사랑하라는 거예요. 또 이런 말씀도 있어요. '우리 각 사람이 이웃을 기쁘게 하되 선을 이루고 덕을 세우도록 할지니라(로마서 15장 2절).' 하나님께서는 우리가 이웃을 기쁘게 해주고 이웃에게 착하고 선한 일을 하기 원하신다는 말씀이지요. '이웃 사촌'이 되어주고 '좋은 이웃'이 되어주라는 말씀이에요.

이런 하나님의 뜻을 몸소 실천하시고 모범이 되어주신 분이 계세요. 바로 예수님이세요. 예수님께서는 이 세상에 오셔서 하나님 말씀대로 우리를 자신과 같이 사랑하셨어요. 우리가 받을 벌을 대신해서 벌을 받으시고 우리의 죄를 대신해서 죽어주셨어요. 하나님과 멀어진 우리에게 먼저 다가오셔서 우리를 기쁘게 해주시고, 우리를 도와주셨어요. 그리고 부활하셔서 지금도 우리와 함께하세요. 예수님이야말로 우리에게 '진정으로 좋은 이웃'이 되어주셨어요.

하나님의 말씀대로 살아가는 하나님의 자녀 여러분! 하나님의 말씀대로 '좋은 이웃'이 되어주고 있나요? 예수님을 따라가는 '좋은 이웃'의 모습으로 살고 있나요? 오늘 우리는 과연 우리가 성경 말씀처럼, 예수님처럼 '좋은 이웃'이 되어 살아가고 있는지 우리의 모습을 점검하려고 해요. 그리고 어떻게 하면 이웃에게 '좋은 이웃'이 될 수 있는지 방법을 배우고 훈련하겠어요.

3. 자, 이제 세 조로 나누어서 각각 훈련방에 들어갈 것입니다. 각 조의 담당선생님과 함께 하나님이 기뻐하시는 좋은 이웃으로 훈련받아 예수님처럼 이웃에게 먼저 사랑과 선행을 베풀 줄 아는 어린이가 되기 바랍니다. 각 조는 이동해 주세요!

1코너 웃는 얼굴 훈련방

1. 태초에 하나님께서 이 세상을 만드셨을 때 여섯째 날 동물들과 사람, 바로 남자와 여자를 만드셨어요. 동물들과 사람들은 서로 찡그리고 미워하고 서로 공격하지 않았어요. 맨 처음 하나님이 만드신 세상에서는 사자와 어린 양도 서로 친구가 되었고, 좋은 이웃이 되어 서로에게 웃는 얼굴을 보여주었지요. (웃는 얼굴) 하나님께서는 우리들을 웃는 얼굴로 만들어 주셨어요. 그리고 사랑 가

득, 축복 가득한 미소로 다른 사람을 대할 수 있도록 아름다운 마음도 주셨어요.

(찡그린 얼굴) 그런데 하나님께서 만드신 우리의 얼굴이 찡그린 얼굴이 되었어요. 바로 하나님이 먹지 말라고 하신 선악과를 먹는 죄를 지었기 때문이었어요. 아담과 하와는 선악과를 먹자마자 싸우기 시작했어요. (화내는 얼굴) "하와가 먹으라고 했어요!" 하며 남을 탓하고 비난하고 미워했어요. 거룩하신 하나님께서는 이렇게 죄의 마음을 가진 사람과 살 수 없으셨어요. 그래서 사람들은 하나님을 멀리 떠나 살게 되었어요. (슬픈 얼굴) 아담과 하와는 하나님을 떠난 슬픔을 가지고 점점 웃는 얼굴을 잃게 되었어요.

(예수님의 웃는 얼굴) 그래서 하나님께서 예수님을 보내주셨어요. 예수님께서는 우리가 원래 가지고 있던 아름다운 마음과 웃는 얼굴을 다시 찾아주기 원하세요. 예수님께서는 여러분이 죄의 마음과 미운 얼굴을 버리고 깨끗한 마음, 웃는 얼굴을 갖기 원하세요. 여러분은 어떤가요? 웃는 얼굴, 미소를 다시 찾기 원하나요? 여러분이 예수님께서 여러분의 죄를 용서해주신 것을 믿는다면 미운 얼굴, 찡그리는 얼굴을 버리고 웃는 얼굴이 될 수 있어요.

(예수님과 어린이가 함께 웃는 얼굴) 예수님께서 우리에게 다가오셔서 죄를 용서해 주시고 친구가 되어 주셨어요. 그리고 온 세상의 사람들에게 좋은 이웃이 되어 주셨어요. 그러므로 하나님의 자녀인 우리들도 예수님께서 하신 것처럼 친구를 용서해야 해요. 예수님의 사랑으로 부모님, 아줌마, 아저씨, 친구들에게 미소지어야 해요. 하나님의 사랑으로 좋은 이웃이 되어주어야 해요.

(찡그린 얼굴) 그런데 여러분! 예수님을 믿고 하나님의 자녀가 된 우리 친구들에게도 가끔 죄의 마음이 불쑥 생길 때가 있어요. 이것은 죄의 습관이 남아 있기 때문이에요. 친구가 미워져요. 부모님께 짜증 섞인 말과 얼굴을 해요. 이웃 아저씨, 아줌마인지 알면서도 모른 척 지나갈 때가 있어요. 친구나 이웃에게 나눠주는 게 아까워요. 이 죄의 습관, 찡그린 얼굴이 남아서 아직도 우리의 얼굴에 미소를 짓기 힘들 때가 있어요. 우리에게 사랑과 용서를 보여주신 예수님을 세상에 전할 때 이런 찡그린 얼굴로 사람들에게 다가갈 수 있을까요? 그래요. 만일 우리가 찡그린 얼굴을 한다면 사람들은 우리가 하나님의 자녀라는 것 알지 못할 거예요. 우리가 전하는 예수님을 믿지 못할지도 몰라요.

(웃는 얼굴) 그래서 오늘은 하나님의 자녀로서 예수님의 사랑과 용서를 마음에 품고, 웃는 얼굴을 훈련해 보려고 해요. 습관이 되어 버린 우리의 찡그린 얼굴을 웃는 얼굴로 바꾸는 훈련을 하면 우리의 얼굴이 웃는 얼굴로 바뀌어요. 우리의 웃는 얼굴을 볼 때 우리의 가족과 이웃들이 우리가 하나님의 자녀인 것을 알게 될 거예요. 그리고 우리에게 있는 예수님의 사랑을 전할 수 있어요.

3-1) 이제부터 선생님과 웃는 얼굴 훈련을 해볼게요. 한 단어씩 선생님을 따라해 해보세요. "창세기 ~", "출애굽기~", "레위기~", "와이키키~" 한 번 더 해볼 텐데요, 단어의 마지막인 '기~, 키~' 를 발음할 때 입꼬리가 올라간답니다. 마지막의 '키~'라고 할 때는 입꼬리를 올린 상태로 5초 유지할 거예요. 선생님이 다섯을 셀 동안 '키~'라고 하는 겁니다. 할 수 있겠죠? 자, 다시 한 번 "창

세기~, 출애굽기~, 레위기~, 와이키키~"(5초 유지) 와~잘 했어요.

4. 한국인의 얼굴은 대부분 입꼬리가 내려와서 무표정으로 보일 때가 많이 있대요. 그런데 우리가 입꼬리를 올리는 연습을 하면 웃는 얼굴로 바뀔 수 있지요. 이 훈련은 집에서 가족과 함께, 또 길을 가면서 혼자 할 수 있는 훈련이에요. 평소에도 꼭 실천해 주세요. 이제 마칠 시간이에요. 서로에게 말해줍시다. "잘했어! 웃는 얼굴이 너무 예쁘다!" 서로 격려하며 박수쳐 볼까요? 이제 다음 코스로 가서 더 멋진 좋은 이웃으로 훈련받기 바랍니다. 여러분, 수고하셨습니다!

2코너 밝은 인사 훈련방

2. 여러분, 비행기나 기차를 타면 승무원들이 어떻게 인사하나요? 네, 제가 한 것처럼 큰 목소리로 밝게 인사하지요? 또 주차장이나 쇼핑몰에 가면 손님을 맞이하는 점원들도 밝게 웃으며 인사합니다. 이렇게 멋진 인사로 환영할 때 승객이나 손님들이 '나를 환영해 주는구나, 나를 맞이해 주는구나!' 하고 좋은 기분이 들기 때문이에요. 그래서 승무원들이나 점원들은 손님들을 맞이하기 위해 인사훈련을 하기도 한답니다.

　이것은 우리들과 이웃 사이에도 마찬가지예요. 친구나 나의 이웃들이 나에게 인사를 하지 않거나 대충 인사하고 지나가면 어떤 기분이 들지 생각해 보세요. 아마도 기분이 좋지 않을 거예요. 나와 이웃, 우리가 서로 밝은 얼굴로 인사할 때 서로의 기분이 좋아져요. 부모님, 어른들, 친구와 같은 이웃들을 만날 때 우리가 밝게 인사하면 이웃들에게 기쁨을 주고 사랑을 나누는 좋은 이웃이 될 수 있는 것이랍니다. 그러면 어떻게 인사하는 것이 좋은 이웃의 인사인지 오늘 배워보고 함께 훈련해 보기로 해요.

3-1) 먼저 좋은 이웃의 예의 바른 인사법을 배워보겠어요. 우선 환하게 웃고 정중한 자세를 취합니다. 얼굴에는 미소를 띄워주시고, 어깨와 허리를 쭉 펴고 두 손을 모아서 배꼽 위에 올려주세요. 간단한 인사는 15도, 보통 인사는 30도 각도로 허리를 내려 인사하는데요, 오늘은 정중하게 어른께 하는 인사를 배워보겠습니다. 허리를 45도 각도로 내리며 '안녕하세요!'라고 인사합니다. 자, 함께 해볼까요?

3-2) 이번에는 인사할 때의 목소리를 배워보도록 하겠어요. 우리가 인사할 때 낮은 목소리나 얼버무리는 목소리로 '안녕하세요~'라고 힘없이 인사하면 다른 사람의 기분이 어떨까요? 네, '나를 환영하지 않는구나, 나를 별로 좋아하지 않는구나!'라고 생각할 수 있어요. 그래서 아까 말한 승무원이나 직원들은 다른 사람들에게 '솔' 음으로 인사한다고 해요. 먼저 제가 인사하는 것을 잘 보세요. 먼저 '솔' 음을 내볼게요. "도, 레, 미, 파, 솔~" 그런 다음 '솔' 음으로 인사하는 거예요. "도, 레, 미, 파, 솔~ 안녕하세요!" 여러분도 따라해 보세요. "도, 레, 미, 파, 솔~ 안녕하세요!" 다시 한 번 "도, 레, 미, 파, 솔~ 안녕하세요!"

3-3) 이제 두 명씩 짝을 지어 인사해 보겠습니다. ('솔' 음으로)"안녕하세요!" 자! 훈련을 통해 활기찬

인사를 할 수 있게 되었지요? 자신 있는 목소리로 인사할 때 이웃에게 좋은 이웃이 되어 줄 수 있다는 것을 기억하세요!

3코너 나눔 선물 훈련방

1. 안녕하세요! 여기는 '나눔 선물' 훈련방입니다. 훈련을 받기 전에, 제가 찬양을 한 곡 불러줄 거예요. 그러면 여러분은 찬양을 잘 듣고 가사 속에서 '사랑은 어떻게 하는 것'이라고 말하고 있는지 찾아보세요(찬양 1절을 부른다). 잘 들었나요? 찬양 가사에서 '사랑은 어떻게 하는 것'이라고 했나요? 맞아요. '버리는 것'이에요. 사랑은요, 내가 움켜잡고 나만 가지려고 하면 없어져요. 하지만 다른 사람을 위해서 쓰고, 빌려주고, 나눠주면 사랑이 풍성해져서 세상에 가득해진답니다. 좋은 이웃은 사랑을 나눠 주는 사람이에요. 내가 갖고 싶고, 내가 먹고 싶지만 이웃과 함께 나눌 때 그 사랑은 더 커진답니다.

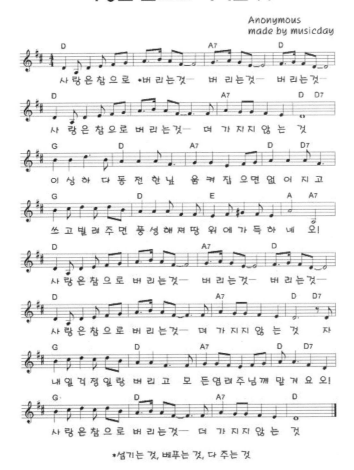

2. 선물을 받거나, 먹을 것을 나눠 먹을 때, 우리는 행복을 느끼고 사랑을 받고 있다는 느낌을 받게 되어요. 이처럼 먹을 것이나 자신의 것을 나누는 행동은 상대방의 마음을 열어주는 행동이에요. 좋은 일이 생기거나 특별한 날에 떡을 해서 마을 사람들에게 나누어 주는 것도 이웃 간의 정을 나누는 우리나라의 좋은 풍습이지요. 특별히 예수님을 믿는 친구들은 이런 나눔의 모습을 더욱더 보여주어야 해요. 왜냐하면 우리들은 예수님을 통해서 하나님의 사랑과 영원한 생명을 받았기 때문이에요. 예수님의 사랑을 받았으니까 더~많이 이웃에게 나눠주는 것이 마땅해요. 우리는 먹을 것, 우리가 가진 것을 나눌 뿐만 아니라 예수님의 사랑과 복음도 나눠주어야 해요.

   그래서 이 '나눔 선물' 훈련방에서는 여러분들이 이웃에게 나눔을 실천할 수 있도록 '나눔 선물'을 만들어보려고 해요. 달걀과 간식들을 봉투에 넣어서 이웃에게 나누어줄 선물을 만들어 보아요.

4. 이웃을 방문하거나 만날 때는 이렇게 하는 것이 좋아요. 먼저 자신이 누군지 밝히는 거예요. "안녕하세요. 저는 이웃에 사는 ○○○이에요." 그리고 찾아온 이유를 설명하고 선물을 드리는 거예요. "이 선물은 제가 교회 친구들과 함께 이웃을 위해 만든 선물이에요. 맛있게 드세요." 마지막으로 인사를 하고 돌아오면 됩니다. "안녕히 계세요."라고요.

5. 두 명씩 짝을 지어서 마주보세요. 그리고 선생님이 가르쳐준 대로 인사하며 선물을 나누는 연습을 해봅시다. 어때요, 서로 나누니까 웃게 되고 서로 나누니까 행복하지요? 여러분들이 이웃에게 가서 쑥스러워 하지 않고 용기 있게 선물을 전달할 수 있도록 선생님을 이웃이라고 생각하고 한번 전달해 보세요. 이제 한 명씩 저에게 와서 선물을 주면서 인사해 보겠습니다.

 ## 우리 교회 활용PLUS

우리 교회 클래스는 진행하는 시기에 따라 부활절에는 달걀로, 추수감사절에는 껍질이 있는 과일로, 평상시에는 간단한 선물이나 전도용품으로 '나눔 선물'을 만들어서 이웃과 나누었어요.

MEMO

9

어린이교회

샬롯의 거미줄

이 프로그램은 '예수님의 십자가' 이야기와 '샬롯의 거미줄' 이야기를 통해 어린이들에게 예수님의 화해를 가르칩니다. 그리고 '스토리 따라잡기'를 통해서 어린이들 스스로 문제를 풀어가며 화해에 대해서 고민하는 시간을 갖고 실천을 다짐하도록 격려합니다. 어린이들이 성경을 기준으로 영화를 해석하면서 영화를 보고 화해자의 삶을 살기로 결단하는 시간이 될 것입니다.

진행시간	장소	성격	규모	방법
30분	부서실	단속	대그룹	영화보기, 해석하기

연관 주제어: 믿음마루, 화해, 섬김, 십자가, 예수님

⚙ 목표

1. 어린이가 진정한 화해와 섬김의 의미를 배운다.
2. 어린이가 화해자의 중요성을 깨닫는다.
3. 어린이가 화해자의 삶을 살아가기로 다짐한다.

⚙ 준비물

ibcm.kr 제공 자료 – 이미지 / '샬롯의 거미줄' 그림자료, 스토리 따라잡기
별도 준비 자료 – 나무젓가락, 본드 또는 글루건, 필기도구

⚙ 자료보기

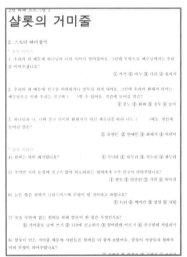

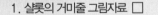

1. 샬롯의 거미줄 그림자료 ☐   2. 스토리 따라잡기 ☐

www.ibcm.kr 찾아가는 길!

www.ibcm.kr 홈페이지 접속 ➡ 홈 상단의 BCM Program Class 클릭 ➡ 왼쪽 메뉴 바 '어린이교회 PC' 클릭 ➡ Chapter3. 신앙 Growing-Up의 '샬롯의 거미줄' 자료 다운

준비과정 및 점검

자료준비

프로그램 1주 전

1. ☐ 진행교사는 '샬롯의 거미줄 그림자료'를 반의 수만큼 출력한다.
2. ☐ 진행교사는 '스토리 따라잡기'를 어린이의 인원 수만큼 출력한다.
3. ☐ 진행교사는 나무젓가락을 반의 수만큼 준비하여, 본드나 글루건을 이용해 십자가를 만든다.
4. ☐ 진행교사는 어린이의 인원 수만큼 필기도구를 준비한다.

진행준비

프로그램 1주 전

1. ☐ 진행교사는 어린이들이 '샬롯의 거미줄' 책을 미리 읽거나 영화를 통해 내용을 숙지할 수 있도록 광고한다.
2. ☐ 진행교사는 '샬롯의 거미줄' 동화를 먼저 읽고, 어린이들에게 '샬롯의 거미줄 그림자료'로 이야기를 들려줄 연습을 한다.

 ### 한눈에 보는 프로그램 진행

프로그램 설명 ➡ 스토리텔링 ➡ 스토리 따라잡기 ➡ 프로그램 정리 및 사후 관리

 ## 진행순서

프로그램 설명

1. 진행교사는 대그룹으로 모여 있는 어린이들에게 '샬롯의 거미줄' 동화책을 읽어보았는지 물어본 다음, '샬롯의 거미줄'의 이야기를 성경적으로 해석해 보고 우리가 어떠한 화해의 모습으로 살아가야 하는지 생각해 보는 시간을 가질 것을 설명한다.
2. 진행교사는 어린이들을 부서실 내에서 반별로 모이도록 지도한다.

스토리텔링

1. 반교사는 나무젓가락으로 만든 십자가를 가지고 어린이들에게 화해자 예수님에 대한 성경 이야기를 들려준다.
2. 반교사는 '샬롯의 거미줄 그림자료'를 가지고 어린이들에게 '샬롯의 거미줄' 이야기를 들려준다.

스토리 따라잡기

1. 반교사는 어린이들에게 '스토리 따라잡기'와 필기도구를 나누어준다.
2. 반교사는 '스토리 따라잡기'에 대해 설명하고 어린이는 '스토리 따라잡기'의 문제를 푼다.
3. 어린이는 각자 작성한 '스토리 따라잡기'의 '한걸음 나아가기'를 발표한다.

프로그램 정리 및 사후 관리

1. 진행교사는 어린이들이 반별로 앉아 있는 상태에서, 어린이들이 예수님과 같은 화해자의 삶으로 살아가도록 기도한 후 마친다.
2. 반교사는 주중에 전화심방을 하여 어린이들이 '한걸음 나아가기'의 3번 항목을 실천하고 있는지 확인한다.

 진행안

스토리텔링

1. 여러분, 십자가 하면 생각나는 것이 무엇인가요? (예수님이라는 대답을 듣는다) 맞아요. 아마도 예수님이 떠오를 거예요. 예수님께서는 이 십자가를 통해서 인간의 죄 때문에 멀어진 하나님(나무젓가락으로 만든 십자가의 윗부분을 가리키며)과 인간(나무젓가락으로 만든 십자가의 아랫부분을 가리키며) 사이의 연결다리를 만들어 주셨어요. 그리고 죄 때문에 서로 미워할 수밖에 없는 인간(나무젓가락으로 만든 십자가의의 오른쪽 부분을 가리키며)과 인간(나무젓가락으로 만든 십자가의 왼쪽 부분을 가리키며) 사이의 연결다리를 만들어 주셨어요. 이렇게 예수님께서는 십자가를 통해 우리와 하나님과의 사이에서 화해자의 역할을 감당하셨고, 사람과 사람 사이에서 화해자의 역할을 감당하셨어요. 이러한 예수님께서 자신만이 아니라 우리들도 화해의 역할을 감당하길 원하세요. 예수님께서 말씀하신 "내가 너희를 사랑한 것과 같이 서로 사랑하라."에서 '내가 너희를 사랑한 것과 같이'는 바로 예수님의 십자가 사랑을 의미해요. 예수님께서는 그 십자가의 사랑을 우리가 이웃에게 동일하게 베풀길 원하세요. 그래서 예수님과 같은 화해자의 삶을 살아가길 원하세요. 예수님이 말씀하신 이 화해자의 삶에 대해서 쉽게 알려주는 동화가 있어요. 바로 '샬롯

의 거미줄'이에요. 이 시간 '샬롯의 거미줄' 이야기를 들으면서 예수님이 말씀하신 화해자의 삶이 무엇인지 함께 배우는 시간을 가지길 원해요.

그림 자료	스토리
 날 꼭 지켜줄께	화창한 봄날 아침, 아기 돼지 윌버가 태어났어요. 그런데 너무 작게 태어난 무녀리 돼지 윌버를 보고 주인아저씨는 윌버를 죽이기로 결심했어요. 너무 작게 태어난 무녀리 돼지는 어차피 얼마 살지 못하니까요. 　윌버를 죽이러 도끼를 들고 가는 주인아저씨의 모습을 보고, 아저씨의 딸 펀은 떼를 쓰며 죽이지 못하도록 막았어요.
	펀의 도움으로 살아난 윌버는 펀의 삼촌 주커만 씨의 농장에서 살게 되었어요. 그곳에는 오리, 양, 말 등 많은 동물들이 함께했어요. 그렇지만 윌버와 같은 돼지는 없었어요.
	함께 이야기하고 함께 놀 수 있는 친구가 없는 윌버는 너무 외로웠어요. 윌버를 아껴주던 농장소녀 펀도 농장 안에 들어와서 함께 놀 수 없었거든요. 　그래서 윌버는 양에게 물어봤어요. "나랑 같이 놀지 않을래?" 하지만 양은 거절했어요. "우리에게 돼지는 아무것도 아닌 것보다 못해."
	그런 윌버에게 다가온 한 친구가 있었어요. "친구를 원하니, 윌버? 내가 네 친구가 되어줄게. 하루 종일 너를 지켜봤는데 네가 마음에 들었어." "넌 누구야? 어디에 있니? 이름이 뭐니?" "내 이름은 샬롯이야." 샬롯과 윌버는 친구가 되었어요. 사랑스러운 윌버와 자상한 샬롯은 함께해 주는 서로가 있어서 헛간에서도 외롭지 않았어요.

어느 날이었어요.
월버에게 늙은 양이 말했어요.
"사람들이 왜 너를 살찌우고 있는지는 알고 있는 거니? 크리스마스에 너를 죽여서 베이컨으로 만들려는 거야. 그게 이유야!"
월버는 그 끔찍한 이야기에 놀라 울기 시작했어요.
"난 죽기 싫어. 누가 나 좀 살려줘! 누가 나 좀 살려줘! 난 죽고 싶지 않아."
샬롯은 이 모든 대화를 듣고 있었어요. 그리고 월버에게 활기차게 말했어요.
"죽지 않게 해줄게."

샬롯은 월버를 구하기 위해서 자신의 생명과도 같은 거미줄을 만들기 시작했어요. 그러나 거미줄을 만들 때마다 조금씩 자신의 생명이 줄어든다는 사실은 월버에게 이야기하지 않았어요.
샬롯이 노력 끝에 'some pig' (대단한 돼지)라는 글씨를 거미줄에 만들었어요.
이 글씨를 보고 많은 사람들이 몰려왔어요.
그리고 사람들은 그 거미줄의 글자를 신의 계시라고 생각하며 말했어요.
"진짜 대단한 돼지야."
"진짜 대단하지 않아?"
이것으로 월버는 대단한 돼지로 이름을 알리며 유명해졌어요.

샬롯은 거미줄의 글씨가 해어질 때마다 다시 만들었고, 사람들의 반응이 시들해질 때에 다시 거미줄로 새로운 글씨를 짜내었어요.
'Terrific pig' (근사한 돼지)
사람들은 또다시 월버를 칭찬했어요.
"이 돼지는 정말 근사한 것 같아."
"근사하고 멋진 돼지야."
샬롯의 노력 덕에 주커만의 유명한 돼지 월버는 품평회에도 초대되었지요.

품평회에 초대된 월버를 위해 샬롯은 또다시 새로운 글씨를 짜내었어요.
'humble pig' (겸허한 돼지)
사람들은 모두 겸허한 돼지 월버를 칭찬하였고, 결국 품평회에서 월버는 특별상을 받게 되었어요. 더 이상 월버는 죽음에 대한 두려움을 느끼지 않아도 되었지요.

품평회가 끝나고 헛간에 돌아가려는 월버에게 샬롯이 이야기했어요.
"나는 헛간으로 돌아가지 못할 것 같아. 나는 끝났어. 하루나 이틀 후면 죽을 거야. 난 상자로 기어 내려갈 힘도 없어. 거미줄을 뽑아내는 방적돌기에 땅바닥까지 내려갈 만큼 거미줄이 남아 있는지도 모르겠어."

월버는 고통과 슬픔으로 괴로워하며 몸을 내던졌어요. 너무나도 서럽게 목메어 울어서 몸이 들썩거렸어요.
"샬롯, 샬롯, 내 진정한 친구!"

스토리 따라잡기

성경 이야기

1. 우리의 죄 때문에 하나님과 나의 사이가 멀어졌어요. 그런데 무엇으로 예수님께서 하나님과 나의 사이를 이어 주셨나요?
   ① 자석 ② 비누 ③ 다리 ④ 십자가

2. 우리의 죄 때문에 친구를 미워하거나 질투를 하게 되어요. 그런데 우리의 화해자 되시는 예수님으로 인해 우리는 친구와 (   )할 수 있어요. 빈칸에 들어갈 말은?
   ① 분노 ② 화해 ③ 질투 ④ 놀이

3. 하나님과 나, 나와 친구 사이의 화해자가 되신 예수님을 따라 나도 (   )예요. 빈칸에 들어갈 말은?
   ① 유명인 ② 연예인 ③ 화해자 ④ 어린이

샬롯 이야기

4) 윌버는 어떤 돼지였나요?
   ① 무녀리 ② 차두리 ③ 거두리 ④ 최도리

5) 주커만 씨의 농장에서 친구가 없어 외로워하는 윌버에게 누가 친구가 되어주었나요?
   ① 샬롯 ② 템플턴 ③ 거위 ④ 까마귀

6) 늙은 양은 윌버가 크리스마스에 무엇이 될 것이라고 하였나요?
   ① 트리 ② 베이컨 ③ 양말 ④ 사탕

7) 죽을 수밖에 없는 윌버를 위해 샬롯이 한 일은 무엇인가요?
   ① 거미줄로 글씨 쓰기 ② 119에 신고하기 ③ 엄마한테 이르기 ④ 친구한테 자랑하기

8) 샬롯이 만든 거미줄 때문에 사람들은 윌버를 더 좋게 보았어요. 샬롯이 사람들과 윌버 사이의 무엇이 되어주었나요?
   ① 사회자 ② 화해자 ③ 진행자 ④ 장의자

9) 샬롯이 화해자의 모습으로 살아가는 것은 누구의 모습을 닮은 것인가요?
   ① 주커만 씨 ② 템플턴 ③ 예수님 ④ 펀

한걸음 더 나아가기

1. 여러분은 친구에 대해서 나쁜 말을 전하거나 좋은 말을 전하는 것 중에서 어떤 경우가 더 많은가요? 10초 동안 생각해 보세요.

2. 우리 주위에서 친구에 대해서 험담을 하거나 욕을 하고 있을 때는 오히려 그 친구에 대해 좋은 점을 이야기함으로 그 친구를 대변해 준 적이 있나요?

3. 밑에 제시된 10가지의 상황이 있어요. 이 10가지의 상황 중에서 실천해보고 싶은 것을 체크해 보세요. 그리고 체크한 것을 이번 한 주 동안 실천해 보세요.

① 교회에 새로 온 친구에게 말을 걸어주어요.
② 학교에 적응하지 못하는 친구와 함께 놀아주어요.
③ 부모님의 일을 도와드려요.
④ 힘들어하는 친구의 이야기를 들어주어요.
⑤ 험담을 듣는 친구를 대신해서 그 친구를 대변해 주어요.
⑥ 예수님을 믿지 않는 친구들에게 예수님을 전해요.
⑦ 나의 도움이 필요한 사람에게 직접 찾아가서 도와주어요.
⑧ 혹시 청소가 필요한 곳이 있으면 깨끗하게 청소해 주어요.
⑨ 서로에 대해서 오해하고 싸운 친구들이 있으면 화해시켜 주어요.
⑩ 친구에게 기도제목을 묻고 중보기도를 해주어요.

4. 내가 위에서 체크한 일들을 실천하면 어떤 결과가 나타날까요?

우리 교회 활용PLUS

1. 우리 교회 클래스는 4개의 소그룹(10명 이내)으로 나누어서 진행했어요.

2. 우리 교회 클래스는 스토리텔링 대신에 영화 DVD를 구입해서 함께 영화 보는 시간을 가졌어요.

멸종위기 동물원

하나님께서 주신 세상은 소모품이 아닙니다. 하나님께서 주신 세상을 우리가 지키고 번성하게 하는 것이 하나님께서 우리에게 주신 청지기적 사명입니다. 지금 많은 동물들이 인간 때문에 멸종위기에 처해 있습니다. '멸종위기 동물원' 프로그램을 통해 어린이들이 멸종위기에 처한 동물들에 대해 배우고, 그 동물들을 위해 할 수 있는 구체적인 실천들을 함께해 볼 것입니다. 이 시간을 통하여 하나님께서 우리에게 맡기신 청지기적 사명을 깨닫고, 우리에게 맡기신 세상의 소중함을 알게 되어서 이 세상을 잘 돌보고 아끼는 어린이들이 되길 소망합니다.

진행시간	장소	성격	규모	방법
60분	부서실	단속	대그룹	코너, 이야기, 만들기, 구성활동

연관 주제어 / 섬김마루 / 행동양식 / 청지기 / 환경보호 / 창조

⚙ 목표

1. 어린이가 하나님이 주신 청지기적 사명을 인식한다.
2. 어린이가 청지기적 사명을 실천하는 방법을 깨닫는다.
3. 어린이가 청지기적 사명을 실천하며 살아갈 것을 다짐한다.

⚙ 준비물

	ibcm.kr 제공 자료	별도 준비 자료
전체	이미지 / 프로그램 포스터, '멸종위기 동물원' 팸플릿, 동물 스티커	A4용지, A4라벨지, 뻥튀기(접시모양) 및 간식
1코스 : 호랑이		연필
2코스 : 판다		A4 이면지(어린이 수만큼), 스테이플러, 가위
3코스 : 핑크 돌고래		500㎖ 페트병(어린이 수만큼), 색깔 매직
4코스 : 북극곰		'플라스틱', '캔', '병', '종이' 글씨가 각각 붙은 분리수거 쓰레기통, '플라스틱', '캔', '병', '종이' 종류의 쓰레기들

⚙ 자료보기

1. 프로그램 포스터 ☐

2. 멸종위기 동물원 팸플릿 ☐

3. 동물 스티커 ☐

www.ibcm.kr 찾아가는 길!

www.ibcm.kr 홈페이지 접속 ➡ 홈 상단의 BCM Program Class 클릭 ➡ 왼쪽 메뉴 바 어린이교회 PC' 클릭 ➡ Chapter3. 신앙 Growing-Up의 '멸종위기 동물원' 자료 다운

준비과정 및 점검

자료준비

프로그램 3주 전

1. ☐ 진행교사는 '프로그램 포스터'를 출력한 뒤 게시하여, '멸종위기 동물원' 프로그램에 대해 알린다.

프로그램 2주 전

1. ☐ 진행교사는 '멸종위기 동물원 팸플릿'을 출력한 뒤 어린이 수만큼 복사한다.
2. ☐ 진행교사는 라벨지에 '동물 스티커'를 어린이 수만큼 출력한다.
3. ☐ 진행교사는 뻥튀기(접시모양) 및 간식을 어린이 수만큼 준비한다.
4. ☐ 각 코스 담당교사는 각 코스의 별도 준비물을 준비한다.

진행준비

프로그램 3주 전

1. ☐ 교사회의에서 진행교사와 각 코스 담당교사를 정한다.

프로그램 2주 전

1. ☐ 진행교사와 각 코스 담당교사는 진행순서와 진행안을 숙지, 숙달한다.

한눈에 보는 프로그램 진행

'멸종위기 동물원' 설명 ➡ 1코스: 호랑이 ➡ 2코스: 판다 ➡ 3코스: 핑크 돌고래 ➡ 4코스: 북극곰 ➡

프로그램 정리

코너	활동내용	시간	장소
'멸종위기 동물원' 설명	프로그램 소개 및 멸종위기 동물들의 심각성 설명하기	10분	부서실
1코스: 호랑이	멸종위기 동물을 위한 슬로건 생각해보기	10분	소그룹실
2코스: 판다	재활용지 활용하기	10분	
3코스: 핑크 돌고래	물 절약 방법 알기	10분	
4코스: 북극곰	분리수거 습관 갖기	10분	
프로그램 정리	일회용품 사용을 줄인 간식 먹기 및 정리	10분	부서실

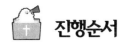 **진행순서**

'멸종위기 동물원' 설명

1. 진행교사는 어린이들에게 '멸종위기 동물원' 프로그램에 대해 간단히 설명한다.

2. 진행교사는 어린이들에게 '멸종위기 동물원' 팸플릿을 나눠준다.

3. 진행교사는 어린이들을 4개의 조로 편성한다.

4. 진행교사는 4개 조가 돌아야 할 코스 순서를 알려준다.

　1조 / 1코스 : 호랑이 → 2코스 : 판다 → 3코스 : 핑크 돌고래 →　4코스 : 북극곰

　2조 / 2코스 : 판다 → 3코스 : 핑크 돌고래 →　4코스 : 북극곰 → 1코스 : 호랑이

　3조 / 3코스 : 핑크 돌고래 →　4코스 : 북극곰 → 1코스 : 호랑이 → 2코스 : 판다

　4조 / 4코스 : 북극곰 → 1코스 : 호랑이 → 2코스 : 판다 → 3코스 : 핑크 돌고래

5. 진행교사는 각 코스가 끝날 때마다 어린이들에게 팸플릿에 해당 '동물 스티커'를 붙이도록 한다.

1코스: 호랑이

1. 1코스 담당교사는 코스에 대해 설명한다.

2. 1코스 담당교사는 어린이들에게 호랑이를 보호하자는 슬로건을 생각해 보라고 한다.

　예) "호랑이를 살려주세요!". "동물가죽 옷 만들기, 이제는 그만!"

3. 1코스 담당교사는 '1코스 호랑이'란에 어린이들이 생각한 슬로건을 적게 한다.

4. 1코스 담당교사는 어린이들이 작성한 슬로건을 발표하게 한다.

5. 1코스 담당교사는 어린이들에게 호랑이 스티커를 나눠주어 어린이들이 팸플릿에 붙이도록 한다.

2코스 : 판다

1. 2코스 담당교사는 코스에 대해 설명한다.

2. 2코스 담당교사는 어린이들에게 A4 이면지를 1장씩 나눠준다.

3. 2코스 담당교사는 어린이들에게 A4 이면지를 4등분으로 접은 후 오리라고 한다.

4. 2코스 담당교사는 어린이들의 팸플릿에 붙어 있는 개인수첩 겉장을 오리라고 한다.

5. 2코스 담당교사는 어린이들에게 이면지 자른 것과 개인수첩 겉장을 스테이플러로 집어 이면지 개인수첩을 만들게 한다.

6. 2코스 담당교사는 어린이들에게 판다 스티커를 나눠주어 어린이들이 팸플릿에 붙이도록 한다.

3코스 : 핑크 돌고래

1. 3코스 담당교사는 코스에 대해 설명한다.
2. 3코스 담당교사는 어린이들에게 물을 보호할 수 있는 방법을 한 가지 정하고 약속하게 한다.
3. 3코스 담당교사는 어린이들에게 500㎖ 페트병을 1개씩 나눠준다.
4. 3코스 담당교사는 어린이들에게 매직을 나눠주고 500㎖ 페트병에 물 보호 약속을 쓰게 한다.
5. 3코스 담당교사는 어린이들에게 집에 돌아가서 500㎖ 페트병에 물이나 모래를 담으라고 한다.
6. 3코스 담당교사는 물이나 또는 모래를 담은 500㎖ 페트병을 변기 물수조에 넣으면 변기 물을 절약할 수 있다고 알려준다.
7. 3코스 담당교사는 어린이들에게 핑크 돌고래 스티커를 나눠주어 어린이들이 팸플릿에 붙이도록 한다.

4코스 : 북극곰

1. 4코스 담당교사는 코스에 대해 설명한다.
2. 4코스 담당교사는 '플라스틱', '캔', '병', '종이' 글씨가 각각 붙여진 분리수거 쓰레기통과 해당되는 쓰레기들을 어린이들에게 보여준다.
3. 4코스 담당교사는 어린이들을 두 팀으로 나눈다.
4. 4코스 담당교사는 어린이들에게 1분 내에 정확하게 쓰레기를 분류하여 분리수거 쓰레기통에 넣은 팀이 승리한다는 규칙을 알려준다.
5. 4코스 담당교사는 규칙에 따라 게임을 진행한다.
6. 게임을 마치면, 어린이들에게 북극곰 스티커를 나눠주어 어린이들이 팸플릿에 붙이도록 한다.

프로그램 정리

1. 진행교사는 어린이들이 모든 코스를 마치고 돌아오면 뻥튀기과자에 올린 간식을 준다. 그리고 뻥튀기에 간식을 담아준 이유(일회용품 사용을 줄이기 위한 것)를 설명한다.
2. 진행교사는 어린이들이 다 모이면 마무리 활동을 진행한다.
3. 진행교사는 어린이들에게 자신의 결단을 팸플릿에 적을 수 있도록 돕는다.
4. 진행교사는 어린이들이 프로그램을 통해 만든 물품과 팸플릿을 집으로 가져가서 계속하여 실천할 수 있도록 지도한 다음, 기도로 프로그램을 마친다.

진행안

'멸종위기 동물원' 설명

1. 하나님께서는 이 세상의 모든 것을 창조하셨습니다. 넓은 하늘과 푸른 숲과 바다, 어마어마한 자연을 하나님께서 창조하셨습니다. 땅에 있는 동물도, 하늘을 나는 새도, 바다의 물고기도 모두 하나님께서 창조하셨습니다. 그리고 우리 사람들에게 "생육하고 번성하여 땅에 충만하라, 땅을 정복하라, 바다의 물고기와 하늘의 새와 땅에 움직이는 모든 생물을 다스리라"(창 1:28)고 말씀하셨습니다. 하나님께서는 창조하신 모든 것을 우리에게 맡기셔서 다스리게 하셨습니다. 우리 사람들에게 이 모든 것을 잘 다스리라고 말씀하신 하나님의 말씀은 우리들 마음대로 이것들을 사용하고 오염시키고 낭비하는 것을 허락하신 것이 아닙니다. 하나님께서는 이 세상을 우리에게 잠시 맡기신 것이고, 우리가 하나님께서 맡기신 것을 잘 살게 하고 번성하게 하기를 원하십니다. 그래서 우리는 낭비와 오염을 일삼는 것이 아니라, 하나님께서 우리에게 허락하신 자연을 소중히 사용하여야 합니다. 그런데 그 동안 우리들은 하나님께서 주신 자연을 귀하게 사용하지 않았습니다. 자원을 낭비하고 아무 곳에나 쓰레기를 버리고 자연을 오염시켰습니다. 그래서 하나님께서 처음 우리에게 주신 자연의 모습이 점점 사라져가고 오염되고 파괴된 자연으로 변해가게 되었습니다. 자연이 파괴되면서 벌어지는 현상 중에 하나는 많은 동물들이 사라지고 있다는 것입니다. 물이 오염되어서 물고기들이 사라지고 숲이 없어져서 숲에 사는 동물들이 살 곳을 잃어갑니다. 동물들이 멸종되어 이 세상에서 사라지는 것은 하나님께서 우리에게 맡기신 창조물들을 잃어버리는 것과 같습니다. 그리고 동물들이 입는 피해는 동물들뿐만 아니라 우리 사람들에게도 동일하게 찾아오는 문제가 되었습니다. 동물들이 죽어가는 환경에서는 사람도 살기 어렵기 때문입니다. 하나님께서는 모든 동물들이 사람들과 더불어 살기 원하십니다. '멸종위기 동물원'에서는 우리의 잘못으로 인해 사라져가는 동물들을 살펴볼 것입니다. 그리고 그 동물들을 살리기 위해 할 수 있는 작은 일부터 실천해 볼 것입니다. 하나님께서 우리에게 맡기신 이 자연과 동물들을 살리기 위해 우리가 할 수 있는 일들은 무엇이 있을까요? 함께 살펴보도록 합시다.

2. 어린이 여러분, 지금 여러분에게 나눠드린 팸플릿은 여러분이 '멸종위기 동물원'에 참여하면서 반드시 필요한 것이니, 프로그램이 진행되는 동안 잃어버리지 말고 꼭 가지고 다니기 바랍니다. 여러분의 팸플릿을 보면 지도와 함께 4마리의 동물들이 나와 있을 것입니다. 여러분이 한 동물씩 만나보고, 그 동물이 어떤 위험에 처해있는지 그리고 그 동물을 구하기 위해 우리는 어떤 것을 할 수 있을지 적어 보는 시간을 가질 것입니다.

1코스 : 호랑이

세계자연보호기금(WWF)은 약 100년 동안 우리 지구상에 있는 호랑이의 97%가 사라졌다고 보고했습니다. 그후, 야생 호랑이는 지구상에 3,200마리 정도밖에 남지 않았습니다. 호랑이가 살 수 있는 자연환경이 오염되거나 파괴되었기 때문이고, 또 많은 밀렵꾼들이 호랑이의 가죽을 팔기 위해 호랑이를 사냥했기 때문입니다. 환경오염과 밀렵꾼들의 사냥이 계속 된다면 호랑이는 지구상에 더 이상 남아 있지 않게 될 것입니다. 우리는 점점 사라져가는 호랑이를 위해 무엇을 할 수 있을까요?

2코스 : 판다

우리는 뚱뚱하고 눈 주변이 까만, 귀여운 판다곰을 좋아합니다. 여러분이 사용하고 있는 학용품에도 판다곰이 그려져 있는 경우가 아주 많습니다. 하지만 지구상의 판다곰은 여러분의 학용품 속에서 웃고 있는 귀여운 캐릭터처럼 웃을 수 있는 상황이 아닙니다. 판다곰의 서식처인 대나무 숲이 점점 없어지고 있기 때문입니다. 그래서 판다곰은 지금 멸종위기의 동물이 되었습니다. 판다는 하루 10~12시간 동안 평균 12.5Kg의 대나무를 먹어야 합니다. 하지만 벌목으로 인해서 대나무를 먹을 수 없는 판다들이 죽어가고 있습니다. 판다뿐만 아니라 숲에 사는 많은 동물들이 무분별한 벌목으로 인해 삶의 터전과 먹이를 잃어가고 있습니다.

3코스 : 핑크 돌고래

핑크 돌고래는 아마존 강에서 사는 민물 돌고래입니다. 오래전 바다에 살던 돌고래가 지각변동으로 인해 아마존 강에 갇혔고 그 이후로 아마존에서 살게 되었습니다. 이 돌고래는 몸이 핑크색을 띄고 있고 아마존 유역의 깨끗한 물에서만 사는 아주 희귀한 동물입니다. 하지만 근래 아마존 강 개발과 수질오염으로 인해 핑크 돌고래가 죽어가고 있다고 합니다. 오염된 물은 핑크 돌고래뿐만 아니라 많은 수중생물들을 위협합니다. 사람들도 물을 필요로 하기 때문에 사실 물을 오염시키는 것은 물고기, 수중생물들 뿐만 아니라 사람에게도 아주 위험한 일입니다. 우리가 어떻게 하면 수질오염을 막고 핑크 돌고래를 구할 수 있을까요?

4코스 : 북극곰

온난화 현상으로 인해 지구에 이상기온이 찾아왔습니다. 온난화는 지구의 사람들이 배출한 이산화탄소로 인해 지구의 온도가 올라가는 현상을 말합니다. 이런 온난화 현상으로 인한 이상기온은 북극에 있는 북극곰을 아주 위험한 상황에 처하게 했습니다. 이상기온으로 인해 북극곰의 먹이인 물개가 줄어들고 있기 때문입니다. 그래서 북극곰이 자신의 새끼를 잡아먹는 일이 자주 벌어지고 있다고 합니다. 번식기의 수컷은 암놈 옆에 있는 새끼를 물어 죽이는 본능을 가지고 있지만 이상기온으로 인해 물개의 수가 줄면서 이런 현상이 더욱 많이 일어나고 있는 것입니다. 그리고 북극곰들은 먹이가 없어서 사람들이 먹다 버린 쓰레기를 뒤지거나 황새의 알로 연명하고 있다고 합니다. 어떻게 하면 온난화를 막고 북극곰을 구할 수 있을까요?

프로그램 정리

2. 여러분이 살펴본 동물 외에도 많은 동물들이 지금 멸종위기에 처해 있습니다. 동물들이 죽어가고 사라지는 대부분의 이유는 우리가 자연을 사랑하지 않고 마구 사용했기 때문입니다. 하나님께서 창조하신 동물 중에는 우리 사람들 때문에 이미 지구상에서 사라져버린 동물들도 있습니다. 이제 그 동물들을 볼 수 없습니다. 지금 이 시간에 우리가 함께 결심했으면 좋겠습니다. 이제 우리는 하나님께서 주신 것들을 소중하게 생각하지 않았던 마음을 하나님께 회개하고, 자연을 더 아끼고 사랑하겠다고 하나님께 고백했으면 좋겠습니다.

 우리 교회 활용PLUS

우리 교회 클래스는 분리수거용 쓰레기 대신 마트 전단지 그림을 활용했어요.

돈, 어떻게 쓸까?

'돈, 어떻게 쓸까?'는 어린이들이 자신의 용돈을 어떻게 사용하고 있는 지 살펴보게 하고, 돈의 주인은 바로 하나님이심을 가르칩니다. 또한 자신이 하나님의 돈을 맡은 청지기로서 하나님과 이웃을 위해서 돈을 사용해야 한다는 것을 알게 합니다. 이 프로그램을 통해서 어린이는 돈을 바르게 사용하는 방법을 배움으로 청지기 의식을 가지고 하나님의 뜻에 따라 돈을 사용하는 성경적인 가치관을 가지고 성장하게 될 것입니다.

진행시간	장소	성격	규모	방법
60분	부서실	단속	소그룹	분류하기, 평가하기

연관 주제어

섬김마루 · 기독교 윤리 · 가치관 · 청지기 · 경제

⚙ 목표

1. 어린이가 물질의 주인이 하나님이신 것을 안다.
2. 어린이가 자신이 하나님께서 주신 물질을 관리하는 청지기임을 안다.
3. 어린이가 청지기로서 돈을 하나님과 이웃을 위해서도 사용할 것을 결심한다.

⚙ 준비물

ibcm.kr 제공 자료 – 이미지 / 모형지폐 도안, 말씀카드 1, 2, 3, 청지기 규칙 카드
                             문서 / 청지기답게 돈을 사용하겠어요

별도 준비 자료 – A4용지, 전지, 테이프, 색, 도화지, 사인펜, 풀, 실제 지폐2~3장

⚙ 자료보기

1. 모형지폐 도안 □

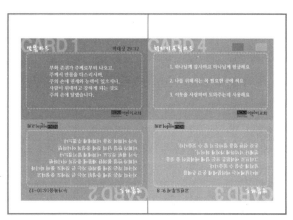

2. 말씀카드 1~3, 청지기 규칙카드 □

www.ibcm.kr 찾아가는 길!

www.ibcm.kr 홈페이지 접속 ➡ 홈 상단의 BCM Program Class 클릭 ➡ 왼쪽 메뉴 바 어린이교회 PC' 클릭 ➡ Chapter3. 신앙 Growing-Up의 '돈, 어떻게 쓸까?' 자료 다운

준비과정 및 점검

자료준비

프로그램 2주 전

1. ☐ 반교사는 '모형지폐 도안'을 A4용지에 반 어린이 수 × 20장을 출력한다.
2. ☐ 반교사는 '말씀카드 1, 2, 3'을 A4용지에 각각 1장씩 출력한다.
3. ☐ 반교사는 '청지기 규칙 카드'를 A4용지에 1장 출력한다.
4. ☐ 반교사는 '청지기답게 돈을 사용하겠어요' 문서를 A4용지에 반어린이 수만큼 출력한다.
5. ☐ 반교사는 전지에 매직으로 아래와 같이 구획을 나누고 내용을 써 놓는다.

1. 나를 위해 쓰는 돈 :책, 문구, 장난감, 저축, 피시방 등	2. 하나님과 교회를 위해 쓰는 돈 :십일조, 주일헌금, 감사헌금, 선교헌금 등
3. 어려운 이웃을 위해 쓰는 돈 :난민, 아픈 사람, 불우이웃 돕기 등	4. 친구나 가족을 위해 쓰는 돈 :선물, 나눔 등

진행준비

프로그램 2주 전

1. ☐ 반교사는 진행순서와 진행안을 숙지, 숙달한다.

 ## 한눈에 보는 프로그램 진행

프로그램 설명 ➜ 우리는 돈을 어떻게 쓰고 있나요? ➜ 말씀카드로 배워요 ➜ 청지기답게 돈을 사용하겠

어요 ➜ 프로그램 정리

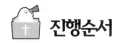 **진행순서**

프로그램 설명

1. 반교사는 반어린이들에게 용돈을 얼마나 받고 있는지, 혹은 전 재산이 얼마나 되는지 등의 질문을 하여 동기화한다.

2. 반교사는 우리가 돈에 대해 어떻게 생각하고 어떻게 사용하고 있는지를 점검하고, 하나님께서는 돈에 대해 어떠한 태도를 가지고 사용하기 원하시는지를 배우는 시간을 가질 것임을 설명한다.

'우리는 돈을 어떻게 쓰고 있나요?'

1. 반교사는 반어린이들에게 '모형지폐'를 10장씩 나눠준다.

2. 반교사는 반어린이들에게 돈을 어디에 쓰고 싶은지 모형지폐 뒷장에 쓰게 한다.

3. 반교사는 반어린이들이 모형지폐를 어디에 사용할 지 쓰는 동안, 준비한 전지를 벽에 붙이거나 바닥에 펴 놓는다.

4. 반교사는 반어린이들이 모형지폐 10장을 어디에 사용할 지 돌아가면서 발표하게 한다.

5. 반교사는 벽에 붙인 전지를 반어린이들에게 보여준 다음, 전지에 쓰인 4가지 항목(나를 위해 쓰는 돈, 하나님과 교회를 위해 쓰는 돈, 어려운 이웃을 위해 쓰는 돈, 가족과 친구를 위해 쓰는 돈)을 같이 읽는다.

6. 반교사는 반어린이들이 전지의 4가지 항목 중 해당하는 곳에 자신의 모형지폐를 붙이게 한다.

7. 반교사는 전지에 붙인 모형지폐를 보면서 우리 반어린이들이 주로 돈을 어디에, 어떻게 쓰고 있는지 설명해준다.

말씀카드로 배워요

1. 반교사는 실제 지폐를 반어린이들에게 보여준다.

2. 반교사는 '말씀카드1'을 반어린이들에게 보여주면서 '돈과 물질의 주인은 하나님'임을 설명한다.

3. 반교사는 '말씀카드2'를 반어린이들에게 보여주면서 '우리는 하나님의 돈을 관리하는 청지기'임을 설명한다.

청지기답게 돈을 사용하겠어요

1. 반교사는 '청지기 규칙 카드'를 보여주면서 반 어린이들에게 청지기답게 돈을 사용하는 방법을 알려준다.

2. 반교사는 반어린이들에게 모형지폐 10장씩을 다시 나눠준다.

3. 반교사는 '청지기답게 돈을 사용하겠어요' 문서를 반어린이들에게 1장씩 나눠준다.

4. 반교사는 반어린이들이 '청지기답게 돈을 사용하겠어요' 문서에 모형지폐를 항목별로 붙이게 한다.

5. 반교사는 '말씀카드3'을 보여주면서 돈을 청지기답게 사용하기로 반어린이들과 다짐한다.

프로그램 정리

1. 반교사는 어린이들이 청지기 규칙 카드의 내용과 같이 하나님께 감사함으로 헌금을 드리고, 나와 이웃을 위해 꼭 필요한 곳에 용돈을 사용을 할 수 있게 해달라고 기도드린 후, 프로그램을 마무리한다.

 진행안

'우리는 돈을 어떻게 쓰고 있나요?

1. 여러분에게 모형지폐를 10장씩 나눠주었어요. 한 장에 만원이라고 생각하면, 여러분에게 10만원이 생긴 거예요. 10만원을 어떻게 쓸 지 생각해 보세요.

5. 우리가 사용하는 돈은 크게 4가지로 분류할 수 있어요.
   ①나를 위해 쓰는 돈 : 책, 문구, 장난감, 저축, 피시방 등
   ②하나님과 교회를 위해 쓰는 돈 : 십일조, 주일헌금, 감사헌금, 선교헌금 등
   ③어려운 이웃을 위해 쓰는 돈 : 난민, 아픈 사람, 불우이웃돕기 등
   ④친구나 가족을 위해 쓰는 돈 : 선물, 나눔
   여러분은 주로 어떤 곳에 돈을 쓰고 있나요?

말씀카드로 배워요

1. 여러분, 이 돈은 선생님이 열심히 일해서 번 돈이에요. 그러면 이 돈의 주인은 누구일까요? (어린이들의 대답을 듣는다) 선생님이 번 돈이니까 이 돈의 주인은 선생님이라고 생각할거예요. 그리고 실제로 선생님이 쓰고 싶은 곳에 마음대로 쓸 수 있어요. 우리 친구들도 돈이 많이 생기면 여러분이 하고 싶은 것, 먹고 싶은 것, 사고 싶은 것을 마음대로 살 수 있어요.

2. 하지만 우리에게 돈과 재물을 주시는 분, 이 모든 것의 주인이신 분은 따로 있어요. 그분은 바로 하나님이세요. 선생님이 성경 말씀을 적어 왔어요. 함께 읽어 볼까요?

말씀카드 1 – 역대상 29:12(표준새번역)

"부와 존귀가 주께로부터 나오고 주께서 만물을 다스리시며 주의 손에 권세와 능력이 있으시니 사람이 위대하고 강하게 되는 것도 주의 손에 달렸습니다"

모든 사람들이 살고 있는 모든 환경과 돈과 물질은 하나님께로부터 나와요. 그런데 우리가 하나님이 주신 것을 감사하는 마음으로 지혜롭게 사용하지 않고 내 마음대로 쓴다면 하나님을 무시하고 내 멋대로 하게 되는 것이에요. 하나님은 우리가 돈을 사용할 때 하나님의 뜻대로 사용하고 돈을 맡은 관리자로서 잘 관리하기 원하세요.

3. 말씀카드 2를 다같이 읽어봅시다.

말씀카드 2 - 누가복음 16:10-12(표준새번역)

"지극히 작은 것에 충성된 자는 큰 것에도 충성되고 지극히 작은 것에 불의한 자는 큰 것에도 불의하니라. 너희가 만일 불의한 재물에 충성치 아니하면 누가 참된 것으로 너희에게 맡기겠느냐. 너희가 만일 남의 것에 충성치 아니하면 누가 너희의 것을 너희에게 주겠느냐"

하나님은 우리들이 아무리 작은 돈이라도 그것이 하나님의 것임을 알고 감사하며 잘 사용하기를 원하세요. 그리고 잘 관리하도록 지혜도 주세요. 그렇게 하나님의 것을 맡아서 관리하는 일을 하는 사람을 '청지기'라고 해요. 하나님은 작은 것에 충성하여 잘 관리하는 '청지기'에게 칭찬해 주시고 더 큰 일을 맡겨 주시는 분이세요. 여러분은 작은 돈이 생겼을 때에도 감사했나요? 하나님이 기뻐하시도록 그 돈을 하나님을 위해, 이웃을 위해서, 가족과 친구들을 위해 골고루 사용했나요?

청지기답게 돈을 사용하겠어요

1. 이제 여러분이 하나님의 충성된 '청지기'가 되기 원한다면 돈을 어떻게 사용해야 할지 다시 생각해 보기로 해요. 하나님의 '청지기'로서 돈을 사용하는 바른 방법이 있어요. '청지기 규칙 카드'를 큰 목소리로 읽어 봅시다.

청지기 규칙카드

1. 하나님께 감사하고 하나님께 헌금해요.
2. 나를 위해서는 꼭 필요한 곳에만 써요.
3. 이웃을 사랑하며 도와주는데 사용해요.

먼저 하나님께 감사하는 마음으로 하나님께 드려요. 두 번째로 나를 위해서는 꼭 필요한 곳에만 써요. 세 번째는 꼭 이웃을 사랑하는 마음으로 친구들과 어려운 이웃을 위해서도 써야 해요. 이 세 가지 방법을 지켜서 다시 돈을 사용해 볼까요?

2. 이제 선생님이 다시 모형지폐 10장씩을 나눠 줄 거예요. 이번에는 선생님이 가르쳐 준 방법을 기억하면서 돈을 어떻게 쓸지 생각해 보세요.

5. 혹시 어떤 친구는 하나님과 이웃을 위해서 돈을 사용할 때 아깝다고 생각할지 몰라요. 하지만 성경은 우리가 착한 일을 더욱 많이 할 수 있도록 하나님께서 우리에게 더 많은 것을 주신다고 했어

요. 말씀카드 3을 같이 읽어봅시다.

말씀카드 3 – 고린도후서 9:8(표준새번역)

"하나님께서는 여러분에게 온갖 은혜를 넘치게 주실 수 있습니다. 그러므로 여러분은 모든 일에 여러분이 쓸 것을 언제나 넉넉하게 가지게 되어서 온갖 선한 일을 얼마든지 할 수 있습니다."

이 말씀을 꼭 기억하고 돈을 지혜롭게 잘 쓰도록 기도하는 우리 친구들이 되었으면 좋겠어요. 여러분이 작성한 '청지기답게 돈을 사용하겠어요' 문서를 집에 붙여 놓으세요. 그리고 돈을 사용할 때마다 내가 어디에 돈을 쓰려고 하는지 생각하는 어린이가 되기 바랍니다. 또 하나님을 잘 섬길 수 있도록 이웃을 도와줄 수 있도록 돈을 잘 사용하는 지혜로운 하나님의 자녀가 되길 바랍니다.

 우리 교회 활용PLUS

우리 교회 클래스는 장난감 모형지폐를 구입해서 진행했어요.

MEMO

12

어린이교회

1박 2일 섬김 캠프

'1박 2일 섬김 캠프'는 어린이들이 좋아하는 캠프를 통해서 어린이들이 섬김의 사람으로 변화되고 세워질 수 있도록 돕는 캠프 프로그램입니다. 어린이들은 1박 2일 동안 섬김 훈련에 참여하여 섬김을 위한 몸과 마음, 믿음의 힘을 기르기 위해 연습합니다. 이를 통해 어린이들은 나만 생각하지 않고 타인을 배려하는 섬김의 사람으로 세워질 것입니다!

진행시간	장소	성격	규모	방법
1박 2일	부서실	단속	대그룹	예배, 신체활동, 말씀암송, 영화, 요리활동, 애찬식, 세족식

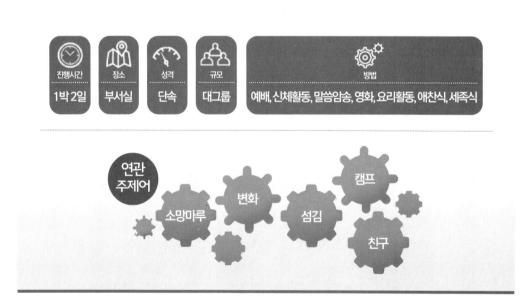

연관 주제어: 소망마루, 변화, 섬김, 캠프, 친구

⚙ 목표

1. 어린이가 섬김을 위해서는 준비된 힘이 필요함을 배운다.
2. 어린이가 섬김을 실천하기 위한 몸과 마음과 믿음의 힘을 기른다.
3. 어린이가 섬김이로 세워진다.

⚙ 준비물

ibcm.kr 제공 자료 – 이미지 / 섬김 스티커 판(이름표 용), 포스터, 친구 섬김이 자격증

별도 준비 자료 –

전체	스티커(빨간색, 초록색), 명찰케이스
섬김 체력장	실내화(두 컬레), 안대 또는 손수건, 종이테이프, 풍선, 방석 또는 큰 천 (정사각형), 페트병, 탁구공
섬김 애찬식 및 세족식	대야, 수건, 배경음악(애찬식 용), 덩어리 빵
섬김 영화관	섬김에 관한 영화 DVD, TV나 프로젝트, DVD 플레이어
섬김 요리대회	삼색 롤 샌드위치 재료(식빵, 치즈, 슬라이스 햄, 오이, 마요네즈), 유부 초밥 재료(유부초밥용 유부와 조미재료, 초밥 소스, 밥), 주먹밥 재료(참 치 캔, 다진 묵은 김치, 양파, 설탕, 밥새우, 통깨, 검은깨, 참기름, 소 금), 밀대, 랩, 1회용 비닐장갑, 쟁반, 접시, 빵 칼, 스푼2개, 믹싱 볼2 개, 체, 전기프라이팬, 뷔페용 접시(1회용) 여러 개 등

⚙ 자료보기

1. 섬김 스티커 판 ☐

2. 포스터 ☐

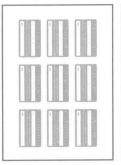

3. 친구 섬김이 자격증 ☐

▉ www.ibcm.kr 찾아가는 길!

www.ibcm.kr 홈페이지 접속 ➡ 홈 상단의 BCM Program Class 클릭 ➡ 왼쪽 메뉴 바 '어린이교회 PC' 클 릭 ➡ Chapter3. 신앙 Growing-Up의 '1박 2일 섬김캠프' 자료 다운

준비과정 및 점검

자료준비

프로그램 3주 전

1. ☐ '섬김 스티커 판'을 어린이 수만큼 인쇄한 후, 명찰케이스에 섬김 스티커 판, 초록색 스티커 다섯 개씩을 넣어 모든 어린이들에게 나눠줄 수 있을 만큼 충분한 수량을 준비한다.
2. ☐ 섬김 체력장에서 필요한 물품(실내화 두켤레, 종이테이프, 안대 또는 손수건, 풍선, 방석 또는 정사각형의 큰 천, 탁구공, 페트병)들을 준비한다.
3. ☐ '친구 섬김이 자격증'을 어린이 수만큼 출력하여 오려 둔다.

프로그램 2주 전

1. ☐ 교역자는 예배 찬양 및 설교를 준비한다.
2. ☐ 예배 및 각 순서에서 필요한 PPT 자료를 준비한다.

프로그램 전날

1. ☐ 캠프 기간 중 식사, 간식 및 섬김 요리대회 재료 등을 준비해 놓는다.

진행준비

프로그램 3주 전

1. ☐ 부서실과 교회 게시판에 포스터를 게시하고 캠프를 홍보한다. 장년예배 때 주보광고 등으로 광고를 하고, 중보기도 제목을 정해서 전 교회에 알린다.
2. ☐ 전화로 가정에 심방하여 프로그램 내용을 전달하고, 부모님의 동의를 구한다.
3. ☐ 예배 및 캠프의 각 순서의 진행과 준비 담당교사를 정한다.

프로그램 1주 전

1. ☐ 진행교사는 섬김게임의 규칙을 숙지한다.
2. ☐ 진행교사는 섬김게임을 위해 바닥에 규칙선 등을 설치해 놓는다.

 ### 한눈에 보는 프로그램 진행

환영 및 여는 예배 ➡ 오리엔테이션 ➡ 섬김 체력장 ➡ 예배 ➡ 섬김 애찬식 및 세족식 ➡

섬김 영화관 ➡ 섬김 요리대회 ➡ 친구 섬김이 자격증 수여식 ➡ 섬김 캠프 뒷정리

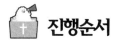 **진행순서**

*1박 2일 섬김 캠프 시간표 예시

시간	활동	내용
첫째 날		
17:00–17:30	환영 및 여는 예배	환영받고 시작하는 예배드리기
17:30–17:50	오리엔테이션	섬김 캠프 활동내용 및 규칙 알기
17:50–18:30	저녁식사	섬김 체력 보충하기
18:30–19:30	섬김 체력장	섬김 몸의 힘 기르기
19:30–20:30	예배	섬김 믿음의 힘 기르기
20:30–21:00	섬김 애찬식 및 세족식	서로를 섬겨주고 섬김 받기
21:00–22:30	섬김 영화관	섬김 마음의 힘 기르기
22:30–23:00	정리 및 취침	씻고 취침 준비하기
둘째 날		
07:30–08:00	기상 및 세면	섬김 캠프 둘째 날 준비하기
08:00–09:00	섬김 요리대회(아침식사)	섬김 음식 준비하여 대접하기
09:00–09:30	자격증 수여식	친구 섬김이 자격증 받기
09:30–10:00	섬김 캠프 뒷정리	정리 정돈하고 집으로 돌아가기

환영 및 여는 예배

1. 교사는 섬김 스티커 판을 목에 걸어주며 어린이들을 환영한다.

2. 여는 예배는 개교회의 예배 순서와 동일하게 진행하되, 찬양은 예수님처럼 섬기는 제자의 주제로 찬양하고(이와 같이 하라–맑은소리66번, 작고 작은 나를 통해–맑은소리67번, 섬김–맑은소리34번, 예수님과 함께–맑은소리48번 등), 말씀은 예수 그리스도의 섬김에 관한 구절로 준비하여 설교한다.

오리엔테이션

1. 진행교사는 아래의 내용을 참고하여, 섬김 캠프 일정과 섬김 스티커 판 사용방법, 섬김 미션 등을 알려준다.

◆ 섬김 스티커 획득방법 ◆

1) 1박 2일의 섬김 캠프 기간 동안 서로를 위해 섬김을 수행해야 한다.
2) 섬김 프로그램 스티커는 빨간색이고, 섬김 미션 스티커는 초록색이다. 섬김 프로그램 스티커는 하나의 프로그램을 마칠 때마다 받을 수 있고, 섬김 미션 스티커는 개인이 섬김 짝꿍에게 섬김 미션을 수행할 때 섬김을 받은 이에게 직접 받을 수 있다.
3) 섬김 캠프가 시작될 때 교사는 빨간색 스티커와 초록색 스티커를 가지고 있고, 어린이들은 섬김 스티커 판과 함께 초록색 스티커 5개씩을 가지고 있어야 한다.
4) 섬김 프로그램 스티커(빨간색)는 프로그램이 끝날 때마다 교사가 어린이들에게 붙여준다.
5) 섬김 미션 스티커(초록색)는 섬김을 받은 사람(섬김 짝꿍, 목사님, 전도사님, 선생님)이 섬겨준 어린이들의 섬김 스티커 판에 붙여주되, 붙여주는 사람은 반드시 사인도 함께해 준다.
6) 섬김 스티커 판에 13개 이상의 스티커를 모으면 섬김 캠프가 끝날 때 '친구 섬김이 자격증'을 받을 수 있다.

◆ 섬김 캠프 태도 규칙 ◆

1) 말을 하기 전 한 번 더 생각하여 상대방을 배려하고 존중하는 말을 한다.
2) 목사님, 전도사님, 선생님들, 친구들에게 먼저 인사한다.
3) 섬김 캠프 기간 동안 남을 배려하고 섬기려는 자세를 가지고 적극적으로 행동한다.

◆ 섬김 미션 ◆

1) 섬김 캠프에 참여한 모든 어린이들의 이름을 외운다.
2) 식사할 때 섬김 짝꿍 친구에게 반드시 물을 두 번(저녁, 아침) 이상 갖다 준다.
3) 기도시간에 섬김 짝꿍 친구의 손을 잡고 기도해 준다.
4) 잠자기 전 섬김 짝꿍 친구의 이불을 펴준다.
5) 아침에 일어나서 섬김 짝꿍 친구와 아침인사를 한다.
6) 목사님, 전도사님, 선생님께 먼저 아침인사를 한다.

2. 진행교사는 어린이들에게 섬김 짝꿍을 지정해 준다. 섬김 짝꿍은 참가한 어린이들의 이름을 모두 적어 제비뽑기를 하거나 가위바위보를 하여 정한다. 혹은 학년별, 성별로 교사가 임의로 지정하여 교회 상황에 맞는 것으로 선택한다. 섬김 짝꿍은 두 명씩 한 팀이 되어 서로에게 섬김 미션을 수행하게 한다.

식사시간

1. 식사시간 전에 섬김에 관한 성경구절을 외운 후 식사한다.

◆ 저녁 식사 성경구절(택 1) ◆

1) 인자가 온 것은 섬김을 받으려 함이 아니라 도리어 섬기려 하고 자기 목숨을 많은 사람의 대속물로 주려 함이니라(마태복음 20장 28절)

2. 저녁식사 성경구절 암송 담당교사는 암송한 어린이들에게 섬김 프로그램 스티커(빨간색)를 붙여
   준다.

섬김 체력장

1. 섬김 체력장은 어린이들이 섬김을 실천하기 위해 몸의 힘을 기르는 활동이다.

2. 교사와 어린이들은 섬김 체력장을 통해 섬김과 관련된 여러 가지 몸으로 하는 게임을 한다.

게임 종목	준비물	게임 방법
신발 잇기	실내화 두 켤레	– 두 팀으로 나누고 각 팀에서 두 명씩 한 조가 되어 게임을 진행한다. – 한 명이 출발점에서 결승점까지 걸어갈 때 꼭 실내화를 밟고 이동해야 한다. – 걸어가는 사람이 발을 바꿀 때마다 다른 한 명이 실내화를 옮겨 준다.
목소리 따라	종이테이프, 안대 또는 손수건	– 교사는 사전에 출발점부터 결승점까지 종이테이프로 바닥에 길을 그려놓는다. – 두 팀으로 나누고 각 팀에서 두 명이 한 조가 되어 게임을 진행한다. – 한 사람은 안대(손수건)로 눈을 가린다. – 안대를 쓴 사람이 출발점에서부터 결승점까지 선을 넘지 않고 갈 수 있도록 눈을 가리지 않은 사람이 안내한다.
풍선 옮기기	풍선, 방석 또는 큰 천(정사각형)	– 두 팀으로 나누고 각 팀에서 두 명 또는 네 명이 한 조가 되어 게임을 진행한다. – 방석(큰 천)의 모서리 부분을 나누어 잡은 후 그 위에 풍선을 올리고 반환점을 돌아온다. – 릴레이로 게임을 진행한다.
탁구공 옮기기	탁구공, 페트병	– 두 팀으로 나누고 각 팀에서 두 명이 한 조가 되어 게임을 진행한다. – 페트병의 입구 위에 탁구공을 올려놓고 두 명이 같이 들고 출발점에서 출발하여 반환점을 돌아온다. – 릴레이로 게임을 진행한다.

3. 섬김 체력장 활동이 모두 끝나면 섬김 프로그램 스티커(빨간색)를 붙여준다.

예배

1. 예배는 찬양(20분), 말씀(20분), 기도(20분) 순서로 진행한다.

2. 교사와 어린이는 섬김 영성의 힘을 기르기 위해서 함께 예배를 드리며 말씀을 듣는다. 말씀은 마가복음 2장 1-13절의 본문을 사용하여 전한다.

3. 교역자의 설교가 끝나면 자연스럽게 이어서 기도회를 진행한다. 기도회는 다음과 같이 진행한다.

> 1) 개인기도 –섬김의 행동을 실천하는 어린이가 되기 위한 다짐의 기도
> 2) 섬김 짝꿍과 기도(서로 손을 잡고) –서로를 잘 섬길 수 있도록 서로 응원하는 기도
> 3) 반별(또는 조) 기도(손을 잡고 앉아서) –우리 반이 서로를 섬기는 반이 되도록 기도
> 4) 전체 기도(전체 손을 잡고 동그랗게 앉아서) –어린이교회(부서) 전원이 함께 모여서 서로를 위해 기도

섬김 애찬식 및 세족식

1. 예배 시작 전 또는 예배가 진행될 때 스탭교사는 섬김 애찬식과 세족식을 준비한다.

2. 교사와 어린이는 기도회와 자연스럽게 연결하여 서로를 섬기는 마음으로 애찬식을 진행한다.

3. 반주자가 잔잔한 곡을 연주하거나 배경음악을 틀어놓는다.

4. 애찬식을 진행할 때 교역자는 하나의 큰 빵을 떼어서 각 어린이들과 교사들에게 빵 조각을 나누어 주고, 어린이들과 교사들은 자신에게 주어진 빵 조각을 떼어서 옆에 있는 사람을 먹여준다. 빵을 먹여줄 때는 "예수님처럼 너를 섬길게."라고 말한다.

5. 교사와 어린이들은 조용히 돌아다니면서 주어진 빵을 여러 사람들에게 모두 나누어 먹여준다.

6. 애찬식이 끝나면 자연스럽게 세족식을 진행한다.

7. 진행교사는 전체를 둥그렇게 한 원이 되도록 세운다.

8. 세족식은 릴레이 형식으로 진행한다. 담당교역자 또는 부장교사가 먼저 첫 번째 교사의 발을 씻겨주고, 세족 섬김을 받은 교사가 다른 사람의 발을 씻겨줌으로 섬김을 차례대로 이어간다. 교사와 어린이들의 순서를 섞어서 진행한다.

9. 애찬식과 세족식이 모두 끝나면 어린이들에게 섬김 프로그램 스티커(빨간색)를 붙여준다.

섬김 영화관

1. 교사와 어린이의 섬김을 위한 마음의 힘을 기르기 위해서 섬김 영화관 시간에 "샬롯의 거미줄" 영화를 상영한다.

2. 이미 "샬롯의 거미줄" 영화를 본 교회는 다른 영화를 선정하여 상영한다(강아지 똥, 나의 라임 오

렌지나무 등).

3. 영화 상영이 모두 끝나면 어린이들에게 섬김 프로그램 스티커(빨간색)를 붙여준다.

4. 교사는 어린이들의 세면과 취침을 돕는다.

섬김 요리대회

1. 교사와 어린이는 섬김 요리대회를 통해 음식을 만들어서 다른 사람을 대접해 줌으로 섬긴다.

2. 섬김 요리대회의 메뉴는 삼색 롤 샌드위치(치즈, 햄, 오이), 유부초밥, 주먹밥 등으로 하고 각 조마다 담당할 요리를 정한다. 일기를 고려해서, 그밖에 따뜻한 수프나 국물을 교사가 미리 준비해 놓는다.

음식	재료	만드는 방법	사진
삼색 롤 샌드위치	–식빵, 치즈, 슬라이스 햄, 오이, 마요네즈 –랩, 밀대, 1회용 비닐장갑, 쟁반, 접시, 빵칼 등	1.식빵, 치즈, 슬라이스 햄, 오이, 마요네즈 등의 재료를 준비한다. 오이는 채를 썰어서 준비한다. 2.식빵 가장자리를 잘라낸 후 밀대로 밀어서 얇게 만든다. 3.식빵 위에 마요네즈를 바르고 치즈, 슬라이스 햄, 오이채를 한 종류씩 올려서 말아준다. 4.랩을 씌운 후 5–10분 정도 기다린다.	
유부초밥	–유부초밥용 유부와 조미재료, 초밥 소스, 밥 –접시, 1회용 비닐장갑, 스푼, 믹싱 볼 등	1. 유부초밥용 유부를 물기를 짜서 준비한다. 2. 밥에 초밥 소스와 조미재료를 넣고 비빈다. 3. 재료들을 넣고 비빈 밥을 유부 속에 채워준다.	
주먹밥	–참치 캔, 다진 묵은 김치, 양파, 설탕, 밥새우, 통깨, 검은깨, 참기름, 소금 –체, 스푼, 믹싱 볼, 전기 프라이팬 등	1. 참치캔 165g 한 캔을 체에 담고 숟가락으로 으깨어 기름을 뺀다. 2. 기름 뺀 참치를 그릇에 담고 다진 묵은 김치, 양파를 다져 넣고 설탕을 넣어 고루 잘 섞이도록 버무려 준다. 3. 달군 팬에 기름을 두르고 수분이 없도록 볶아 준다(볶음 참치–김치를 만든다). 4. 마른 팬에 밥새우를 까실하게 볶는다. 5. 큰 그릇에 밥새우를 담고 고슬하게 지은 밥, 통깨, 검은깨, 참기름, 소금을 넣고 고루 잘 섞는다. 6. 손에 비닐 장갑을 끼고 양념한 밥에 참치, 김치 볶음으로 속을 채워 밥으로 잘 감싸 준 후, 손으로 꼭꼭 눌러 동그란 주먹밥을 만든다.	

3. 음식이 모두 완성되면 각 반 음식을 한곳으로 모아서 뷔페형식으로 차린다. 어린이들은 접시에 음식을 담아 섬김 짝꿍에게 대접한다.
4. 섬김 요리대회가 끝나고 식사를 마치면 섬김 프로그램 스티커(빨간색)를 붙여준다.

자격증 수여식

1. 교사는 섬김 캠프를 통해 친구들을 섬긴 어린이들에게 '친구 섬김이 자격증'을 수여한다. 자격증 수여 기준은 섬김 스티커 판 16칸 중 13개 이상의 스티커를 받은 경우로 한다.

 # 학습자가 알아야 할 규칙

1. 어린이는 섬김 캠프를 하는 동안 주어진 '섬김 미션'을 수행한다.
2. 어린이는 한 가지 프로그램이 끝날 때마다 선생님께 섬김 프로그램 스티커(빨간색)를 받고, '섬김 미션'을 수행할 때마다 섬김 짝꿍 또는 선생님께 섬김 미션 스티커(초록색)를 받는다.
3. 어린이는 서로를 섬기고 배려하는 자세로 섬김 캠프에 참여한다.
4. 어린이는 섬김 캠프 기간 동안 서로를 배려하고 존중하는 말을 사용한다.
5. 어린이는 섬김 캠프 기간 동안 목사님, 전도사님, 선생님께 먼저 인사한다.

 # 진행안

오리엔테이션

1. 섬김 캠프에서는 1박 2일 동안 서로를 위해 섬기는 활동들을 합니다. 여러분들에게 섬김 스티커 판을 나눠 주었는데, 섬김 캠프 기간 동안 이 스티커 판에 13개 이상의 스티커를 붙이면 '친구 섬김이 자격증'을 받을 수 있어요. 먼저 섬김 미션 스티커를 모으는 방법은 여러분들의 섬김 짝꿍에게 섬김 미션을 실천하는 것이에요. 여러분들이 섬김 짝꿍에게 섬김 미션을 실천할 때마다 전도사님이나 선생님들, 섬김 짝꿍이 초록색 섬김 미션 스티커를 붙여줄 거예요. 그리고 한 시간의 프로그램들이 끝날 때마다 담당선생님이 여러분들에게 빨간색 섬김 프로그램 스티커를 붙여줄 거예요. 오늘과 내일 1박 2일 동안 함께 시간을 보내면서 서로에게 섬김을 실천하는 시간이 되기를 바라고 기대할게요.

그리고 섬김 캠프 기간 동안 지켜야 할 태도 규칙이 있어요. 우리의 몸과 마음가짐을 어떻게 해야 할지에 대한 규칙이에요. 첫 번째로 섬김 캠프 기간 동안 말을 할 때에는 신중하게 생각해서 말을 해야 해요. 친구나 어른들에게 말을 하기 전에 한 번 더 생각하고 말을 하세요. 상대방을 배려하고 존중해 주는 마음을 가지고 말을 하세요. 두 번째 규칙은 목사님, 전도사님, 선생님들을 만났을 때 먼저 씩씩하게 인사하세요. 그리고 친구들에게도 먼저 인사하면 더 좋겠죠?! 마지막으로 세 번째 규칙은 섬김 캠프 기간 동안 모든 일에 친구들과 선생님들을 섬기려는 마음자세를 가지고 적극적으로 행동해 주세요. 여러분들이 이 규칙들을 잘 지키면서 1박 2일간의 섬김 캠프를 보낼 때 여러분들의 모습이 예수님을 닮은 섬김의 어린이들로 멋있게 세워지기를 기대할게요!

섬김 체력장

2. 우리가 섬기는 어린이가 되려면 무엇보다도 섬김의 행동을 할 수 있는 몸의 힘이 필요합니다. 몸에 힘이 없으면 누구를 섬기는 일들이 어려워집니다. 그렇기 때문에 지금부터는 우리 몸의 힘을 기르기 위해서 열심히 몸으로 하는 게임을 할 것입니다. 하지만 단순한 게임이 아니라 서로를 섬기는 행동을 성실히 잘 수행해야만 각각의 게임을 성공할 수 있습니다. 이제 여러분의 몸가짐 상태를 바로잡고 몸의 힘을 기르기 위해 출발해 볼까요? 지금부터 섬김 체력장을 시작하겠습니다!

예배

2. ◆ 설교 ◆
　- 본문 : 마가복음 2장 1-12절

　한 명의 중풍병자를 위한 네 사람의 섬김이 시작되었습니다. 중풍병에 걸린 한 친구를 위해서 네 명의 친구들이 무엇을 할 수 있을지 고민하고 있었어요. 그러던 중 예수님께 데려가면 치료 받을 수 있을 것이라는 믿음이 생겼어요. 그래서 네 사람은 그들이 할 수 있는 방법으로 중풍병에 걸린 친구를 돕기 시작했어요. 네 친구는 중풍병에 걸린 친구가 누워 있는 침상을 들고 예수님께서 계신 곳으로 갔어요. 예수님의 말씀을 듣고 싶어서, 또는 예수님의 이적을 보기 위해 수많은 사람들이 몰려 있어서 집 안으로 들어갈 수 없는 상황에서 네 친구는 한 가지 아이디어를 생각했어요. 바로 지붕에서 침상을 내려 보내는 것이었어요. 네 명의 친구들은 차근차근 중풍병에 걸린 친구를 위한 섬김을 실천했어요. 그리고 마침내 중풍병에 걸린 친구가 예수님을 만날 수 있게 되었어요. 그리고 예수님을 통해 중풍병이 치료되었어요.

　예수님께서는 한 친구를 섬긴 네 명의 친구들의 믿음을 보셨어요. 중풍병에 걸려 고통 받고 있던 친구는 네 명의 친구들의 섬김으로 중풍병이 낫는 기적을 체험하였지요. 그들이 중풍병자를 섬길 수 있었던 이유는 몸과 마음이 준비되어 있었기 때문이에요. 섬김을 직접 실천할 수 있게 몸에 힘이 길러져 있었고, 돌보고 섬길 수 있는 마음의 힘이 길러져 있었어요. 그리고 무엇보다 예수님을 바라보는 믿음의 힘도 있었어요. 그렇기에 그들은 한 사람의 중풍병자를 위해 발벗고 나서서 섬길 수 있었답니다.

우리가 하나님의 자녀답게 가족들을 섬기고, 친구들, 이웃들을 섬기기 위해서는 중풍병자를 섬겼던 네 사람의 모습처럼 몸의 힘, 마음의 힘, 믿음의 힘이 충분히 있어야 해요. 그리고 그 힘을 건강하게 기르기 위해서는 연습과 훈련이 필요해요. 이번 1박 2일 섬김 캠프에서는 섬김을 위한 힘을 기르는 연습을 하고 있어요. 여러분들이 이번 기회를 통해서 몸의 힘, 마음의 힘, 믿음의 힘을 튼튼하게 기르고 섬김을 위해 준비된 사람으로 세워지기를 바라요!

섬김 애찬식 및 세족식

2. 지금부터는 우리 모두가 함께 애찬식과 세족식을 할 거예요. 예수님께서 제자들과 함께 식사하시고 발을 씻겨주신 모습을 기억하면서 우리도 서로를 섬기는 마음으로 빵을 떼어주고 서로의 발을 씻겨 줄 거예요. 이 시간에 정성을 다해 서로 빵을 떼어 먹여주면서 섬김의 마음을 고백하기를 원해요. 그리고 서로의 발을 씻겨주면서 예수님의 모습과 마음을 생각하고 섬김을 실천하는 시간이 되기를 바라요.

섬김 영화관

1. 이 시간에는 우리가 함께 영화를 보며 섬김을 위한 마음의 힘을 길러보기를 원해요. 우리가 함께 볼 영화는 "샬롯의 거미줄"이라는 영화예요. 영화를 보면서 내용을 기억해 보고 섬김의 마음을 점검해 보는 시간을 가져보도록 해요.

섬김 요리대회

1. 오늘 아침은 서로를 위해 음식을 만들고 대접해 주는 섬김 요리대회 시간을 가질 거예요. 각 조가 선택한 음식을 만들고 완성한 음식으로 뷔페를 차려서 섬김 짝꿍을 대접해 주며 맛있게 먹도록 해요. 그럼 지금부터 섬김을 위한 음식 만들기를 시작하겠습니다.

3. 여러분들이 직접 만든 음식이 맛있게 완성되었네요. 이제 나의 섬김 짝꿍에게 음식을 대접해 주는 시간을 갖겠습니다. 뷔페로 차려진 음식들을 먹을 만큼 접시에 담아서 섬김 짝꿍이 먹을 수 있도록 갖다 주세요. 음식을 챙겨줄 때 "맛있게 먹어, 친구야."라고 하는 말을 잊지 말고 꼭 해주세요.

자격증 수여식

1. 1박 2일 동안 섬김의 활동들을 열심히 해준 여러분들에게 진심으로 고맙습니다. 이 시간에는 적극적으로 섬김 미션을 수행하여 섬김 스티커 판에 13개 이상의 스티커를 모은 어린이들에게 '친구 섬김이 자격증'을 전달하는 시간을 갖겠습니다. '친구 섬김이 자격증'을 받은 어린이들은 앞으로

도 멋있게 친구를 섬기며 생활하고, 아쉽게도 이번에 '친구 섬김이 자격증'을 받지 못한 어린이들은 더욱더 열심히 노력해서 친구들을 섬겨주는 어린이들이 되기를 바랍니다.

 ## 우리 교회 활용PLUS

우리 교회 클래스는 토요일 저녁부터 주일 오전 예배까지 캠프를 진행했어요.

신앙 Growing-Up

13

청소년교회

화해 프로젝트 '너와 나'

서로 화해하는 일은 언제나 중요합니다. 특별히 우리 시대에 화해라는 주제어는 무엇보다 중요하게 다루어야할 시대의 핵심어입니다. 죄를 고백하고 용서를 구한 오네시모, 오네시모를 용서한 빌레몬, 그리고 오네시모와 빌레몬을 중재하기 위해 편지를 쓴 바울의 이야기를 통해 청소년은 화해에 대해 서 배우게 됩니다. 본 프로그램을 통해 청소년들은 화해자의 삶을 소망할 것입니다.

진행시간	장소	성격	규모	방법
70분	부서실	단속	소그룹	학습,토론

연관 주제어 · 새김마루 · 화해 · 성경인물 · 화해자의 삶 · 용서

⚙ 목표

1. 청소년이 오네시모, 빌레몬 그리고 바울의 모습에서 자신의 모습을 발견한다.
2. 청소년이 오네시모, 빌레몬 그리고 바울의 화해를 통해 화해자의 삶을 깨닫는다.
3. 청소년이 용서의 소중함을 깨닫고 화해자로서 살 것을 결단한다.

⚙ 준비물

ibcm.kr 제공 자료 – 이미지: 화해 프로젝트 너와 나 포스터

문서: 화해 스토리, 너와 나 활동지, 기사문

별도 준비 자료 – 필기도구

⚙ 자료보기

1. 포스터 ☐

2. 화해스토리 ☐

3. 너와나 활동지 ☐

4. 기사문 ☐

www.ibcm.kr 찾아가는 길!

www.ibcm.kr 홈페이지 접속 ➡ 홈 상단의 BCM Program Class 클릭 ➡ 왼쪽 메뉴 바 청소년교회 PC' 클릭 ➡ Chapter3. 신앙 Growing-Up의 '화해 프로젝트 너와 나' 자료 다운

준비과정 및 점검

자료준비

프로그램 1주 전

1. ☐ '화해 프로젝트, 너와 나 포스터', '화해 스토리 한글파일', '너와 나 활동지 한글파일', '기사문 한글파일' 등의 자료를 다운받아 반 인원에 맞게 화해일보를 준비한다.

진행준비

프로그램 1주 전

1. ☐ 부서실 내와 교회 내외에 프로그램 포스터를 부착, 광고한다.
2. ☐ 반 교사는 진행 내용을 점검하고 준비한다.
3. ☐ 화해스토리, 너와 나 활동지, 기사문 등의 자료 준비 상태를 최종 점검한다.

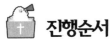 한눈에 보는 프로그램 진행

프로그램 설명 ➡ 화해일보 기사 읽기 ➡ 성경 읽기: 화해 스토리 ➡ 나눔: 너와 나 활동지 ➡ 정리: 중보기도

진행순서		내용	진행장소	소요시간
주차	제목			
프로그램설명		프로그램의 의미, 내용, 방법을 나누기	소그룹실	5분
1코너	기사읽기	제공된 자료를 읽고 생각하기	소그룹실	10분
2코너	성경읽기	성경의 이야기를 읽고 창의적으로 재생하기	소그룹실	20분
3코너	나눔	화해자의 삶을 자기 삶에 적용하기	소그룹실	20분
정리	중보기도	서로 중보하며 화해자의 삶을 격려하기	소그룹실	15분

진행순서

프로그램 설명

1. 조용하고 안정적인 장소를 선택하여 준비한다.
2. 참석한 반 청소년들에게 화해하는 삶, 화해를 촉구하는 삶의 가치를 설명한다.
3. 전체 진행 방식을 개략적으로 알려준다.

4. 반 교사의 기도로 프로그램을 시작한다.

코너1 : 기사읽기

1. 청소년들과 더불어 준비한 '화해일보'의 기사문 1과 2 두 기사를 함께 읽는다.
2. 기사 내용에 근거하여 화해하는 것과 화해자의 삶에 대해 생각해 보고 생각의 결과를 간단하게 메모해 보도록 한다.

코너2: 화해스토리(성경) 읽기

1. 청소년들에게 빌레몬서를 1장을 읽게 한 후, 오네시모, 빌레몬, 그리고 바울의 이야기를 들려준다.
2. 교사의 성경 이야기를 듣고 난 후 청소년들에게 화해 스토리의 대사를 빈칸에 적어 보도록 한다.
3. 빈칸에 적은 내용을 서로 비교하여 나누도록 한다.

코너3: 너와 나 활동

1. '너와 나 활동지'에 화해자의 삶이 어떠해야 할지 자기 고백적인 이야기들을 적어 보게 하고 그 내용을 서로 나눈다.
2. 한 사람씩 자기 고백적인 나눔이 끝나면 서로 박수로 응원한다.
3. 발표 도중에 보다 나은 제안이 있을 경우, 스스럼없이 나눌 수 있도록 격려한다.

정리: 중보기도

1. 너와 나 활동지를 다시 살펴보게 한 후 화해자의 삶을 위한 기도제목을 한 가지씩 선정하게 한다.
2. 시간과 정성을 들여 화해자의 삶을 살기로 결단한 서로를 위해 중보기도 시간을 갖는다.
3. 반 교사는 청소년과 화해자의 삶을 살기로 다짐하는 기도를 드리고 마무리한다.

 # 학습자가 알아야 할 규칙

1. 청소년들은 반드시 빌레몬서를 먼저 읽은 후에 화해 스토리 대사를 적는다.

 # 진행안

코너1 : 기사읽기

1. 세상에는 용서하지 못하고 다투고 싸우고 관계를 끊는 사람들이 많이 있습니다. 지금 여러분도 혹시 용서하지 못한 친구나 가족이 있지는 않습니까? 화해일보에 새로운 소식이 들어왔다고 합니다. 함께 이 기사를 읽고 화해자의 삶에 대해서 생각해 봅시다.

코너2: 화해스토리(성경) 읽기

1. 빌레몬은 도망친 노예인 오네시모의 주인이었습니다. 바울은 빌레몬에게 부탁의 편지를 썼습니다. 자신의 유익을 위해서가 아니라, 한 형제의 영혼을 얻기 위해서 부탁했습니다. 여러분은 누군가를 중재하고 화해시키기 위해 노력해 본 경험이 있습니까? 빌레몬 집안의 노예였던 오네시모는 빌레몬의 소유물을 훔쳐서 도망갔습니다. 후에 오네시모는 감옥에서 바울을 만나 기독교인이 되었지만, 오네시모는 주인과 청산해야 할 빚이 있었습니다. 바울은 편지를 써서 잘못을 뉘우치며 빌레몬에게 돌아가는 노예 오네시모를 믿음의 형제로 받아줄 것을 진심으로 부탁했습니다. 당시 세상의 법으로는 도망간 노예를 사형시킬 수도 있었습니다. 그러나 바울은 '화해와 용서'라는 사랑의 법을 전하고 있습니다. 빌레몬 역시 '화해와 용서'를 통한 사랑을 실천했습니다. 빌레몬은 자신에게 찾아온 오네시모를 조건없이 용서했습니다. 빌레몬의 용서는 십자가에서 죽으신 그리스도의 희생과 사랑에 기초한 것입니다. 그러므로 값없이 은혜로 구원받은 모든 청소년들은 서로 용서하고 화해자의 삶을 살아야 하는 책임이 있는 것입니다.

2. 화해 스토리에 자신만의 화해 대사를 적어봅시다. 그림을 보고 오네시모, 빌레몬 그리고 바울의 입장에서 자신만의 화해 스토리를 만들어 봅시다. 내 생활을 돌아보고 아름답게 이룰 화해 스토리를 적어봅니다.

코너3: 너와 나 활동

1. 우리는 화해와 용서에 대해서 생각해 보고 직접 화해 스토리를 만들어 보았습니다. 이제 우리의 삶에 대해서 이야기해 봅시다. 각자가 오네시모, 빌레몬 그리고 바울의 입장이 되어 생각해보면 현재 우리가 용서를 구하고 용서를 받고 화해의 중재를 해야 할 사람들이 있습니다. 한 번 적어보고 함께 나눠보시기 바랍니다.

 우리 교회 활용PLUS

우리 교회 클래스는 시간과 장소의 여유를 가지고 프로그램에 집중하기 위해 1박2일 수련회 프로그램으로 진행했어요. 각자 만든 화해 스토리를 활용해서 연극을 준비하고 소그룹끼리 충분히 나눌 수 있도록 했어요.

MEMO

신앙 Growing-Up

14

청소년교회

영화예배 '철가방 우수씨'

'철가방 우수씨'라는 영화를 보셨습니까? 극심한 가난 속에서 더 이상 희망을 찾을 수 없던 주인공 '우수'가 누군가를 돕고 섬기는 삶을 살게 되면서 다시금 삶의 희망을 찾게 되는 내용입니다. 누군가를 통해 처음 들어본 '감사하다'는 말과 인사는 외로웠던 '우수'에게 세상 누구보다 행복한 마음을 갖게 하였습니다. '철가방 우수씨'와의 만남을 통해서 우리도 누군가를 섬김으로 경험하게 되는 삶의 희망과 기쁨을 함께 느껴봅시다.

진행시간	장소	성격	규모	방법
160분	부서실	단속	대그룹	영화

연관 주제어: 섬김마루, 연대감, 나눔, 영화예배, 가치

⚙ 목표

1. 청소년이 누군가와 나누고 섬기는 삶의 기쁨을 안다.
2. 청소년이 하나님께서 우리를 섬김의 자리로 부르셨다는 것을 깨닫는다.
3. 청소년이 세상에서 섬김과 나누는 삶을 살 것을 다짐한다.

⚙ 준비물

ibcm.kr 제공 자료 – 이미지: '철가방 우수씨' 영화예배 포스터, 영화티켓
　　　　　　　　　　문서: '철가방 우수씨' 영화 감상지(PDF)

별도 준비 자료 – 필기도구 '철가방 우수씨' DVD 또는 파일, 팝콘(또는 강냉이), 나쵸, 음료수

⚙ 자료보기

1. 영화예배 포스터 ☐

2. 영화티켓 ☐

3. 감상지 ☐

www.ibcm.kr 찾아가는 길!

www.ibcm.kr 홈페이지 접속 ➡ www.ibcm.kr 홈페이지 접속 ➡ 홈 상단의 BCM Program Class 클릭
➡ 왼쪽 메뉴 바 청소년교회 PC' 클릭 → Chapter3. 신앙 Growing-Up의 '영화예배 철가방 우수씨' 자료 다운

준비과정 및 점검

자료준비

프로그램 2주 전

1. ☐ '철가방 우수씨' 영상을 구입하여 다운로드 받거나, DVD를 대여(또는 구매)한다.
2. ☐ 담당교역자는 '철가방 우수씨'를 먼저 감상한 다음, 그 내용과 제공되는 감상지를 바탕으로 하여 섬기는 삶에 관한 설교를 준비한다.
3. ☐ 홈페이지에서 포스터와 티켓을 다운받아 출력해 둔다.
4. ☐ 영화 포스터를 교회 내외에 게시한다.

진행준비

프로그램 1주 전

1. ☐ 영화 상영을 위한 기술적인 상태를 점검한다. 사이즈가 큰 스크린과 해상도가 좋은 프로젝터, 그리고 예배실의 스테레오 음향과 연결 상태를 사전에 점검한다.
2. ☐ 영화를 상영할 장소는 가능한 한 의자가 있는 곳을 선택한다. 어느 곳이든 스크린을 보기에 불편함이 없는지를 사전에 살핀다.
3. ☐ 영화를 상영할 장소의 조명 상태를 살피고 불을 껐을 때 너무 밝을 경우, 사전에 간단한 커튼과 같은 장치를 마련해 둔다.
4. ☐ 학생들에게 영화 티켓을 두 장씩 나누어 주어서 친구들을 초청할 수 있도록 권유한다.
5. ☐ 교회내 다른 기관에 알리고 티켓을 교부하여 함께 좋은 영화를 감상할 수 있도록 권유한다.
6. ☐ 영화관과 유사한 종류의 간식 재료를 미리 구입한다.

프로그램 시행일

1. ☐ 영화관과 유사한 간식을 미리 준비해 둔다.
2. ☐ 티켓 박스를 설치하고 티켓을 수령할 봉사 인원(교사 중)을 준비시킨다.

한눈에 보는 프로그램 진행

홍보 ➜ 영화예배 및 영화설교 ➜ 영화관람 ➜ 나눔

진행순서		내용	진행장소	소요시간
주차	제목			
프로그램설명		프로그램의 의미, 내용, 방법을 나누기	영화상영장소	10분

1코너	영화예배	영화가 다루는 주제를 영적인 시각으로 나누기	영화상영장소	20분
2코너	영화감상	영화를 감상하며 교제하기	영화상영장소	1시간30분
3코너	나눔	영화를 감상한 결과를 서로 나누고 교제하기	영화상영장소	30분
정리	섬김의 실천	섬김을 향한 실천 과제를 제안하기	영화상영장소	10분

 진행순서

프로그램 설명

1. 참석한 청소년들에게 변화하는 삶, 섬기는 삶의 가치를 설명한다.

2. 전체 진행 방식을 개략적으로 알려준다.

3. 반교사의 기도로 프로그램을 시작한다.

코너1 : 영화예배

1. 영화 상영 전에 간단하게 예배를 드린다.

2. 예배 순서는 '사도신경-찬양-기도-설교-주기도문'의 순서로 아주 간단하게 진행한다.

3. 영화예배의 초점은 설교이다. 설교의 주요 내용은 1) 변화된 삶을 산 성경의 사람들, 2) 변화하여 섬김의 삶으로 나간 역사적인 사람들의 이야기, 3) 우리 삶이 나아가야 할 방향-섬기는 삶 등의 순서로 진행한다.

4. 설교는 가능한 한 PPT로 만들어 집중력 있게 진행한다.

5. 설교를 재미있게 진행하기 위해 '우수씨' 이야기를 살짝 각색하여 예화로 사용해도 좋다.

코너2: 영화감상

1. 예배를 마치고 난 후 영화 감상 순서를 바로 진행한다.

2. 주기도문을 할 때 예배실을 소등한다.

3. 진행교사는 영화에 대해 간략하게 소개를 한 후 바로 영화 상영에 들어간다.

4. 영화 소개 시간에 영화 감상 중 나눌 만한 간식을 배포한다.

코너3: 나눔

1. 영화를 마친 후에 반별이나 소그룹별로 별도의 자리를 마련하여 모인다.

2. 반교사는 청소년들에게 미리 준비한 감상지를 나눠준다.

3. 반교사의 인도 하에 감상지를 읽고 질문들에 대해서 토론을 진행한다.

4. 토론 내용을 기록할 수 있도록 시간을 배려한다.

정리: 섬김의 실천

1. 전체 청소년들과 교사가 다같이 모이면 담당교역자의 정리 멘트로 마무리한다.

2. 담당교역자는 변화하는 삶과 섬기는 삶에 대해 몇 가지 제안을 하고 실천을 권유한다.

3. 담당교역자의 기도로 마무리한다.

 # 학습자가 알아야 할 규칙

1. 영화를 진지하게 관람하고, 감상지의 내용을 작성한다.

 # 진행안

프로그램 설명

2. 오늘은 영화예배를 드립니다. 오늘 우리가 함께 보게 될 영화는 실화를 바탕으로 한 영화 '철가방 우수씨' 입니다. 함께 영화를 보고 이야기도 나누며 의미 있는 시간을 가져보고자 합니다. 맛있는 팝콘과 나쵸, 시원한 음료수 준비되어 있습니다. 즐거운 시간 되시기 바랍닌다.

코너3: 나눔

1. 청소년 여러분, 우리는 더 가져야 행복하고, 더 높이 올라가야 가치 있는 삶이라 생각합니다. 우리는 더 이상 꿈과 비전을 위해 공부하거나 노력하지 않습니다. 다만 더 많은 부와 명예를 얻기 위하여 공부하며 살아가고 있습니다. 누군가를 돌아볼 겨를도 없이, 그저 앞만 보고 달려갑니다. 누군가의 실패가 곧 나의 성공이라 생각하기 때문입니다. 이 영화의 주인공 '우수'씨도 처음엔 그렇게 살아갑니다. 아무것도 가진 것 없는 가난한 사람이 이 세상에서 행복할 수는 없다고 생각합니다. 그의 삶에는 희망의 한 줄기 빛조차 없었습니다. 그러던 어느 날, 그에게 진정한 행복을 가져다 준 사건이 발생합니다. 그는 도움이 필요한 '아이들'을 만나며 보잘것없이 가난하다고만 생각했던 자신에게도 살아갈 목표와 할 수 있는 것이 있다는 사실을 깨닫습니다. 그것은 바로 '나눔'이었습니다. 그리고 '아이들'에게 '감사하다'는 인사를 받게 됩니다. 그 순간 '우수'씨의 삶은 더 이상 가난한 삶이 아닌, 가치 있는 삶으로 바뀌게 됩니다. 아이들에게 월급 70만원을 모두 나누어주며

살면서도 마음만큼은 이 세상에서 가장 부유한 사람이 되었습니다. 그는 죽기까지 아이들에게 모두 나누어 줄 생각에 아이들 앞으로 생명보험까지 들어놓았습니다. 우연찮게 사고사를 당한 '우수'씨는 마지막까지 자신의 모든 것을 나누어주고 삶을 마감했습니다. 어떤가요? 어떠한 삶이 하나님께서 보시기에, 하나님의 사람으로서 더 가치 있는 삶일까요? '나'를 위한 삶이 아닌 '이웃', 그리고 '하나님'을 위한 삶. 하나님께서 지금 그 섬김의 자리로 우리를 부르십니다.

2. 이 시간에는 반별로 모여서 '철가방 우수씨'를 보고 느낀 점을 나누는 시간을 가져보려고 합니다. 그리고 그동안 무엇에 가치를 두고 살았는지, 그리고 앞으로 어떻게 살아갈 것인지에 대해서 이야기 나누어 봅시다.

 ## 우리 교회 활용PLUS

1. 우리 교회 클래스는 최대한 영화관 분위기와 비슷하게 조성하고 영화 시작 전에 간식(팝콘, 나쵸, 음료 등)을 나누어 주어 영화에 집중할 수 있도록 했어요.

2. 우리 교회 클래스는 친구들을 초청하여 함께 드리는 영화예배로 진행했어요.

영화예배 – 철가방 우수씨(감상지)

우리 시대 진정한 가치를 발견하다.

섬김의 사람, 철가방 우수씨

고아로 자라 가난과 분노로 얼룩진 삶을 살아 온 '우수'의 인생은 마치 좁고 어두운 감옥살이를 하는 듯 헤어날 수 없이 절망적이기만 했다. 그러던 어느 날, 모든 것을 포기하고 놓아버리려던 그때, 가난한 사람도 누군가와 나눌 수 있다는 것을 알게 된다. 도움이 필요한 '아이들'과의 기적과도 같은 만남이 그의 삶을 송두리째 바꾸어 놓는다. '우수'는 중국집에서 철가방을 들고 뛰어다니면서 번 70만원의 월급을 아이들을 위해 아낌없이 나누며 살아간다.

태어나서 누군가로부터 처음으로 들어 본 '감사하다'는 인사는 평생 외롭게 살아온 '우수'에게 세상 그 무엇보다 행복한 선물이 된다. 서로 나누는 삶과 그 속에서 전해지는 감사가 '우수'의 삶에 원동력이 된 것이다. 그러던 어느 날, '우수'가 교통사고를 당하게 된다. 죽기 전에 생명보험을 들어 후원하고 있는 '아이들'에게 사후 보험금이 돌아가도록 준비해 두었던 그는… 교통사고로 생을 마감하는 마지막 순간까지도 나눔을 실천한다.

#1. 빛 한 줄기 없는 삶

주인공 '우수'는 아무것도 가진 것 없이, 힘없고 나약한 자신의 삶이 비참합니다. 가난한 사람은 이 세상에서 할 수 있는 것이 아무것도 없다고 생각합니다. 아무것도 할 수 없는 자신에게 행복이란 남의 이야기나 다름없습니다. 희망의 빛 한 줄기가 누구나의 삶에 있다지만 '우수'의 삶에는 그 빛조차 보이질 않습니다. 살아갈 의미를 찾으려 해도 찾을 수가 없습니다.

Q1. 현재 자신의 삶에 만족합니까? 만약 만족하지 않는다면 무엇 때문인가요?

Q2. 내가 만약 '우수'와 같은 삶을 살고 있다면 나는 어떤 생각을 할까요?

1

#2. 가치를 발견하다

자신의 삶이 마냥 답답하고 무가치하다고만 생각하며 살던 '우수'에게 어느 날, 이것이 행복일지도 모른다는 경험이 찾아옵니다. 자신과 같이 도움을 필요로 하는 아이들을 만나게 되면서 행복이 시작된 것입니다. 가난하고 보잘것없다고만 생각했던 '우수'의 삶에 살아갈 목표와 이유, 할 수 있는 것이 생겼습니다. 그것은 바로 '나눔'이었습니다.

Q3. '우수'씨는 무엇 때문에 행복을 느꼈을까요? 무엇이 '우수'씨의 삶을 가치롭게 변화시켰나요?

#3. 나에게도 감사하다는 사람이 있어요…

나눔의 삶에서 희망을 경험한 '우수'씨는 중국집 배달원 일을 하며 아이들을 돕습니다. 한 달에 70만원씩 버는 돈을 자신이 아닌 남을 위해 사용합니다. 그래도 하나도 아깝지 않습니다. 자신이 할 수 있는 일이 있다는 것만으로도 '우수'씨는 기쁘고 행복합니다.

어느 날 '우수'씨는 자신이 돕는 '아이들'에게 '감사하다'는 인사를 받게 됩니다. 누군가로부터 평생 처음으로 '감사하다'는 인사를 듣게 된 그 순간, '우수'씨의 삶은 더 이상 가난하여 무가치한 삶이 아닌, 가난하지만 가치 있는 삶으로 바뀌게 됩니다. 자기 스스로 자신의 삶의 가치를 깨닫게 된 순간입니다. 70만원을 아이들에게 모두 나누어주고 정작 자신은 부족하게 살고 있는 '우수'씨지만 이제 그의 마음은 이 세상에서 가장 부유한 사람이 되었습니다.

Q4. 삶의 가치가 무엇으로 결정된다고 생각하나요? 부? 명예? 지식? 어떠한 삶이 가장 가치 있는 삶이라고 말할 수 있을까요?

Q5. 누군가에게 진심으로 '감사하다'는 말을 들은 적이 있나요? 있다면 어떤 기분이었나요?

2

#4. 죽는 순간까지도…

갑작스런 사고로 죽게 된 '우수'씨는 마지막 순간까지 나눔으로 생을 마감했습니다. 혹시 모를 자신의 죽음에 대비하여 아이들 앞으로 생명보험 수당이 지급되도록 해놓았기 때문입니다. 죽는 순간까지도 그는 자신을 위하여 작은 것 하나도 남기지 않았습니다.

그는 갑작스럽게 죽게 되었지만, 그 누구 하나 그의 삶에 대해 '불행하다'라고 말하지 못했을 것입니다. 그의 삶은 너무나 아름다웠고, 가치로웠고, 부유했기 때문입니다.

Q6. 죽는 순간까지 누군가를 위하여 베풀었던 '우수'씨의 삶에 대하여 어떻게 생각하나요?

Q7. 만약 '우수'씨가 언제 어떻게 죽게 될지 모르는 자신의 삶을 생각하며 유서를 미리 써두었다면 어떤 내용을 적었을까요? 빈칸에 적어봅시다.

3

#5. 하나님나라의 가치 vs 세상의 가치

'우수'씨의 삶, 어떤가요? 더욱이나 감동적인 것은 이 영화의 주인공이 실제로 존재한다는 것입니다. 영화니까 가능한 내용이 아니라, 누군가가 정말 그렇게 살았다는 것이죠.

세상은 말합니다. 더 가져야 행복하고, 더 높이 올라가야 가치 있는 삶이라고 말입니다. 꿈과 비전을 위해 공부하고 노력하는 것이 아니라, 다만 더 많은 부와 안정된 명예를 얻기 위하여 살아가는 사람들도 많이 있습니다. 앞만 보고 달려가느라 누군가를 돌아볼 겨를조차 없습니다. 누군가의 실패가 곧 나의 성공인 시대가 지금인 것입니다.

그런데 하나님나라의 가치는 어떠할까요? 하나님나라의 관점으로 볼 때에는 어떠한 삶이 더 가치 있다 말할 수 있겠습니까? 무엇이 하나님을 기쁘게 하고 사람을 기쁘게 하는 일일까요? 우리의 삶의 목표는 무엇이어야 하겠습니까?

그리스도인들 중에도 이렇게 말하는 사람이 있습니다. 하나님의 사람이 어떻게 살아야 하는지 안다고 말입니다. 그런데 그렇게 살 수만은 없다고 합니다. 세상에서는 하나님나라의 가치를 추구하며 사는 사람을 '바보'라고 말한다고 말입니다.

예수님께서는 이 땅에 오셔서 '바보'같은 삶을 사셨습니다. 하나님의 아들이라는 신분은 온데간데 없이 그저 아무도 쳐다보지 않는 사람들과 함께하셨고, 더럽고 어두운 곳을 찾아다니며 회복시키는 일들을 하셨습니다. 급기야는 십자가에 달려 죽는 비운의 주인공으로 생을 마감하셨습니다. 많은 사람들이 예수님께 손가락질 했고, 그분의 삶을 무가치한 것이라고 이야기하였습니다. 그러나 어떻게 되었습니까? 예수님은 다시 살아나셨고, 지금까지도 그분의 이름으로 많은 이들이 새 생명을 얻고 있습니다.

'바보'입니까? '바보'라고 말할 수 있습니까?

여러분은 어떠한 삶을 선택하겠습니까? 이 세상을 선한 영향력으로 일구는 사람이 되겠습니까? 아니면 나 혼자만 잘 먹고 잘 살기 위해 아등바등하며 살아가겠습니까?

Q8. '나'를 위한 삶이 아닌 '이웃' 그리고 '하나님'을 위한 삶, 하나님께서 지금 그 섬김의 자리로 우리를 부르십니다. 이제 당신은 어떠한 선택을 하겠습니까? 당신의 결단을 적어보십시오.

4

15

청소년교회

Good 네이버

그리스도인은 예수님의 사랑으로 이웃과 화목해야 합니다. 청소년은 'Good 네이버'를 통해세상 가운데 바르게 서서 스스로 살아가는 삶 속에서 이웃과의 관계를 점검해보고 그리스도인으로서 어떻게 하면 좋은 이웃이 될 수 있는지를 나눕니다. 이 프로그램을 통해서 청소년들이 자신의 이웃에게 먼저 다가가 화목하게 지낼 줄 아는 청소년들이 되기를 바랍니다.

진행시간	장소	성격	규모	방법
50분	부서실	단속	대그룹	훈련

연관 주제어

믿음마루 · 화해 · 섬김 · 화목 · 이웃갈등

⚙ 목표

1. 청소년이 현대 사회의 이웃 관계에서 나타나는 문제점을 안다.
2. 청소년이 좋은 이웃이 되기 위해서 필요한 덕목이 무엇인지 깨닫는다.
3. 청소년이 'Good 네이버' 친절 트레이닝을 통해 이웃에게 친절을 실천한다.

⚙ 준비물

ibcm.kr 제공 자료 – 이미지: Good 네이버 스티커, 성경연관검색, 성경연관검색 교사용 지침, Good 네이버 다짐문
문서: 이웃갈등 뉴스기사

별도 준비 자료 – A4용지 또는 A3용지, 라벨지(A4 전지), 우드락 또는 두꺼운 종이, 색지, 셀로판테이프, 손거울, 간단한 선물 또는 전도선물, Youtube 영상: 'BCM 개구리 뒷다리', '(1987년 공익광고) 단절된 이웃'

⚙ 자료보기

1. Good 네이버 스티커 ☐

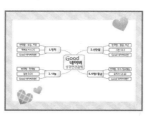

2. 성경연관검색 ☐

3. Good 네이버 다짐문 ☐

www.ibcm.kr 찾아가는 길!

www.ibcm.kr 홈페이지 접속 ➡ 홈 상단의 BCM Program Class 클릭 ➡ 왼쪽 메뉴 바 청소년교회 PC' 클릭 ➡ Chapter3. 신앙 Growing-Up의 'Good 네이버' 자료 다운

준비과정 및 점검

자료준비

프로그램 1주 전

1. ☐ '이웃갈등 뉴스기사' 자료를 참석하는 청소년의 수 만큼 출력한다.
2. ☐ '성경연관검색'을 A4나 A3 용지에 반의 수만큼 출력해서 우드락이나 두꺼운 종이에 붙여 성경연관검색판을 만든다.
3. ☐ 청소년들이 맞출 4개의 덕목(정직, 선한 말, 나눔, 사랑/용납)을 색지로 가려놓는다.
4. ☐ '성경연관검색 교사용 지침'을 참여하는 반의 수만큼 출력해 둔다.
5. ☐ 'Good 네이버 스티커'를 교사와 청소년의 인원 수만큼 라벨지에 출력해서 오린다.

진행준비

프로그램 1주 전

1. ☐ 청소년들에게 개인 손거울을 준비하여 프로그램에 참여하도록 미리 광고한다.
2. ☐ 교사 중에서 친절트레이닝 강사를 한 명 선정해서 'Good 네이버' 친절 트레이닝을 연습하여 준비하도록 한다.
3. ☐ 인터넷에서 'BCM 개구리 뒷다리'와 '(1987년 공익광고) 단절된 이웃' 동영상을 검색하여 실행할 수 있도록 준비한다.
4. ☐ 이웃과 나눌 선물을 청소년 인원 수대로 준비한다.
5. ☐ '성경연관검색 교사용 지침'의 내용을 숙지한다.

한눈에 보는 프로그램 진행

프로그램 설명 ➡ 이웃갈등 뉴스기사읽기 ➡ 'Good 네이버' 성경연관 검색 ➡ 'Good 네이버' 친절트레이닝(전체활동) ➡ 정리: 'Good 네이버' 수료식

진행순서		내용	진행장소	소요시간
주차	제목			
프로그램설명		프로그램의 의미, 내용, 방법을 나누기	소그룹실	10분
1코너	뉴스읽기	이웃 갈등의 뉴스를 읽고 토론하기	소그룹실	10분
2코너	성경연관 검색	Good 네이버 관련 용어 의미 고찰하기	소그룹실	10분
3코너	친절 트레이닝	Good 네이버 친절훈련하기	소그룹실	10분
정리	수료식	Good 네이버의 삶으로 결단하기	소그룹실	10분

 **진행순서**

프로그램 설명

1. 조용하고 안정적인 장소를 선택하여 준비한다.

2. 참석한 반 청소년들에게 화해하는 삶과 화해를 촉구하는 삶의 가치를 설명한다.

3. 전체 진행 방식을 개략적으로 알려준다.

4. 반교사의 기도로 프로그램을 시작한다.

코너1 : 이웃갈등 뉴스읽기

1. 반교사는 자신의 가슴에 'Good 네이버 스티커'를 붙인 후 프로그램을 설명한다.

2. 반교사는 반의 청소년들에게 '이웃갈등 뉴스기사'를 나눠준 다음 함께 읽는다.

3. 반교사는 뉴스기사를 읽은 뒤 뉴스의 내용과 비슷한 일을 겪은 적이 있는지, 이웃과 어느 정도 친밀한 관계를 갖고 있는지 청소년들과 잠시 나눈다. 청소년들의 대답에 따라 자유롭게 나누되, 문제제기를 위한 시간이므로 너무 길게 진행하지 않는다.

코너2: 'Good 네이버' 성경연관 검색

1. 반교사는 성경연관검색 판을 청소년들에게 보여주며 'Good 네이버'에 관련된 성경연관검색어(정직, 선한 말, 나눔, 사랑/용납)를 찾아보는 시간을 갖는다. 정직, 선한 말, 나눔, 사랑/용납이라는 검색어들이 가려져 있는 것을 확인한다.

2. 반교사는 청소년들이 맞출 성경연관검색어의 반대말과 그에 해당하는 사례를 읽어준다.

3. 반교사는 청소년들이 교사의 설명을 듣고 빈칸에 들어갈 성경연관검색어를 맞추면, 가려놓은 종이를 떼고 그에 관련된 성경말씀을 읽어준다.

4. 연관검색어와 성경구절 읽기를 모두 마친 후, 'Good 네이버라면 어떻게 행동해야 할지'를 청소년들과 함께 나눠본다.

5. 마지막으로 로마서 15장 2절의 말씀을 읽어준다.

   "우리 각 사람이 이웃을 기쁘게 하되 선을 이루고 덕을 세우도록 할지니라(롬15:2)"

6. 반교사는 하나님께서는 우리가 이웃에게 기쁨과 도움을 주는 존재가 되기를 원하시며 우리가 이 말씀을 실천하는 'Good 네이버'가 되기 위해서는 연습과 훈련을 해야 한다고 설명한다.

7. 반교사는 전체 활동을 위해 청소년들과 함께 이동한다.

코너3: 'Good 네이버' 친절트레이닝

1. 청소년들이 한자리에 모이면 친절트레이너를 맡은 교사가 나와서 자기소개를 한다.

2. 친절트레이너는 '(1987년 공익광고) 단절된 이웃' 영상을 보여주고 설명한다.

3. 친절트레이너는 청소년들에게 4가지 트레이닝과 각 트레이닝의 목적을 알려주고 청소년들과 1~2회 반복하여 훈련한다.

1번	얼굴근육 풀기	'BCM 개구리 뒷다리' 영상을 따라 얼굴근육을 풀어주고 웃는 얼굴을 만들어 본다.
2번	입꼬리 올리기	손거울을 보면서 입꼬리 올리는 훈련을 한다.
3번	목소리톤 유지하기	인사할 때 신뢰감을 주는 목소리 톤으로 인사할 수 있도록 훈련한다.
4번	45도 인사하기	두 손을 모아 배꼽 위에 얹고 45도 각도로 인사한다.

4. 친절트레이너는 청소년들에게 평소에도 4가지 트레이닝을 연습하고 실천할 것을 강조한 뒤 마무리한다.

정리: 'Good 네이버' 수료식

1. 진행교사가 수료식을 진행한다.

2. 진행교사는 PPT화면에 'Good 네이버' 다짐문을 띄워서 다 같이 볼 수 있게 교사와 청소년 모두 함께 다짐문을 읽는다.

3. 각 반 교사들은 친절 트레이닝을 마친 자신의 반 청소년에게 'Good 네이버' 스티커를 붙여주고 청소년들이 이웃에게 먼저 다가갈 수 있도록 간단한 선물이나 전도용품을 나눠준다.

4. 진행교사는 청소년들에게 일주일 동안 친구나 이웃에게 선물을 나누어주고 오늘 배운 미소와 인사를 꼭 실천할 것을 강조한다.

5. 진행교사는 수료식을 마친 교사들과 청소년들이 이웃에게 'Good 네이버'가 되도록 기도하고 프로그램을 마친다.

 ## 진행안

코너: 이웃갈등 뉴스읽기

1. 하나님께서는 이 세상을 창조하실 때 사람들이 서로 사랑하고 정직하며 한 몸을 이루어 살아가도록 만드셨습니다. 그런데 인간의 죄가 하나님과 인간을 멀어지게 했을 뿐만 아니라 사람 사이도 멀어지게 만들었습니다. 아담의 자녀들조차도 죄악에서 자유롭지 못했고 미움과 살인이라는 죄를 짓기까지 하였습니다. 그런데 하나님께서 인간의 죄의 문제를 해결하시고 인간과 하나님과의 관계를 회복하시기 위해 예수 그리스도를 보내주셨습니다. 우리는 예수님을 믿음으로 죄를 용서받고 하나님과 관계를 회복할 수 있게 되었습니다. 예수님을 통해 죄를 용서받은 사람은 타인과의 관계에서도 미움과 이기심을 버리고 사랑을 가지고 회복할 수 있습니다. 그러므로 예수님을 믿는 청소년은 자신의 죄를 용서받은 것을 감사하며 다른 사람들을 용서하고 사랑하며 용납해야 합니다. 이웃을 향한 이기적인 마음을 버리고 하나님의 은혜와 예수님의 사랑으로 이웃을 대해야 합니다. 이것이 바로 우리가 'Good 네이버'가 되어야 하는 이유인 것입니다.

3. 우리 주변의 사건들을 뉴스를 통해 읽어보았습니다. 왜 이런 일들이 일어났다고 생각하나요? 여러분도 실제로 이웃과 다툼을 겪어본 적이 있습니까? 하나님께서는 사랑과 화해를 위해 예수님을 보내주셨습니다. 나는 그리스도인으로서 나의 이웃과 좋은 관계를 맺고 있습니까? (청소년의 대답에 따라 자유롭게 나누되 문제제기를 위한 시간이므로 너무 길게 진행하지 않는다.)

코너2: 'Good 네이버' 성경연관 검색

1. 인터넷 검색창에 단어를 적으면 그와 관련된 것들을 연관검색어로 보여줍니다. 이처럼 성경에서도 'Good 네이버'와 연관되는 말씀들이 있는데요. 선생님이 연관검색어 판으로 그 내용을 정리해 보았습니다. 자, 여기에 가려져 있는 단어들이 친절한 이웃들이 갖추어야 할 덕목들입니다. 여러분은 제 설명을 듣고 이 덕목들이 무엇인지 맞추면 됩니다.

1.정직	반대말 : 속임, 거짓	독서실비를 받아서 친구들과 쓰고 부모님께는 독서실 다녀왔다고 거짓말을 함
	에베소서 4:25	그러므로 거짓을 버리고 각각 이웃과 더불어 참된 것을 말하라 이는 우리가 서로 지체가 됨이라
	Good 네이버라면?	하나님께서 싫어하시는 속임수나 거짓을 버리고 하나님 앞에서 정직함을 보인다.
2.선한말	반대말 : 험담, 비난	SNS나 문자로 친구의 험담을 하거나 욕을 함
	시편 15:3	그의 혀로 남을 허물하지 아니하고 그의 이웃에게 악을 행하지 아니하며 그의 이웃을 비방하지 아니하며
	Good 네이버라면?	다른사람의 잘못에 대한 험담이나 비난을 하지 않고 긍정적인 말을 사용한다.
3. 나눔	반대말 : 인색함	미술시간에 친구가 재료를 빌려달라고 했으나 나 쓸것밖에 없다고 바로 거절함
	잠언 3:28	네게 있거든 이웃에게 이르기를 갔다가 다시 오라 내일 주겠노라 하지 말며
	Good 네이버라면?	친구가 미술에 참여하도록 도와주고자 하는 태도를 보인다.
4.사랑	반대말 : 무시, 원수맺음	친하지 않은 친구, 이웃에게는 인사도 하지 않는다.
	로마서 13:10	사랑은 이웃에게 악을 행하지 아니 하나니 그러므로 사랑은 율법의 완성이니라
	Good 네이버라면?	나와 관계없는 사람일지라도 늘 미소와 인사로 친절히 대한다.

"우리 각 사람이 이웃을 기쁘게 하되 선을 이루고 덕을 세우도록 할지니라" (로마서 15:2)

코너3: 'Good 네이버' 친절트레이닝

1. 안녕하세요. 저는 오늘 친절트레이닝을 진행하게 된 ○○○트레이너입니다. 반갑습니다. 트레이닝을 시작하기에 앞서 먼저 여러분에게 보여드릴 영상이 있습니다. 영상을 본 뒤에 계속 진행하도록 하겠습니다.

2. 여러분이 보신 이 공익광고 영상은 1987년에 제작된 아주 오래된 영상입니다. 그런데 이 광고에서 나오는 이웃과의 관계가 우리들이 사는 지금의 모습과 별반 다를 것이 없지요. 이처럼 이웃끼리 정을 나누거나 좋은 관계를 유지하는 것은 예나 지금이나 어려운 일입니다. 반별 모임 때 성경말씀을 배웠듯이 친절한 이웃은 사랑과 정직, 선한 행동으로 이웃을 도와야 합니다. 그런데 우리들이 실제적으로 실천하는 것은 쉽지 않습니다. 어색하고 부끄러워서 이웃에게 먼저 다가가기 힘이 들 때가 많이 있습니다. 그렇기에 다른 사람에게 먼저 다가가 말을 걸 줄 아는 좋은 이웃이 되기 위해서 친절트레이닝이 필요한 것입니다. 이번 트레이닝을 통해서 우리 모두 어색함과 부끄러움을 버리고 당당하고 용기 있게 이웃에게 다가가는 청소년교회가 됩시다.

3. 첫 번째 트레이닝을 해보도록 하겠습니다. 먼저 얼굴의 근육을 풀어보겠습니다. 경직된 얼굴은 이웃에게 오해를 불러 일으킵니다. 나는 아무런 생각 없이 인사했는데 나의 얼굴이 너무 경직되고 일그러져 있으면 이웃은 '나를 싫어하나? 나를 무시하나?' 이런 오해를 할 수 있습니다. 웃는 얼굴을 훈련할 수 있는 영상을 준비했습니다. 함께 보면서 한 번 따라해 보겠습니다. (영상을 보면서 따라한다) 제가 순서대로 천천히 알려드리도록 하겠습니다. (강사가 순서를 하나하나 설명한다) 다시 한 번 동영상을 보면서 따라해보겠습니다. (영상을 보면서 모두 따라한다) 옆에 있는 사람과 짝을 지어보기 바랍니다. 자, 동영상에 나오는 순서를 듣고 앞에 있는 친구를 보면서 시

작! 네! 자 얼굴근육이 좀 풀렸나요? 경직된 얼굴을 매일매일 풀어주는 훈련입니다. 두 번째 트레이닝은 '입꼬리 올리기'입니다. 한국 사람들의 생김새는 대부분 입꼬리가 쳐져있어서 무심하거나 화난 표정으로 보인다고 합니다. 여러분이 준비한 거울을 꺼내어서 자신의 얼굴을 보시기 바랍니다. 어떤가요? 가만히 있을 때 어떤 모습인가요? 이번에는 거울을 보면서 저를 따라해 주시면 됩니다. "와이키키~" "창세기" "출애굽기" "레위기" 다시 "와이키키~" 그 상태로 10초를 유지합니다. (10초를 센다) 다시 한 번! "와이키키~" "창세기" "출애굽기" "레위기" 마지막 "와이키키~"에서 10초유지! "와이키키~" 잘했습니다. 이렇게 아침에 일어나서, 길을 가면서, 화장실에 앉아서 할 일 없을 때! 입꼬리를 올리는 훈련을 하면 다른 사람들에게 좋은 인상을 심어줄수 있을 것입니다. 세 번째 트레이닝은 '목소리 톤 유지하기'입니다. 여러분이 편의점이나 패스트푸드점, 백화점에 방문했을 때 점원의 목소리가 어떤가요? 네, 낮은 목소리나 얼버무리는 목소리로 "어서 오십시오." 하지 않습니다. 이처럼 인사하거나 대답할 때 얼버무리거나 낮은음으로 인사를 하면 이웃에게 신뢰감을 줄 수 없기 때문에 서비스를 하시는 분들은 '솔' 음으로 인사한다고 합니다. 먼저 '솔'음을 잡아보겠습니다. "도, 레, 미, 파, 솔~" 솔 음으로 인사해 보겠습니다. "안녕하세요!" 자, 여러분도 따라해 보세요. "도, 레, 미, 파, 솔~ 안녕하세요!" 다시 한 번 "도, 레, 미, 파, 솔~ 안녕하세요!" 두 명씩 짝을 지어 인사해 보겠습니다. "도, 레, 미, 파, 솔~ 안녕하세요!" 어떻습니까? 활기찬 인사가 되었지요? 자신 있는 목소리로 인사할 때 여러분이 하는 행동이 더 효과가 있다는 것을 기억하시기 바랍니다.

네 번째 트레이닝은 '45도 인사'입니다. 이것은 우리들이 인사할 때 필요한 기본적인 태도입니다. 자, 저를 잘 봐주세요. (강사가 옆모습을 보여주며 45도로 굽히고 '솔' 음으로 '안녕하세요!' 라고 인사한다.) 자, 여러분도 45도로 굽혀보겠습니다. 허리를 굽힌 채로 제가 하나, 둘, 셋! 할 때까지 유지해주시기 바랍니다. 45도로 굽히며 '솔' 음으로 '안녕하세요!'라고 인사합니다. 시작! (청소년들이 인사하고 나서) 하나, 둘, 셋! 자 허리 펴세요!! 네, 이렇게 한 번 더 반복해 보겠습니다. 45도로 굽히면서 '솔' 음으로 '안녕하세요!'라고 인사합니다. 자, 옆에 있는 친구를 바라보면서 서로 인사해 보겠습니다. 시작! (훈련을 반복한다.) 여기까지 4가지 트레이닝을 모두 해보았습니다. 모두 잘 해 주었습니다. 우리 서로를 박수로 격려해 줄까요? 이것은 오늘 하루의 연습만으로 되지 않습니다. 집에 돌아가서도 거울을 보고 연습할 수 있습니다. 오늘 배운 것을 수시로 연습해서 모든 사람에게 웃는 얼굴로 신뢰감을 주는 멋진 그리스도인, Good 네이버가 되기를 바랍니다. 저는 여기서 이만 물러가도록 하겠습니다. 수고하셨습니다.
(반복 훈련시 아래 진행 안을 참고한다) 우리에게 가장 가까운 이웃이 있습니다. 바로 부모님과 가족들입니다. 우리는 정작 가까운 이들에게 미소 짓지 못하고 찡그리고 인상을 쓸 때가 많이 있습니다. 또 가족에게 아침, 저녁으로 인사하고 있습니까? 가족과 사랑하는 사람에게 먼저 'Good 네이버'가 됩시다. (1번 1회, 3,4번 1회) 우리는 친구들에게 미소 짓고 인사하고 있습니까? 여러

분은 가까운 친구뿐만 아니라 나와 친하지 않은 학급의 친구들과 교회의 친구들, 주변의 이웃들에게 미소 짓고 인사하고 있나요? 그리스도인에게 이웃이란 나의 도움이 필요한 '누구나'를 의미합니다. 여러분의 주변에 있는 누구에게든지 그리스도의 미소와 사랑을 나누는 'Good 네이버'가 됩시다. 두 사람씩 짝을 지어 마주보고 1~4번을 차례대로 연습해 봅시다. (1회)

 ## 우리 교회 활용PLUS

1. 우리 교회 클래스는 청소년의 인원이 적어서 처음부터 전체 활동으로 진행했습니다.
2. 우리 교회 클래스는 친절트레이너가 스튜어디스 복장과 트레이너 복장을 해서 집중도가 높았어요. 그리고 진행 시 시간 여유가 있어서 트레이닝을 몇 번 더 반복했습니다.

MEMO

복음다리

모든 사람들이 겪고 있는 영적인 공허와 갈급함은 예수 그리스도로 해결되어야 합니다. 그리스도인들은 방향 없이 푯대를 찾아 헤매며 살아가는 세상을 향해 진리의 푯대를 제시해야 합니다. 이 프로그램은 흔들리는 세상 가운데 친히 다리를 놓으심으로 하나님께로 올 수 있는 길을 열어 놓으신 예수그리스도의 복음을 선포하고, 이 복음다리(예수 그리스도)를 통해 하나님께로 나아가도록 돕는 전도 활동입니다. 복음을 선포하는 청소년들을 통해 새 생명의 기쁨을 누리는 영혼들이 넘치길 소망합니다.

진행시간	장소	성격	규모	방법
50분이상	부서실	지속	대그룹	훈련

연관 주제어

소망마루　이상　관계전도　인맥　선포

⚙️ 목표

1. 청소년이 그리스도인의 복음 선포 사명을 깨닫는다.
2. 청소년이 복음을 부끄러워하지 않고 담대하게 선포한다.

⚙️ 준비물

ibcm.kr 제공 자료 – 인맥지도지, 사랑의 엽서 이미지

별도 준비 자료 – 전도 소책자(브릿지 소책자, 사영리, 글 없는 책, The Compass 등), 빵 봉지, 초콜 릿, 사탕

⚙️ 자료보기

1. 인맥지도지 ☐

2. 사랑의 엽서

www.ibcm.kr 찾아가는 길!

www.ibcm.kr 홈페이지 접속 ➡ 홈 상단의 BCM Program Class 클릭 ➡ 왼쪽 메뉴 바 청소년교회 PC' 클릭 ➡ Chapter3. 신앙 Growing-Up의 '복음다리' 자료 다운

 준비과정 및 점검

자료준비

프로그램 1주 전

1. ☐ '사랑의 엽서'를 홈페이지에서 다운받아 청소년 인원 수만큼 엽서로 제작한다.
2. ☐ 인맥지도를 청소년 수만큼 출력한다.
3. ☐ 전도 소책자를 어떤 것으로 할 것인지 정하여 청소년 수만큼 구입한다. 가장 쉬운 전도 소책자는 네비게이토의 '다리' 예화이다.

진행 준비

프로그램 3주 전

1. ☐ 진행교사는 사전 광고를 통해 이 프로그램을 홍보하고 사전에 전도의 중요성을 각인 시킨다.
2. ☐ 교사는 청소년들이 전도할 대상자를 마음으로 품을 수 있도록 기도로 준비하고 자신의 인맥지도를 시범적으로 작성해본다.

프로그램 하루 전

1. ☐ 담당교사는 진행 사항을 점검한다.
2. ☐ 전도 소책자의 내용을 충분히 숙독하고 숙지한다.

한눈에 보는 프로그램 진행

프로그램 설명: 오리엔테이션 ➡ 1주차:전도불변의 법칙1(관계) ➡ 2주차:전도불변의 법칙2(선포) ➡ 정리

진행순서		내용	진행장소	소요시간
주차	제목			
프로그램설명		프로그램의 의미, 내용, 방법을 나누기	예배실	10분
1주차	전도불변의 법칙1	전도 대상자를 선정하여 접촉을 시도하기	예배실/삶	40분
2주차	전도불변의 법칙2	전도 대상자에게 복음을 제시하고 실제 전도하기	예배실/삶	40분
정리	감사의 기도	실제 전도 활동 후 교회에 복귀하여 기도회 하기	예배실	30분

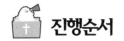 **진행순서**

프로그램 설명

1. 참석한 반 청소년들에게 전도하는 삶을 배우는 일의 중요성을 설명한다.
2. 전체 진행 방식을 개략적으로 알려준다.
3. 교사의 기도로 프로그램을 시작한다.

1주차: 전도불변의 법칙1(관계)

1. 먼저 청소년들에게 전도의 중요성과 필요성에 대해 잠시 설명한다. 이때, 전도가 단순히 방법론 이나 처세술이 아닌 세상에 진리의 푯대를 세우기 위한 것임을 분명히 설명한다.

2. 특별히 전도가 그리스도인에게 영적 유익이 있음을 알려준다. 전도는 은사가 있는 사람만 하는 것도, 성격이 좋은 사람만 하는 것도, 신앙이 훌륭한 사람만 하는 것도 아니다. 그리스도인이라 면 누구나 해야 하는 사명이다. 그런데 전도의 중요성을 알면서 실제로는 실천하지 못하는 청소 년들이 많다. 이제 전도를 해야 하는 이유를 분명히 했다면, 어떻게 전도를 실천할 수 있는지에 대해 알려준다.

3. 우선 1주차는 전도를 위한 기본적인 단계를 섭렵한다. 먼저 청소년은 복음을 필요로 하는 친구나 가족, 선후배들을 위해 기도한다. 특히, 하나님께서 복음을 전해야 할 사람을 알려 주시도록 기 도한다. 그 다음, 인맥지도를 그려가면서 자신의 전도대상자를 찾는다.

4. 이어서 전도대상자를 위해 사랑의 엽서를 쓴다. 전도엽서는 2주 동안 3회 이상 보내도록 한다. 사랑의 엽서를 쓸 때 전도대상자의 장점과 칭찬, 축복의 메시지를 쓴다. 또 자신이 하나님을 믿 게 된 이야기를 진실하게 적어 보낸다.

5. 인맥지도와 사랑의 엽서를 작성하고 난 후, 전도대상자와 1:1 만남을 갖는다. 1회의 만남보다는 2-3회 정도 갖는 것이 좋다. 여러 명이 함께 만나는 것보다는 1:1로 만나서 다소 진중한 이야기를 나누는 것이 중요하다. 이때, 복음을 바로 전하기보다는 전도대상자의 일상적인 이야기를 경청 하고, 함께 웃어주거나 슬퍼하는 공감대를 형성한다. 그리고 상대방의 현실 문제나 고민들 을 조심스럽게 물어보고, 상담을 해준다. 또한 그 문제에 대해 함께 기도할 것을 약속하고, 지속적으로 관심을 가져준다. 헤어지기 전에 준비한 사랑의 엽서와 간단한 선물을 전도 대 상자에게 준다.

6. 교사는 1주차 전도훈련이 잘 되었는지 살피고 청소년들이 실제로 전도를 실습할 수 있도록 심방 을 통해 한 주간의 삶을 살핀다.

2주차 : 전도불변의 법칙2(선포)

1. 개인별 전도활동은 1주차에 이어 2주차에도 계속된다. 그러나 차이점이 있다면 1주차는 관계 맺기에 집중했다면, 2주차에는 전도대상자를 위해 세부적인 기도를 하고 직접적으로 복음을 제시한다.

2. 교사는 청소년들이 어려운 가운데에도 전도활동을 실천했는지 살피고 전도활동을 실천한 경우 2주차 전도교육이 실전적일 수 있도록 안내한다.

3. 먼저 1주차 전도대상자를 따로 만나서 지난주에 있었던 일과 여러 문제들이 얼마나 해결되었는지 확인하도록 한다. 또한 즐거웠던 일, 기억에 남았던 사건, 또 다른 문제 등을 듣고 대화를 나누도록 가르친다.

4. 이어서 교사는 전도대상자에게 자신의 신앙 경험담을 들려줘야 함을 청소년들에게 가르친다. 이 때, 상대방의 눈을 마주치며 확신에 찬 어조로 말하는 것이 중요함을 일깨운다.

5. '브릿지 전도 소책자' 또는 '사영리', '글 없는 책', 'The Compass' 등의 사용법을 가르친다. 그래서 전도 대상자에게 실제로 복음을 전하는 방법을 가르친다. 특히 '브릿지 전도 방법'을 사용할 경우, 제공된 자료를 참조하여 사전에 준비하도록 한다. 복음을 전하는 시간은 10분 정도가 적당하다. 복음을 전한 후엔, 예수 그리스도를 영접하기 원하는 자에게는 영접기도를 하고, 그렇지 못한 경우엔 전도대상자에게 즉각적인 믿음을 요구하지 않는다. 전도대상자를 교회로 초청해서, 자연스럽게 신앙을 갖도록 돕는다.

6. 2주차에는 교육 이후에 실제로 조별로 전도활동을 실습해 볼 수 있도록 한다. 그러나 개인별 전도활동에 주력할 경우, 공동체 전도 활동은 하지 않아도 된다. 그러나 필요할 경우, 학교나 학원 앞으로 전도 활동을 나간다. 투명 빵 종이에 담은 초콜릿이나 사탕과 함께 사랑의 엽서를 전해주며 전도한다. 이때, '브릿지 전도 소책자' 또는 '사영리', 'The Compass' 등을 전하며 전도해도 좋다.

<네비게이토의 다리 예화>

하나님의 선물인 영생

"사람이 만일 온 천하를 얻고도 제 목숨을 잃으면 무엇이 유익하리요."

(마가복음 8:36)

당신은 무엇을 가장 귀중히 여기나? 당신의 생명이 아닌가? 그러나 사람들은 돈, 명예, 학문, 쾌락 등을 통하여 행복하고 의미 있는 생활을 누리고자 한다. 그러나 이 모든 것을 가진 사람들도 여전히 공허하며 만족하지 못하는 것을 본다. 왜 그럴까? 하나님은 본래 교제를 나누기 위하여 자기의 형상대로 인간을 창조하셨다. 인간은 본래 하나님과 교제하며 풍성한 삶을 누릴 수 있었다. 그러나 인간이 하나님께 불순종하여 죄가 들어와서 이 교제를 끊어 놓았고, 우리 인간들은 하나님이 주시는 축복을 더 이상 누리지 못하게 되었다.

당신의 상태

1. 당신은 죄인입니다.
   "모든 사람이 죄를 범하였으매 하나님의 영광에 이르지 못하더니."(로마서 3:23)
   당신은 죄를 범한 죄인이다. 당신의 죄는 당신과 다른 사람들을 더럽히며 불행하게 한다.

2. 당신은 심판을 받게 됩니다.
   하나님은 공의로우시므로 당신의 죄를 묵과하실 수 없기 때문이다.
   "한 번 죽는 것은 사람에게 정하신 것이요, 그 후에는 심판이 있으리니." (히브리서 9:27)

3. 형벌은 사망 곧 지옥입니다.
   "그러나 두려워하는 자들과 믿지 아니하는 자들과 흉악한 자들과 살인자들과 행음자들과 술객들과 우상 숭배자들과 모든 거짓말하는 자들은 불과 유황으로 타는 못에 참여 하리니 이것이 둘째 사망이라." (요한계시록 21:8)

인간의 힘으로 구원받지 못함

이 문제를 해결하기 위하여 인간들은 선행의 공로를 쌓고, 도덕적으로 깨끗한 삶을 살며, 교육이나 철학을 통해서, 또는 종교를 가지고 종교 의식을 충실히 행함으로, 이 죄 문제를 해결하고 하나님께 나아가려고 한다. 열심히 수고를 하지만 인간의 힘으로는 하나님의 의의 수준에 도저히 이를 수 없다. 이와 같은 것들로서는 불가능하다.
"우리의 의는 다 더러운 옷 같으며"(이사야 64:6)
"너희가 그 은혜를 인하여 믿음으로 말미암아 구원을 얻었나니 이것이 너희에게서 난 것이 아니요 하나님의 선물이라. 행위에서 난 것이 아니니 이는 누구든지 자랑치 못하게 함이니라." (에베소서 2:8-9)

하나님께서 당신을 위해 해주신 일

여기에 당신을 위한 하나님의 해결책이 있다. 하나님께서는 우리를 구원하시기 위해 그 아들 예수 그리스도를 이 세상에 보내신 것이다.
"우리가 아직 죄인 되었을 때에 그리스도께서 우리를 위하여 죽으심으로 하나님께서 우리에게 대한 자기의 사랑을 확증하셨느니라." (로마서 5:8)

예수님께서는 죄가 없지만 우리 죄에 대한 형벌을 대신 받으시기 위해 십자가에 달려 죽으셨다. 이로써 하나님께서 요구하시는 공의가 만족되었습니다. 또한 예수 그리스도께서는 죽은 자 가운데서 사흘 만에 부활하셨다. 그래서 예수님은 하나님으로부터 분리되었던 우리가 하나님께로 갈 수 있는 유일한 다리가 되어 주셨다.
"내가 곧 길이요 진리요 생명이니, 나로 말미암지 않고는 아버지께로 올 자가 없느니라" (요한복음 14:6)

어떻게 당신이 영생을 얻을 수 있는가?

다리는 놓여졌고 하나님의 약속은 주어졌다. 그러나 당신이 그 다리를 건너가지 않는 한 결코 영생을 얻을 수 없다. 하나님은 당신이 어떻게 그 다리를 건너갈 수 있는가를 말씀하신다.

"내가 진실로 진실로 너희에게 이르노니, 내 말을 듣고 또 나 보내신 이를 믿는 자는 영생을 얻었고 심판에 이르지 아니하나니 사망에서 생명으로 옮겼느니라." (요한복음 5:24)

당신은 예수님께서 하나님의 아들로서, 죄를 지어 형벌을 받을 수 밖에 없는 우리를 대신하여 죽으셨고, 죽음을 이기시고 살아나셔서 하나님께로 갈 수 있게 해 주시는 유일한 구세주라는 것을 들었다. 이제는 들은 것을 당신이 믿기만 하면 된다. 당신이 들은 말씀을 믿으면 다음과 같은 하나님의 약속을 누리게 된다.
(1) 영생을 얻었고
(2) 심판에 이르지 아니하나니
(3) 사망에서 생명으로 옮겼느니라.

믿음이란?

그러면 어떻게 하는 것이 믿는 것일까? 믿는다는 것은 하나님이 선물로 주시는 영생을 얻기 위해 예수 그리스도를 진심으로 의지하고 당신의 마음과 삶에 모셔 들이는 것이다.

"영접하는 자, 곧 그 이름을 믿는 자들에게는 하나님의 자녀가 되는 권세를 주셨으니." (요한복음 1:12)
"볼지어다. 내가 문 밖에 서서 두드리노니, 누구든지 내 음성을 듣고 문을 열면 내가 그에게로 들어가 그로 더불어 먹고 그는 나로 더불어 먹으리라." (요한계시록 3:20)

영접기도

하나님께서 당신에게 약속하셨습니다. 당신은 지금 마음의 문을 열고 예수 그리스도를 모셔 들일 수 있습니다. 당신은 예수 그리스도를 믿기 원하십니까? 그러면 이제 즉시 하나님께 다음과 같이 기도하십시오.

"하나님, 저는 죄인임을 시인합니다.
그리고 예수님께서 저를 사랑하셔서 저의 죄를 대신 지고 십자가에 못박혀 죽으시고
부활하신 사실을 믿고 감사드립니다. 이제 예수님을 저의 구주로 믿고 제 마음에 모셔들입니다.
제 마음에 들어오셔서 제 삶을 다스려 주옵소서. 예수님의 이름으로 기도합니다. 아멘"

구원의 확신

당신은 진심으로 예수 그리스도께서 당신의 마음에 들어와 달라고 기도하였습니까? 그렇다면 그 분은 지금 어디에 계십니까? 그러면 당신은 무엇을 소유하게 되었습니까?

"또 증거는 이것이니 하나님이 우리에게 영생을 주신 것과 이 생명이 그의 아들 안에 있는 그것이니라. 아들이 있는 자에게는 생명이 있고, 하나님의 아들이 없는 자에게는 생명이 없느니라. 내가 하나님의 아들의 이름을 믿는 너희에게 이것을 쓴 것은 너희로 하여금 너희에게 영생이 있음을 알게 하려 함이라." (요한일서 5:11-13)

*다리예화에 사용된 성경구절은 개역한글 판을 사용합니다.

〈다리예화 참고 사이트〉 네비게이토: http://www.navigators.or.kr

정리: 감사의 기도

1. 공동체 혹은 조별 전도활동을 실천한 후 다시 교회로 돌아와 기도회를 갖는다.
2. 먼저 교사가 기도한 후 누가복음 10장, 특별히 17절부터 24절까지를 함께 읽고 전도활동 중 겪은 일들을 함께 나눈다.
3. 다같이 감사의 기도를 드리고 전도의 결실이 부흥으로 이어지기를 위해 기도한다.
4. 교사가 마무리 기도를 드린 후 마친다.

 우리 교회 활용PLUS

우리 교회 클래스는 전도대상자나 공동체 전도활동 때 만난 전도대상자를 교회로 초청했어요. 사전에 사랑의 엽서를 초청장으로 꾸며 주었습니다.

신앙 Growing-Up

17

청소년교회

마틴 루터 배 볼링대회

예수님을 구세주로 믿는 사람들은 예수님을 정신과 마음과 삶의 주인으로 모시고 살아야 합니다. 청소년들은 이번 프로그램을 통해 자신이 과연 예수님을 주인으로 모시고 있는지, 스스로를 점검하고 보다 더 깊이 있게 예수님을 주인으로 모시는 삶의 자리로 나아가는 길을 배울 수 있습니다. 청소년의 삶이 말씀을 통해 그리스도 중심으로 개혁되기를 바랍니다.

진행시간	장소	성격	규모	방법
60분	부서실	단속	대그룹	게임

연관 주제어: 소망마루, 개혁, 마틴루터, 신앙, 구주

🔩 목표

1. 청소년이 자신의 내면과 삶에 자리잡고 있는 우상을 알 수 있다.
2. 청소년이 예수님을 믿는 데 방해가 되는 우상들을 제거한다.
3. 청소년이 예수님을 믿는 사람으로서 자신의 정체성을 확인한다.

🔩 준비물

ibcm.kr 제공 자료 – 이미지 / 종목별 점수판, 반별 점수판, 병뚜껑 볼링판
별도 준비 자료 – 절연테이프, 각 볼링코스의 준비물은 아래와 같다.

병뚜껑 볼링	작은 요구르트병 10개, 병뚜껑 4개, 볼펜
테니스공 볼링	500ml 생수병 10개, 테니스공 2개, 32칸 라벨지 10장, 볼펜
축구공 볼링	2L 생수(페트)병 10개, 축구공 1개, 16칸 라벨지 10장, 볼펜

🔩 자료보기

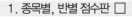

1. 종목별, 반별 점수판 □

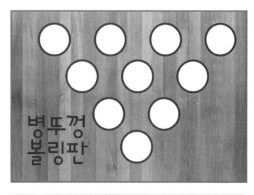

2. 병뚜껑 볼링판 □

www.ibcm.kr 찾아가는 길!

www.ibcm.kr 홈페이지 접속 ➡ 홈 상단의 BCM Program Class 클릭 ➡ 왼쪽 메뉴 바 청소년교회 PC' 클릭 ➡ Chapter3. 신앙 Growing-Up의 '마틴 루터 배 볼링대회' 자료 다운

준비과정 및 점검

자료준비

프로그램 1주 전

전 체	1. '반별 점수판'을 반 수만큼 출력한다. 2. '종목별 점수판'을 반 수 만큼 출력한다.
병뚜껑 볼링	1. 작은 요구르트 병의 입구를 테이프로 막아 놓는다. 2. 절연테이프로 볼링레인의 좌우 옆 라인을 그린다. 3. '병뚜껑 볼링판'을 반수/2만큼 출력한다.
테니스공 볼링	1. 500ml 생수병에 1/3만큼 물을 채워 넣고 병뚜껑을 잘 막아둔다.
축구공 볼링	1. 2L 생수병에 1/3만큼 물을 채워 넣고 병뚜껑을 잘 막아둔다.

진행준비

프로그램 3주 전

1. ☐ 교역자는 전체 진행교사, 그리고 각 코너 진행교사와 각 코너들의 장소를 선정한다.

2. ☐ 각 코너 진행교사는 진행순서와 게임규칙을 숙지한다.

 ## 한눈에 보는 프로그램 진행

프로그램 설명 ➡ 각 볼링게임 코너 ➡ 정리: 시상

진행순서		내용	진행장소	소요시간
주차	제목			
프로그램설명		프로그램의 의미, 내용, 방법을 나누기	예배실	5분
1코너	병뚜껑 볼링	죄의 우상을 제거하는 볼링게임	마루공간	15분
2코너	테니스공 볼링	콤플렉스를 제거하는 볼링게임	마루공간	15분
3코너	축구공 볼링	우상을 제거하는 볼링게임	마루공간	15분
정리	시상	시상 후 교훈을 나누기	예배실	10분

 ## 진행순서

프로그램 설명

1. 참석한 청소년들에게 우상을 제거하고 그리스도 중심의 삶을 세우는 일의 중요성을 설명한다.

2. 마틴 루터와 볼링의 관계를 설명하면서 전체 진행 방식을 개략적으로 알려준다.

3. 세 번의 볼링게임을 진행하여 얻은 게임점수의 합이 가장 큰 팀이 우승팀이 된다고 설명한다.

4. 진행교사는 각 반에게 '반별 점수판'을 나눠 준다.

5. 아래와 같은 방식으로 각 코스별로 이동하여 볼링게임을 진행하도록 한다.

	10분	10분	10분
병뚜껑 볼링	1조 vs 4조	3조 vs 6조	2조 vs 5조
테니스공 볼링	2조 vs 5조	1조 vs 4조	3조 vs 6조
축구공 볼링	3조 vs 6조	2조 vs 5조	1조 vs 4조

6. 교사의 기도로 프로그램을 시작한다.

코너1 : 병뚜껑 볼링

1. 코너 진행교사는 조별로 '병뚜껑 볼링판'의 동그라미에 회개해야 할 죄를 한 가지씩 적게 한 다음, 종이 위에 요구르트병을 올린다.

2. 진행교사는 각 대항 조별로 한 명씩 번갈아 가며 병뚜껑을 손으로 튕겨 요구르트병을 쓰러트리게 한다.

3. 진행교사는 청소년이 요구르트병을 쓰러트린 숫자만큼 점수를 부여하고, 요구르트병 핀을 모두 쓰러트리는 스트라이크의 경우 +5점을 부여한다.

4. 진행교사는 볼링게임의 진행방식과 유사하게 총 5프레임이 끝나면 더 많은 점수를 획득한 반을 승리팀으로 정하고 반별 점수판에 점수를 기록한다.

5. 이제 죄가 아닌 그리스도께서 마음의 주인이심을 상기시키고 다음코스로 이동시킨다.

2코너 : 테니스공 볼링

1. 진행교사는 청소년들로 하여금 라벨지에 극복하고 싶은 콤플렉스를 한 가지씩 적게 한 다음, 핀으로 사용할 500ml 생수병에 붙이게 한다.

2. 진행교사는 조별로 한 명씩 번갈아가며 청소년이 손으로 테니스공을 굴려 500ml 생수병을 쓰러트리게 한다.

3. 청소년이 500ml 생수병을 쓰러트린 숫자만큼 점수를 부여하고, 볼링핀을 모두 쓰러트리는 스트라이크의 경우 +5점 부여한다.

4. 진행교사는 총 5프레임이 끝나면 더 많은 점수를 획득한 조를 승리팀으로 정하고 조별 점수판에 점수를 기록한다.

5. 이제 콤플렉스가 아닌 그리스도께서 마음의 주인이심을 상기시키고 다음코스로 이동시킨다.

3코너: 축구공 볼링

1. 진행교사는 청소년에게 라벨지에 하나님보다 더 사랑하는 것들을 한 가지씩 적게 한 다음, 2L 생수병에 붙이게 한다.
2. 진행교사는 조별로 한 명씩 번갈아가며 청소년이 축구공을 발로 차서 2L 생수병을 쓰러트리게 한다.
3. 진행교사는 남학생은 제자리에서 왼발로, 여학생은 달려와서 오른발로 공을 차게 한다.
4. 진행교사는 청소년이 2L 생수병을 쓰러트린 숫자만큼 점수를 부여하고, 볼링핀을 모두 쓰러트리는 경우 +5점을 부여한다.
5. 진행교사는 총 5프레임이 끝나면 더 많은 점수를 획득한 조를 승리팀으로 정하고 조별 점수판에 점수를 기록한다.
6. 이제 인간적인 애착이 아닌 그리스도께서 삶의 주인이심을 상기시키고 다음코스로 이동시킨다.

정리: 시상

1. 진행교사는 세 번의 볼링게임에서 얻은 점수의 합이 가장 큰 반에게 시상한다.
2. 마음과 삶에서 우상을 제거하고 오직 그리스도로만 삶의 중심, 주인을 삼자고 격려한 뒤 기도로 마친다.

 ## 학습자가 알아야 할 규칙

1. 볼링공을 굴릴 때는 차례대로 순서를 지킨다.
2. 각 코너별 볼링은 5프레임으로 진행하며 한 프레임 당 최대 두 번 공을 굴릴 수 있다.

 ## 진행안

프로그램 설명

1. 여러분, 혹시 볼링을 아시나요? 무거운 공을 굴려서 큰 핀을 쓰러뜨리는 대중적인 스포츠로 널리 알려져 있는 볼링이 사실은 신앙적 의미에서부터 시작되었다는 것을 아마 모를 것입니다. 중세시대에 독일에서는 성직자들이 둥근 물체를 굴려서 케겔이라는 곤봉을 쓰러뜨리는 종교적 의식을 행하곤 했습니다. 악마의 상징으로 여겨졌던 케겔을 넘어뜨리는 것이 신앙심을 높인다고 생각한 것입니다. 이 의식이 16세기 들어서 독일의 종교개혁가 마틴 루터에 의해 규칙이 체계화되면서

경기로 발전했습니다. 이후 수도원을 벗어나 유럽 일대로 전파된 이 경기는 유럽의 청교도들에 의해 미국으로 전해지고서 크게 인기를 끌면서 10개의 핀을 세워 놓고 쓰러뜨리는 오늘날의 'Ten pins 볼링'으로 자리를 잡은 것입니다. 잘못된 교리와 그릇된 믿음을 바로잡기 위해서 종교개혁을 일으킨 루터와 같이 우리들 마음속에 자리 잡고 있는 우상들을 점검하면서 올바른 믿음을 가지기 위해서 어떻게 해야 하는지 오늘 마틴 루터 배 볼링대회를 통해 재밌고 다양한 볼링게임을 즐기면서 종교개혁의 신앙을 기억하고 믿음으로 변화되기를 바랍니다.

 ## 우리 교회 활용PLUS

우리 교회 클래스는 볼링핀 (요구르트병, 생수병)이 파손될 것을 대비해 미리 여유분을 준비했어요.

신앙 Growing-Up

18

청소년교회

예수님이라면 어떻게 하실까?

우리는 변해야 합니다. 하나님의 사람다운, 그리스도인다운 모습으로 살아갈 수 있도록 매일 노력해야 합니다. 그것이 우리가 그리스도인으로서 세상을 변화시킬 수 있는 힘이 될 것이고, 또한 하나님께서 우리에게 기대하시는 것이기 때문입니다. 물론 우리들의 노력만으로는 온전한 변화를 이루기 어렵습니다. 그렇지만 하나님께서 우리의 변화를 도우실 것이고, 인도하실 것입니다. 한 해를 마감하는 시점에 이 프로그램을 시행하여 지난 한 해를 점검하고 새해를 기대하며 우리들의 삶에 놀랍게 역사하실 하나님을 기대합시다. 그리고 매일매일 조금씩 변화 될 청소년교회를 기대합시다.

진행시간
매번 40분씩 4주간

장소
부서실

성격
지속

규모
대그룹

방법
학습

연관
주제어

소망마루

변화

가치관

예수님

그리스도인
의삶

⚙ 목표

1. 청소년이 그리스도인다운 모습을 갖추어야 함을 안다.
2. 청소년이 변화되기 위해 지속적으로 노력할 것을 다짐한다.
3. 청소년이 그리스도인다운 모습으로 변화되기 위한 캠페인에 참여하고 실천한다.

⚙ 준비물

ibcm.kr 제공 자료 – 이미지: '예수님이라면 어떻게 하실까?' 포스터, '예수님이라면 어떻게 하실
까?' 카드도안 (언어카드, 성품카드, 생각카드)

별도 준비 자료 – 필기도구, A4용지 또는 전지라벨

⚙ 자료보기

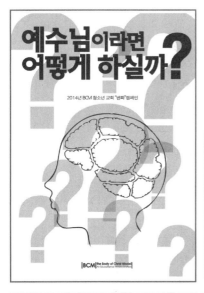

  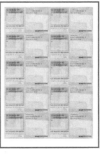

| 1. 포스터 ☐ | 2. 카드도안 ☐ |

▌www.ibcm.kr 찾아가는 길!

www.ibcm.kr 홈페이지 접속 ➡ 홈 상단의 BCM Program Class 클릭 ➡ 왼쪽 메뉴 바 '청소년교회 PC' 클
릭 ➡ Chapter3. 신앙 Growing-Up의 '예수님이라면 어떻게 하실까?' 자료 다운

준비과정 및 점검

자료준비

프로그램 1주 전

1. ☐ '예수님이라면 어떻게 하실까?' 카드 도안(3종류)을 청소년의 인원만큼 출력한다. 두꺼운 A4용 지에 출력할 경우에는 일반 카드처럼 사용하도록 하고, 전지 라벨에 출력할 경우에는 청소년 들이 많이 사용하는 카드(학생증, 교통 카드, 포인트 카드 등)의 한쪽 면에 부착하여 사용한다.
2. ☐ 포스터를 다운받아 출력한다.

진행준비

프로그램 1주 전

1. ☐ '예수님이라면 어떻게 하실까?' 포스터를 부서실에 게시한다.
2. ☐ 캠페인의 내용을 이해하고, 주차별 순서에 따라 카드를 준비해둔다.

 ### 한눈에 보는 프로그램 진행

프로그램 설명 ➡ 1-3주차: 묵상 및 나눔('예수님이라면 어떻게 하실까?' 카드 작성 및 결단 ➡ 실천 ➡

점검 ➡ 나눔 및 피드백 ➡ 4주차(정리)-Final 나눔의 시간

진행순서		내용	진행장소	소요시간
주차	제목			
프로그램설명		프로그램의 의미, 내용, 방법을 나누기	예배실	10분
1주차	예수님이라면 어떻게 말씀하실까?	언어생활의 변화에 대한 제안과 나눔	반별장소	30분
2주차	예수님이라면 어떻게 하실까?	성품의 변화에 대한 제안과 나눔	반별장소	30분
3주차	예수님이라면 어떻게 생각하실까?	사고방식의 변화에 대한 제안과 나눔	반별장소	30분
4주차(정리)	나눔	교역자의 나눔과 기도하고 격려하기	예배실	30분

 ## 진행순서

프로그램 설명

1. 4주 여정의 프로그램 첫 주에 참석한 청소년들에게 그리스도인으로서 변화의 여정이 있을 것이 라는 것과 그리스도인이 변화하는 것이 얼마나 중요한지 설명한다.

2. 전체 진행 방식을 개략적으로 알려준다.

3. 교사의 기도로 프로그램을 시작한다.

1주차: 예수님이라면 어떻게 말씀하실까?

1. 진행교사는 우선 아래의 잠언 말씀을 먼저 묵상하고 학생들과도 묵상을 나눈다.

"말이 많으면 허물을 면하기 어려우나 그 입술을 제어하는 자는 지혜가 있느니라 의인의 혀는 순은과 같거니와 악인의 마음은 가치가 적으니라 의인의 입술은 여러 사람을 교육하나 미련한 자는 지식이 없어 죽느니라."(잠언 10장 19-21절)

2. 진행교사는 첫째 주에 시도할 변화로 언어생활에 대한 변화(예수님이라면 어떻게 말씀하실까?)를 제안한다.

3. 각 반 교사는 다시 한 번 청소년들과 잠언 10장 19-21절 말씀을 봉독한 후, 5분 동안 각자 묵상하는 시간을 갖도록 한다. 묵상 후 돌아가면서 짧게(1-2분) 말씀을 통해 느끼고 깨달은 것에 대하여 나눈다.

4. 나눔을 마친 후, 교사는 청소년들에게 '예수님이라면 어떻게 하실까?' 카드1을 나누어 준다.

5. '예수님이라면 어떻게 하실까?' 카드1에 두 가지를 기록한다. 첫 번째로 욕을 많이 하고 다른 사람을 비난하거나 부정적인 말을 많이 하는 것 등 올바르지 못한 자신의 언어습관에 대하여 한 줄 정도 적고, 두 번째로는 말풍선 안에 '그리스도인으로서 앞으로 언어생활을 어떻게 하겠다' 라는 각오와 결심을 적는다.

6. 청소년들은 한 주 동안 카드에 적은 내용을 실천하며 카드 하단에 제시된 체크표에 날마다 자신의 언어생활을 평가하여 ○, △, × 로 표시한다.

2주차: 예수님이라면 어떻게 하실까?

1. 진행교사는 우선 아래의 말씀을 먼저 묵상하고 학생들과도 묵상을 나눈다.

"너희가 더욱 힘써 너희 믿음에 덕을, 덕에 지식을, 지식에 절제를, 절제에 인내를, 인내에 경건을, 경건에 형제 우애를, 형제 우애에 사랑을 더하라."(베드로후서 1장 5-7절)

2. 각 반 별로 모여 지난 주에 실천한 내용에 대하여 서로 나누고 점검하는 시간을 갖는다.

3. 진행교사는 두 번째 변화로 그리스도인의 성품에 대하여 설명한다.

4. 반교사는 청소년들과 베드로후서 1장 5-7절 말씀을 함께 봉독한 후, 5분 동안 각자 묵상하는 시간을 갖도록 한다. 묵상 후 돌아가면서 짧게(1-2분) 깨달은 것에 대하여 나눈다.

5. 나눔을 마친 후, 교사는 청소년들에게 '예수님이라면 어떻게 하실까?' 카드2를 나누어 준다.

6. '예수님이라면 어떻게 하실까?' 카드2에 두 가지를 기록한다. 첫 번째로는 고집이 세다거나, 분노를 잘 다스리지 못한다거나, 순종적이지 않고 늘 반항하는 기질이 있다거나 하는 등의 부정적인

성품의 모습에 대하여 기록하고, 두 번째로는 하트 그림 안에 '그리스도인으로서 앞으로 성품을 어떻게 바꾸어 보겠다' 라는 각오와 결심을 적는다.

7. 청소년들은 한 주 동안 카드에 적은 내용을 실천하며 카드 하단에 제시된 체크표에 날마다 자신의 성품 훈련을 평가하여 ○, △, ×로 표시한다.

3주차: 예수님이라면 어떻게 생각하실까?

1. 교사는 우선 아래의 말씀을 먼저 묵상하고 학생들과도 묵상을 나눈다.

"육신을 따르는 자는 육신의 일을, 영을 따르는 자는 영의 일을 생각하나니 육신의 생각은 사망이요 영의 생각은 생명과 평안이니라."(로마서 8장 5-6절)

2. 예배 후에 각 반 별로 모여 지난 주에 실천한 내용에 대하여 서로 나누고 점검하는 시간을 갖는다.

3. 진행교사는 세 번째 변화로 그리스도인의 생각에 대하여 설명한다.

4. 반교사는 청소년들과 로마서 8장 5-6절 말씀을 함께 봉독한 후, 5분 동안 각자 묵상하는 시간을 갖도록 한다. 묵상 후 돌아가면서 짧게(1-2분) 깨달은 것에 대하여 나눈다.

5. 나눔을 마친 후, 교사는 청소년들에게 '예수님이라면 어떻게 하실까?' 카드3을 나누어 준다. 청소년들은 먼저 자신이 평소에 많이 하는 생각들에 무엇이 있는지 반 친구들과 선생님께 나누는 시간을 갖는다.

6. 그리고 나서 '예수님이라면 어떻게 하실까?' 카드3에 그려져 있는 뇌구조 그림의 빈칸을 이제 새롭게 바꾸어 나갈 생각들로 채운다.

7. 청소년들은 한 주 동안 카드에 적은 내용을 실천하며 카드 하단에 제시된 체크표에 날마다의 언어생활을 평가하여 ○, △, ×로 표시한다.

4주차(정리) Final 나눔의 시간

1. 교역자는 청소년들과 함께 3주 동안의 실천에 대하여 이야기 나누는 시간을 갖는다.

2. 청소년들은 3주 동안 자기가 깨닫고 결심하고 실천한 내용을 앞에 나와서 발표한다. 시간과 인원 등의 여건이 맞지 않아 전체 발표가 어려울 경우에는 각 반별로 1-2명의 청소년 정도만 발표한다.

3. 진행교사는 청소년들의 나눔이 끝나면, 그리스도인의 삶은 세상과 구별되어야 함을 이야기하고 앞으로도 계속해서 변화의 노력을 쉬지 않아야 함을 이야기하며 마무리한다.

학습자가 알아야 할 규칙

1. 자신이 기록한 '예수님이라면 어떻게 하실까?' 카드를 지갑, 다이어리 등에 넣거나, 또는 가장 많이 사용하는 카드에 부착하여 늘 가지고 다니면서 수시로 자신의 삶을 점검한다.

2. 실천이 잘 이루어지지 않아 어려움이 있을 경우 반 선생님이나 교역자에게 이야기하여 상담 및 기도를 요청한다.

 ## 진행안

프로그램 설명

1. 여러분, 오늘부터 우리 청소년교회는 4주 동안 '예수님이라면 어떻게 하실까?'라는 캠페인을 진행하려고 합니다. '예수님이라면 어떻게 하실까?'는 그리스도인이라면 세상의 사람들과 구별되어야 한다는 것을 이야기합니다. 특별히 우리는 우리의 언어습관이나, 성품, 생각에 대하여 변화되어야 할 것들을 이야기할 것입니다. 그리고 여러분 각자가 변화되고자 하는 것들을 결단하고 실천하며 참된 그리스도인으로서의 삶을 살아가기 위해 노력하는 시간을 가질 것입니다.

1주차 : 예수님이라면 어떻게 말씀하실까?

2. 첫 번째로 여러분에게 언어의 변화에 대하여 권면합니다. 여러분의 평소 언어습관에 대하여 생각해 보십시오. 내가 말로 저지르는 실수나 죄가 어떤 모습인지, 나의 언어습관 중 그리스도인으로서 옳지 못한 것은 없는지 점검해 보시기 바랍니다. 예를 들면 누군가는 입에서 욕이 쉬지 않고 나오는 사람이 있을 것입니다. 어떤 욕을 제일 많이 하나요? 어떤 상황에 욕을 하게 됩니까? 아니면 어떤 사람은 틈만 나면 자신을 비하하고 불평하는 말들을 합니다. 상황이 조금만 어그러지면 내가 못난 탓이라고, 우리 집이 이것밖에 안되어 그렇다고 불평하기도 하지요. 여러분은 어떻습니까? 여러분의 입술에서 하나님 보시기에, 아니 나 스스로 돌아보기에 정말 이건 아니다 싶은 것은 무엇입니까? 이번 기회를 통해서 자신의 언어습관을 돌아보고 수정해 보십시오. 말만 바꾸어도 여러분의 삶이 놀랍게 달라질 수 있습니다. 이 시간에는 각 반별로 모여 먼저 오늘의 말씀을 함께 읽고 묵상하십시오. 말씀에 빗대어 여러분의 삶을 돌아보십시오. 그리고 어떻게 변화될 것인지, 어떠한 실천이 필요할지 고민하고 적는 시간을 가져봅시다.

2주차: 예수님이라면 어떻게 하실까?

2. 지난 한 주 동안 언어의 변화를 위해 많이 노력하셨나요? 어떠했습니까? 어렵지는 않았나요? 이

번 기회를 통해 수정된 것이 있나요? 혹 열심히 노력하지 못했다면 계속해서 실천해 보십시오. 자, 그렇다면 이번 주에도 계속해서 변화에 도전해 봅시다. 이번에는 성품의 변화에 도전해 봅시다. 반드시 고쳐야 할 성품은 없나요? 부모님이나 선생님, 또는 친구들로부터 이것만큼은 좀 고치면 안 되겠냐라는 말을 들었던 성격적인 결함은 없나요? 아니면, 그리스도인이라 하면서 덕이 되지 못하는 모습들은 없나요? 어떠한 것이든 여러분이 그리스도인으로서 갖추어야 할 성품으로 변화되기 위해 도전해 보십시오. 우선은 각 반 별로 모여 지난 주와 같이 오늘의 말씀을 함께 읽고 묵상하십시오. 그리고 말씀에 빗대어 여러분의 삶을 돌아보십시오. 여러분의 성품 중에 이것만큼은 꼭 변화시키고 싶다고 생각하는 그것을 떠올리십시오. 그리고 이번 기회를 통하여 도전해 보시기 바랍니다.

3주차: 예수님이라면 어떻게 생각하실까?

2. 성품이 변화되는 것이 생각보다 쉽지 않았을 것입니다. 오랫동안 그렇게 살아왔고, 또 성품은 자신의 노력과 상관없이 환경의 영향을 많이 받기 때문입니다. 그렇지만 중요한 것은 지속적으로 노력하는 것입니다. 일주일 도전해보고 안 되겠다고 포기하는 것이 아니라, 또는 일주일만에 다 됐다고 생각하고 멈추는 것이 아니라, 계속해서 더욱 그리스도를 닮아가는 성품이 되도록 노력하시기 바랍니다. 그렇다면 이번 주에도 도전은 계속됩니다. 이번에 함께 할 변화의 도전은 바로 생각입니다! 하나님을 믿는 사람은 영의 생각에 사로잡혀 살아야 합니다. 세상의 가치관에 젖어 살고, 육신의 생각에 빠져 살다 보면 하나님과의 거리가 점점 멀어지기 마련입니다. 혹 여러분의 삶이 원망스러운가요? 아니면 하는 일마다 다 안 되는 것 같아 죽고 싶습니까? 잘하는 것이 하나도 없는 자신이 보잘것없이 느껴지지는 않나요? 어떠한 생각이든 자신의 머리와 마음을 점검하십시오. 어떤 것 하나라도 하나님의 생각과 다른 그것이 무엇인지 말씀에 빗대어 찾아내십시오. 그리고 이번 주에는 그것을 바꾸기 위해 부단히 노력하십시오. 생각만 바뀌어도 여러분의 삶이 놀랍게 변화될 것입니다.

4주차: Final 나눔의 시간

1. (교역자) 지난 3주 동안 여러분의 삶이 어떠했는지 참 궁금합니다. 선생님들을 통해 조금씩 듣기는 했지만 여러분이 얼마나 놀라운 변화들을 이루어냈는지, 아니면 이번 기회를 통해 어떠한 것을 깨달았는지 궁금 하네요. 특별히 에피소드나 자신의 노력에 대한 이야기들을 나누어 줄 친구 없나요? 여러분의 놀라운 변화의 스토리를 지금 이 자리에서 청소년교회의 모든 사람들에게 나누어 주세요. 한 사람의 작은 변화와 노력이 우리 모두에게 좋은 영향력을 가져다 줄 것입니다.

3. (진행교사) 모두 참 고맙습니다. 누군가는 자신의 노력이 너무 작아 부끄러울 수도 있고, 누군가는 정말 애써서 노력하였는지도 모르겠습니다. 그러나 중요한 것은 변화되기 위해 노력했다는 것

입니다. 여러분이 그리스도인다운 모습을 갖추고자 노력했다는 것, 하나님의 자녀다운 면모를 갖추고자 애썼다는 것은 참 의미 있는 일입니다. 세상은 많이 바뀌어 갑니다. 그에 따라 사람들의 생각도 성향도 생활방식이나 가치관도 바뀌어 갑니다. 그러나 그리스도인의 삶은 시간과 무관합니다. 때로는 세상을 거스를 때도 있습니다. 우리의 삶은 오직 말씀에 따라, 하나님나라의 방식에 따라 움직입니다. 순종하기 바랍니다. 때론 세상과의 이질감으로 인해 세상으로부터 도태되는 것처럼 느껴질 지 모르지만, 여러분의 변화된 삶이 세상을 바꾸고 변화시킬 놀라운 힘이 될 것입니다. 청소년교회가 변화를 두려워하지 않는, 계속해서 그리스도인답게 변화되어가는 공동체가 되기를 소망합니다.

 ## 우리 교회 활용PLUS

우리 교회 클래스는 특별 간증 시간을 마련하여 변화를 실천한 청소년의 이야기를 듣는 시간을 가졌어요.

색인 (가나다 순)